AI・機械翻訳 と 英語学習

教育実践から 見えてきた未来

山中司 編

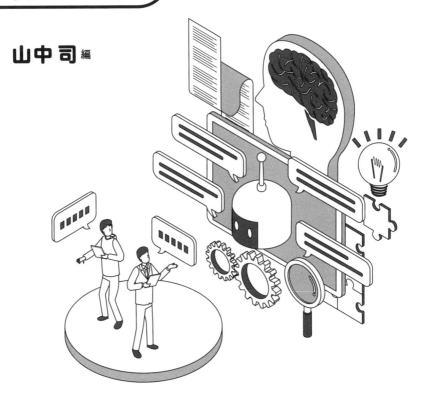

朝日出版社

執筆者一覧 （執筆順）

山中 司 YAMANAKA, Tsukasa

立命館大学生命科学部生物工学科教授。慶應義塾大学大学院政策・メディア研究科博士課程修了。博士（政策・メディア）。専門は応用言語学、言語哲学、言語コミュニケーション論。主な共著に『プラグマティズム言語学序説：意味の構築とその発生』（ひつじ書房）、『プロジェクト発信型英語プログラム：自分軸を鍛える「教えない」教育』（北大路書房）など。

山下美朋 YAMASHIYTA, Miho

立命館大学生命科学部生命医科学科准教授。関西大学外国語教育学研究科博士課程修了。専門は外国語（英語）教育、ESP、第二言語ライティングなど。近年は、高等学校のライティング教育にも携わり、高校の先生方と共に実践的な授業を行っている。主な共著に『英語ライティングの指導：基礎からエッセイライティングへのステップ』（三修社）がある。

近藤雪絵 KONDO, Yukie

立命館大学薬学部薬学科准教授。立命館大学大学院言語教育情報研究科修了、関西学院大学大学院言語コミュニケーション文化研究科修了。博士（言語コミュニケーション文化）。専門は学習者主導型クラススタイルの考案・教材開発、コーパスを利用したテキスト分析。近年は薬学生のための英語教育に注力。

神原一帆 KAMBARA, Kazuho

立命館大学嘱託講師。京都大学大学院人間・環境学研究科博士課程修了。博士（人間・環境学）。関心は認知言語学（フレーム意味論）、コーパス言語学、科学哲学（言語学の方法論）、応用言語学など。主著として「フレーム意味論にもとづく名詞の意味分析」（京都大学博士論文）、共著に『プラグマティズム言語学序説：意味の構築とその発生』（ひつじ書房）がある。

木村修平 KIMURA, Syuhei

立命館大学生命科学部生命情報学科教授。慶應義塾大学大学院政策・メディア研究科博士課程修了。博士（政策・メディア）。専門は大学英語教育へのICTの導入と利活用および機械翻訳やAIを用いた英語教育の実践と評価。共著に『プロジェクト発信型英語プログラム：自分軸を鍛える「教えない」教育』（北大路書房）、『英語でビブリオバトル実践集』（子どもの未来社）。

杉山滉平 SUGIYAMA, Kohei

立命館大学大学院理工学研究科・電子システム専攻。博士課程後期課程在籍。専門はパワーエレクトロニクス。2023年にAIを活用した英語学習方法の研究をきっかけに「Transable（トランサブル）」を開発。現在、Transableは複数の大学・高校の英語授業で試験的に導入し、利用されている。

西澤幹雄 NISHIZAWA, Mikio

立命館大学生命科学部生命医科学科教授。東北大学大学院医学研究科博士課程修了。医師、医学博士。大阪バイオサイエンス研究所、ハンブルク大学（アレクサンダー・フォン・フンボルト奨学金）、ジュネーブ大学、関西医科大学などを経て、現職。専門は病態生化学、分子生物学、薬理学、生薬学。

中南美穂 NAKANAN, Miho

立命館大学授業担当講師。立命館大学言語教育情報研究科英語教育コース修士課程修了。専門は英語教育学、帰国生を対象とした言語習得と保持・喪失。立命館小学校英語科専科講師、私立中高一貫校英語科講師を経て、現職。プロジェクト発信型英語プログラムの授業を担当。そのほかにライフコーチ、英語コーチ、京都市認定通訳ガイドとしても活動。

豊島知穂 TOYOSHIMA, Chiho

神戸女学院大学非常勤講師。神戸女学院大学大学院文学研究科通訳翻訳コース前期博士課程修了。専門分野は通訳・翻訳学。最近の共著に『Metalanguages for Dissecting Translation Processes: Theoretical Development and Practical Applications』（Routledge）、『CNN News English: Engaging College Students as Active Learners』（朝日出版社）がある。

鳥居大祐 TORII, Daisuke

株式会社みらい翻訳代表取締役社長CEO兼CTO。京都大学大学院情報学研究科博士課程修了。博士（情報学）。株式会社NTTドコモにて機械学習による大規模データ解析に従事し、その応用としてiモード検索サービス、音声エージェントサービス「しゃべってコンシェル」などの商用化に携わる。みらい翻訳では機械翻訳を中心とした自然言語処理の技術開発などを経て、現職。

まえがき

　人工知能による機械翻訳や生成AIが、外国語教育を席巻している。言語能力を「話す」「聞く」「読む」「書く」の4技能に分けた場合、その最も直接的な影響を受けているのはおそらく「書く」だろう。だが、機械翻訳や生成AIを介して「話す」「聞く」「読む」もできるわけで、その影響は広範囲に及ぶといってよい。筆者の専門は大学英語教育であるが、今や世界中の大学で、こうしたAIテクノロジーを便利なツールとして使用する学生の姿が見られる。たとえ語学の授業での使用は禁じられていたとしても、それ以外の時間に使う自由は権利として保障されているからだ。

　学生たちが使っていることを、当然、教師たちは知っている。だが、かつては機械翻訳の使用に嫌悪を示す教師も少なくなかった。Google-irrelevant classroom（グーグルとは無縁の教室）[*]を掲げ、機械翻訳が通用しないような授業設計をすることでその影響を排除しようとする動きすらあったほどである。それが、最近は機械翻訳を露骨に「敵」と見なすことが難しくなってきている。性能が飛躍的に向上したこともあり、教師の本心がどうであるかにかかわらず、そうしたテクノロジーとうまく付き合っていかざるをえない状況が次第に醸成されてきているのだ。実際、外国語教育系の学会の開催テーマにも機械翻訳や生成AIをキーワードにするものが増えてきており、語学教員の関心が強まっていることは間違いないだろう。

　問題はここからである。では、どう付き合っていけばよいのだろうか。その具体的方策がよく分かっていない。世界中の論文を読みあさってみても、外国語教育におけるAIテクノロジーの使用実態ですら十分に報告されていない。ましてや、どのような使い方が確かな教育効果につながるのかといった研究報告は、驚くほど少ない。まさに今現在、様々な教育実践が模索されているところで、その成果が共有される日が待ち望まれている状況なのではないだろうか。

本書は、そうした時代の要請に対し、真っ先に応えようとするものである。筆者らが所属する立命館大学は、2022年より、必修英語授業に有料の機械翻訳サービスを正式導入している。これは大学としては全国初の取り組みであるから、こうした先駆的事例について報告することの意義は小さくないように思える。この取り組みの意図、機械翻訳や生成AIを使った授業の実際などについて解説し、AIテクノロジーと英語教育・英語学習の未来像を読者と共に探ってみたい。なお、実践から得られた最新の研究データも惜しみなく披露する。

　幸い、各章の執筆者には、実際に取り組みに携わってくださっている先生を中心に、それぞれのテーマに最も精通した方を迎えることができた。機械翻訳や生成AIの活用が英語教育にもたらすインパクトを応用言語学などの観点から理論的に考察した上で、これからの英語教育のあり方について具体的指針や提言を示すことが本書の目的であるが、それにふさわしい布陣になったといえるのではないだろうか。

　巷では、機械翻訳や生成AIの出現によって、翻訳家や通訳者といった職業はなくなるという声が聞かれる。さらには、外国語教育は要らなくなるなどといったセンセーショナルな物言いさえ耳にされることがある。本書はそうした極論に加担するものではないが、AIテクノロジーと語学の問題が、専門家の間だけの話題にとどまるべきものでないことは確かである。そのため、この話題が内包する意味をなるべく専門外の人にも理解していただけるよう、記述においては分かりやすさに留意した。その一方で、立命館大学における先駆的実践例の詳細を紹介するとともに、その背景にある理論や研究を概説することは、専門家にも得がたい知見をもたらすものと確信している。本書が、関連分野のいまだ混沌としている言説の整理・体系化につながり、より良い英語教育・英語学習の実現にいくらかでも資することを期待したい。ただし、本書で述べられていることの中には、今後のさらなる検証や実証を必要としているものも多い。それらは、現時点ではあくまで仮説に

とどまっているのだ。そうした記載を早計と見る向きもあるだろうが、このようなアクチュアルな話題においては、むしろそれこそが長所と捉えていただけると幸いである。

　語学教育に関してのAIテクノロジーは、最近登場した便利なツールのひとつとして済ませられるものではない。ネイティブ至上主義のような見方をはじめ、英語教育や英語学習において当たり前とされてきた認識が、その登場によって根本的に覆される可能性すらあるのだ。本書の刊行が、そうした理論的イノベーションから具体的な教育法・学習法の開発に至るまで、語学の世界に新しい地平を切り開く一助となることを強く願っている。

　なお、本書は「立命館大学学術図書出版推進プログラム」による出版物であることを付記する。

2024年2月

編者 山中　司

[＊] 参考文献

Ducar, C. and Schocket, D.（2018）. Machine Translation and the L2 Classroom: Pedagogical Solutions for Making Peace with Google Translate. *Foreign Language Annals*, 51. https://doi.org/10.1111/flan.12366

Henshaw, F.（2020）. Online Translators in Language Classes: Pedagogical and Practical Considerations. *The FLTMAG*. https://fltmag.com/online-translators-pedagogical-practical-considerations/

Urlaub, P. and Dessein, E.（2022）. Machine Translation and Foreign Language Education. *Frontiers in Artificial Intelligence*, 5. https://doi.org/10.3389/frai.2022.936111

目次

Part 1

メディアが変わる、知が変わる

AIテクノロジーが
英語教育にもたらすインパクトを探る

01

機械翻訳や生成AIがもたらした
新たな英語との付き合い方
——英語は母語話者だけのものではない

山中　司　[立命館大学生命科学部生物工学科教授]

1-1. はじめに

　昨今、ChatGPTなどの生成AIが日々メディアに取り上げられ、AI[1]とわれわれとの関係に大きな変化が生まれつつある。本書の関心である英語教育においても事情は同じで、いわば業界に「激震」が走っているといっても構わないだろう。筆者からすれば、ニューラル機械翻訳の登場の時点でそれは十分激震であったと思うのだが、生成AIがこれでもかと追い打ちをかけ、あたかもトドメを刺しているかのようである。

　それに比例する形で、巷では「もう英語は勉強しなくていい」「これからの英語の先生はAIが代用」など、様々な意見が飛び交い始めている。もちろんこれらは単なる杞憂で、大げさに騒ぎ立てているだけかもしれない。しかし一方で、今回ばかりは少し風向きが違うようにも感じられる。

　大規模言語モデル（large language model: LLM）をベースとしたAIの言語活用という共通点を持つ機械翻訳と生成AIであるが、果たしてAIを取り込んだ英語教育はこれから先どうなっていくのだろうか。少し素朴に思いつく点を書き出してみよう。

・AI翻訳で済んでしまうのだから、誰もが必死に何年も英語を勉強する必要がある?

・機械翻訳や生成AIの登場で、英語の教員は大量解雇?

・機械翻訳や生成AIの時代、学校の教室や英語の授業は何のために存在する?

・英語を学ぶよりも、AIによる言語ツールを使いこなすスキルを学んだ方がいい?

　こうした点を挙げていけばキリがないが、本書はこうした問いを正面から考えるため執筆することにした。当然、これらの問いに絶対的な解答は存在しないだろうが、その代わり、AIとの共存を前提とした、英語教育の近未来の姿を積極的に描出するよう試みるようにしている。

　なお、先に挙げた問いに含めていないが、われわれ筆者のスタンスとして、

・機械翻訳や生成AIの登場は英語教育に影響がある?

　という問いには間違いなくイエスと答えたい。すでにAIツールが幅広く学習者に使用されているという実態もあるが、それ以上に、これらの潜在的な可能性はこれまでの英語教育を根本から覆すだけのインパクトを持っている。それらについて時に抽象的に、時に具体的に述べるのが本書の役割であり、時に大胆に、時に堅実に近未来の英語教育を予測してみたい。

1-2. ある種のシンギュラリティ

　本章は主に、AIを用いたテクノロジーが英語教育に与えているインパクトを、思想的に述べることを視野に置いている。思想的といってもなるべく小難しい話をせず、なるべく分かりやすく説明をしてみたい。これから書くことは当然と思われることかもしれないが、その背景を多少なりとも理論的に捉えることで、理解や納得が進むと思うからである。

すでにお分かりのとおり、筆者らのグループは、今日の機械翻訳や生成AIのような AI テクノロジーは、これまで種々様々登場してきたテクノロジーとは比べ物にならない大きなインパクトを持っていると捉えている。筆者自身は、ニューラル機械翻訳のレベルですでに相当の破壊的インパクトを持ちえると考えていたが、2022 年末の ChatGPT の登場 [2] によって、そのインパクトが決定的になった、つまりトドメが刺されたと考えている。

　ChatGPT は本稿執筆時現在も、社会を日々賑わせ続けている。いうまでもなく、生成AIの影響は、英語教育や、われわれと英語との関わりにとどまるものではない。本書は、日本人にとっての英語とAIとの関係に焦点を当てるため、内容としては英語教育の方に寄ることになるが、言っていることの本質はいかなることにも敷衍可能である。というのも、生成AIは人間が使う言語を扱っているからである。AIが言語を使って人とコミュニケーションできる日々が着実に近づいている。物を運んでもらったり、仕事の一部を代替してもらったり、難しい作業をアシストしてもらったりするロボットやそのためのプログラムは、すでにこの世界に満ちあふれている。しかし、他の動物とわれわれ人間との間に違いをもたらす言語を自在に操るというのは、ある意味で崇高で、高度で、人間を人間たらしめるものである。当然、それをロボットに搭載して人とAIとの共生や共存を図ることが考えられる。その限りにおいて、自由に言葉を使って人とコミュニケーションができるというのは、AI研究者にとって避けて通れない、次なる大きな目標である。

　ご存じのとおり、生成AIを使えば、驚くことに人との自由なコミュニケーションはある程度可能になってしまった。「今日のご飯、何かいつもと違って辛いものが作りたいんだけど、3つぐらい案を教えて」と尋ねればそのとおりに答えてくれるし、「気分が落ち込んでやる気が起きないんだけどどうしたらいい?」と聞けば、不十分ではあっても、かなり気の利いた言葉を返してくれる。AIがすでに、人間の言葉を用いているのである。ちなみに、これでもう完璧かといえばそうではないことも付記しておこう。AIがもはや言語を使っているように見えるのも事実であるが、ま

だできていないこともある。この時点ではChatGPTは言葉の意味を理解している
わけではないし、そもそも学習するべき言語セットを授けたのは人間であり、自分
で外部環境とインタラクションしながら言葉を獲得したのではない。AIが人間のよ
うな言語を獲得するレベルにはまだまだ程遠いといえよう。

とはいえ、昨今のAIの進歩がすごいというのは誰もが感覚的に分かることだろ
うし、ここ1年で途端にそのスピードが増したように感じられる。あと5年や10年
もしたらとんでもなく世界が変わっていることも予感させるこのすごさの要因は何だ
ろうか。それを議論する上で便利な概念がある。それがシンギュラリティである。

シンギュラリティとは技術的特異点（technological singularity）のことを指し、
Kurzweil（2005）が提示したことで一躍有名になった用語である。すでに人口に
膾炙しているところも多いと思われるが、早い話が、AIが人間をいつ上回るかと
いうその「時」の議論である。2030年なのか、2045年なのか、はたまたもっと
遅いのかもっと早いのかは分からない。しかし近い将来、AIは人間よりも優れた
脳となり、AIが自分よりも優れたAIを生み出せるようになる。そうなると人間は当
然お手上げになりAIにはかなわない。それがユートピアなのかディストピアなの
かは誰にも分からないが、とにもかくにも、われわれ人類が経験したことのない世
界の実現が、実はすぐそこまで来ている。筆者自身はワクワクしているが、強烈
な抵抗を示す人もいることだろう。

この点は重要だと思うのでもう少し議論を続けてみたい。なぜ一部の人々は、機
械翻訳や生成AIを含め、こうしたAI技術やさらなる未来のAI技術に抵抗や時に
不快感を示すのだろうか。おそらくそれには、このシンギュラリティをめぐる議論と
本質的なつながりがある。というのも、シンギュラリティの最大ポイントは、AIがわ
れわれ人類を超えてしまうことにある。つまり、コンピューターがわれわれよりもす
ごくなってしまう、それに尽きるのである。

具体例で少し考えてみよう。Microsoft Wordなどを用いて英文を作成する場合、
特に設定を変えなければデフォルトでスペルチェックをしてくれる。思わぬ赤の波

線に驚きながらも、それをありがたいと思い修正することにわれわれは慣れている。何の違和感もない。あるいはオンラインで買い物をする際、昨今は便利なことに、過去に買ったことのある商品が簡単に表示され、繰り返し買うこともできれば、あるいは間違えて再度買ってしまわないよう気をつけることもできる。これもとてもありがたい機能である。さらに多少文脈は変わるが、チェーン店や大手スーパーなどでは、それぞれのレジや店舗で扱った商品や金額のデータが瞬く間に集計され、その後の分析や戦略の策定に役立てることができる。これもとてもありがたく、値段は張っても重宝する機能である（山下・山中ほか, 2023）。

　われわれはコンピューターを介したこれらの技術をありがたいと感じ、直ちに廃止したらよいなどとはほぼ誰も考えない。これらに共通する点は、われわれが素直に「ありがたい」と感じることであり、やろうと思えば人海戦術でできなくもないがはるかに大変であることを、機械がいとも簡単に肩代わりしてくれるからである。では、同じようにAI技術がわれわれのやることを肩代わりしてくれるとき、一部の人は、なぜ素直にありがたいと感じられないのだろうか。

　それは、AIがやることを、もはや人が代替できないからである。つまり、機械やテクノロジーがわれわれをサポートし、われわれの役に立っているうちはメリットしかない。仕事は楽になるし、人がやるより正確だし、「機械にさせる」という表現が象徴的だが、人がご主人様で、機械が有能な召使いのような構図をわれわれが楽しめるからである。分かりやすい例は電卓であろう [3]。できなくもないが苦行にしか思えない計算を、電卓は文句ひとつ言わず引き受けてくれる。あくまで、われわれが本来するべき仕事を電卓にさせるわけであり、電卓は計算をすることにおいては優れているかもしれないが、かといって電卓がわれわれよりも偉くなって別の計算を提案したりすることはない。われわれの命令にただ従うだけの、われわれの能力下で制御可能なテクノロジーゆえに、誰も抵抗を示さないのである。つまり、これこそわれわれが通常想定する「道具」なのであり、道具はわれわれをあくまでサポートし、ファシリテートし、下支えするものであって、われわれを凌駕

するものではない。

　ところがAIはわれわれを軽く凌駕する。機械翻訳は、電卓と同じ道具として考えられなくもない。しかし、同じようで同じではないとも感じられる。その違和感の理由は、電卓が自力計算の延長にあり、そこで何が行われているのかを把握できるのに対し、機械翻訳はそうではないからである。まず機械翻訳は、われわれがどう逆立ちしても考えつかないような英語を出してくる。単純にわれわれの方の英語力が追いついていないからであるが、みらい翻訳（2019）の調べでは、すでにその出力性能はTOEICテスト960点相当だという。英語に多少の自信がある人でも、960点などそうそう取れるものではない。ここに、われわれ人類が感じる不快感の源泉がある。そしてこれは怖れの感情にもなるだろう。

　これは、AIによるシンギュラリティが、英語教育やその周辺ではすでに起こっていることを示唆している。生成AIの登場は、そのことをより自覚的にさせてくれたといえるかもしれない。筆者などは楽観的であるため、こうした動きに人として早々に白旗を上げ、AIに取って代わられて構わないと感じているが、もしかしたら無意識下では、こうした不快感に襲われ、深く恐れいているからこそあえて空元気を演じているのかもしれない。

　こうした現象は、機械翻訳のbad modelからgood modelへの移行として具体的に記述される。Yamada（2019）などの文献に詳しい解説は譲り、ここでは最小限の説明にとどめるが、要するに、かつては精度が低かった機械翻訳をbad modelとして、なぜこのように「悪い（失敗した）」出力になってしまったのかを分析することが英語教育的に有効であった。つまり、機械が行う翻訳はしょせん人間の精度にはかなわないという前提の下に、どこをどのように機械が誤ったかをメタ的に分析することで、人間の翻訳者や英語学習者の教材とする学習法である。したがって、これは誰にとっても心情的に受け入れやすいテクノロジーの活用であり、「使えねえなぁ、機械は」と人が機械翻訳に大きな顔ができたのである。

　ところが2016年、Googleを皮切りにAIによるニューラル機械翻訳が導入され、

翻訳の性能が飛躍的に向上することで、機械の出力はbad modelからgood modelとなった。このgood modelとは、もはや人の出力よりも機械の出力の方が優れていることを意味し、劣った人が優れた機械の出力から学んだり、まねたり、それをモデルに学習することが合理的になったのである。合理的にと書いたところがミソで、AI翻訳が人を上回ることをどうしても信じたくない人は一定数いるだろう。それは特に、もともと英語ができる人に多いようである。かつて筆者は、日本企業のグローバル業務に従事するビジネスパーソンの機械翻訳との関わりの実態を調査するグループに参加したことがあるが（寺内ほか編, 2023）、その傾向が顕著であった。英語に自信があり、自分なりに勉強してきた自負があるがゆえに、機械翻訳を受け入れたくないとはっきり主張した人にも出会った。もちろんこれは業務の内容にもよるわけで、やり取りの一語一句が大切な法務・コンプライアンス部門に従事している人が、大意把握のために日本語に訳したり、日本語の契約文書を機械翻訳を使ってざっくりと英語にしてみたところで意味はない。

　しかし、人々は認めたくないかもしれないが、機械翻訳の英語力は、大概において人知を上回る段階に来ている。それが本書の基本的なスタンスであり、前提である。もちろん、そうはいっても、これからは機械翻訳やChatGPTに任せれば100%用が足せるわけではない。細かな点を論えばまだまだ機械翻訳も誤訳をするし、ChatGPTも嘘をつく。本書もライフサイエンス系の専門分野（大学院生レベル）における機械翻訳には注意を促しているし、翻訳を生業とする観点からの機械翻訳の心もとなさについても指摘し、有効な助言をしている。つまり、どんなものにもばら色はないということに尽きるが、とにもかくにも、機械翻訳がgood modelを産出することを前提としている。つまり、人よりも優れたAIを認め、その上での注意点をまとめたのが本書の基本的スタンスである。

　こうした捉え方には反論もあるように思う。しかしながら筆者ら研究グループは、日本で初めて大学に無制限の有料機械翻訳サービスを導入しており[4]、その実経験から大いに強調しておきたいことがひとつある。筆者らは、担当する立命館

大学の生命科学部・薬学部を中心とした全学生に無制限の機械翻訳を導入することにいわば成功したわけであるが、実は当初、筆者自身、所属学部や他学部から相当の抵抗や反対論が巻き起こることを覚悟していた。もちろん、そうした反対論にはひとつひとつ答えるつもりであったし、論破するための理論武装も入念に行っていた。機械翻訳を使った方が、むしろ英語力が伸びる可能性があるという仮定も見込みもあったし、そのためのロジックもあった。しかし、「じゃあやってみたことがあるのか?」と問われれば前例がないわけで、それを言われてしまっては元も子もなかった。

　実際ふたを開けてみて驚いたのは、反対論はほぼ皆無に等しかったことである。もちろん、それは面と向かって反対しなかっただけで、心の中では反対したかった教員も多かったのかもしれない。そして現に、成果をしっかり検討するようにとの慎重論もいくつかあった。しかし大方の意見として、機械翻訳を全面的に導入した英語教育に期待を寄せるものであり、やってみてどうなるか、また結果を教えてほしいという「待望論」が多数を占めたのである。

　これは純粋に「時代が味方した」と感じた。おそらく同じ内容でも、もう2年、3年前の導入であればあっさりと反対されたかもしれない。筆者は2023年度前半、大学英語教育にChatGPTを導入し、その大き過ぎる反響には驚きを隠せないが、要は「時宜を得ている」、それに尽きるように思う[5]。機械翻訳にせよChatGPTにせよ、その威力や社会的な「バズり」を前に、表立ってそれらを否定することは現実的に難しくなってきた。一種の同調圧力が働いているのかもしれないが、AIの能力にどれだけ懐疑論を持っていようとも、今の日本社会は、その性能を肯定的に捉える論調が少なくない。つまり、AIテクノロジーに対して「総論賛成・各論反対」のスタンスがおそらく賢明なのであり、したがって本書もそのスタンスを堅持したいのである。

1-3. 母語話者はもはや頂点に君臨しない

　次に紐解きたいと考えている点は、筆者の応用言語学的観点からの考察であり、英語という言語との関わり方や英語教育に比較的特化した、やや専門的な内容である。専門的といっても決して難しい議論ではない。われわれを取り巻いている状況にひとつの解釈を与えることで、AIが英語教育における「チェンジメーカー /ゲームチェンジャー」になっていることを詳らかにすることを企図する。

　日本人は英語ができないというのは、よく言われる話である。一時期、社内公用語を英語にする動きが盛んになり、ビジネスパーソンのTOEICテスト熱も最高潮に達していたが、コロナ禍を経て、今の日本社会はどうであろうか。小学校からの英語教育も今や定着し、大学入試での外部試験の導入が取り沙汰されたり、東京都の入試でスピーキングテスト[6] が課されたりと、単にテストで点が取れればよいのではなく、より「世界に通じる」実用的・実践的な英語能力が求められ、評価されるようになってきつつあるようだ。筆者の実感では、一時期ほどの英語ブームは去ったものの、引き続き英語力の重要性は健在であるように思う。

　ここでひとつ、筆者の昔話に付き合っていただきたい。大分前になるが、筆者はイギリスに2年ほど住み、日本語を教えていたことがある。それ以前は海外に住んだ経験はなく、典型的な日本の英語教育を受けただけの筆者は、当然、イギリスで英語を思うように話せず大変苦労した。学校の勉強であれば、テストで間違えたり、当てられて答えられず恥ずかしい思いをすればそれで済むが、実際に英語が話される環境で生活するとなると事情は全く異なる。英語がうまく話せなかったり、英語をうまく理解できなかったりすれば、実被害を被ることになる。具体的な話で恐縮であるが、メガネを作ったり靴を買ったり髪を切ったりする際も、希望や主張をしっかり伝えたり、適切な応答をしたりできなければ、困るのは自分である。その中でも髪を切る経験についてのエピソードを共有したい。

　メガネや靴であれば、日本で揃えたものを大事に使えば何とかなるかもしれないが、髪の毛だけはどうしようもならない。常に伸びるわけで、定期的に床屋なり

美容院なりに行かなければいけない。今となっては多少の知識があるため、床屋でうまく説明できない場合に備え、自分が望むヘアスタイルのモデルの写真を持っていったりすればよいと分かるが、渡英当初はそんなこと知る由もない。ちなみに、やはり典型的なイギリス人と日本人では髪質が違うため、理髪師も日本人の髪の毛には意外と苦戦するそうである。もちろん当時はそんなことも知らない。意を決して床屋のドアを開け、「全体的に3センチぐらい切ってくれませんか」としどろもどろになって伝えようとしたが全くうまくいかない [7]。結果的にほぼ坊主のような頭にされ、自分の英作文能力のなさにただただ悲しくなったことを今でもはっきりと覚えている。

これだけ見ると単に筆者の笑い話であるが、今となっては、これが実に本質的な問題であることに「自信を持って」気づいている。というのも、「全体的に3センチぐらい切ってくれませんか」を思うように英語で言える日本人は一体どれくらいいるだろうか。日本語では普通に使うような表現であるが、実はこれが結構難しい。少し予想してもらいたいが、使うであろう表現はおそらく中学校で習う程度の英文法だろうし、単語もそのレベルだろうと思われるのではなかろうか。英会話は中学校の英文法だけで十分、とは巷でよく言われる金言であるが、ここに問題の本質が隠されている。われわれは、中学レベルの英文法であろうと、それを完璧に使いこなすことは決してできないのだ。なぜかといえば答えは1つ、それがわれわれの母語ではないからである。

ただし、これは話を分かりやすくするために様々な要素を省いた答えであり、実際は種々雑多な要素が入り込むため、それほど単純ではない。われわれは母語でない要素も、繰り返し練習することによって無理やり短期記憶を長期記憶にし、機能的知識として強引に頭の中に内在化させることができる。あるいは、意味が分からずともよく使う表現は暗記し、そのバリエーションを増やせば、状況を乗り切ることもできる。ビジネスで英語を使っている場合も、その文脈が限定的であれば、英語力に関係なく対応することが可能である。一方、普段の業務では何とか

なるものの、同僚と飲みに行ったりエグゼクティブクラスと会食したりした際の英語によるフリートークでは全く歯が立たない経験をされた方は多いだろう。

したがって、様々な練習や対策、丸暗記などで相当程度、英語を機能的に使いこなす領域に近づくことはできる。経験や慣れも大きいし、まさにその道何十年の年季が、小慣れた英語使用を実現させることもあるだろう。しかしわれわれは、母語話者と全く同じ英語の感覚を持つことは絶対にできない。英語が話されている国に何十年住もうが、これは同じである。筆者は、ドイツに50年以上住んでいる日本人の方に話をうかがったことがあるが、いまだにドイツ語は難しいと感じるそうだ。もちろん全く問題なくドイツ語でビジネスをし、日常生活でも何ひとつ不自由なく暮らしているにもかかわらず、である。その道50年の人が、それでも外国語の習得が難しいというのであるから、もはや誰も何も言えまい。

外国語を完璧に習得することは「絶対にできない」となぜ言い切れるのか。その答えは言語学にある。言語学には「母語話者の直観（native intuition）」という概念があるが、これがまさにその答えとなる。直観という言葉には、漢字の使い方を見ると分かるように、直接真理を見るという意味がある。すなわち、余計な説明や論理をすべて端折って、いきなり真理に到達するというものである。日本人はいとも簡単に「てにをは」を使いこなすことができるが、日本語を外国語として学習する者にとっては並大抵の容易さではない。それと同じことである。日本語を話す外国人が確かに「てにをは」をうまく使えていたとしても、それは日本人が母語として操る日本語の感覚と決して同じではない。それと同じことが日本人の英語使用についても言えるのである。完璧なバイリンガルとして育ったりしたのでない限り、つまり学習の結果習得した外国語である限りにおいて、それは母語話者が本能的に操る言語感覚とは決定的に異なるのである。

これが伴う帰結とは何か。それは、われわれ日本人がどれだけ一生懸命に英語を勉強しようとも、何年、何十年英語を勉強し続けようとも、英語の母語話者に限りなく近づくことはできるかもしれないが、彼らと完全に肩を並べることはできな

いことを意味する。いつまで経っても母語話者は目標であり続け、超えることのできない神であり続けることになる。これは学習者にとって実に虚しいことであり、ある意味では「悲しい」ことでもある。しかし、日本語学習者と日本人の関係も然りなのだから、われわれはこの事実を受け入れた方がよい（山中, 2021）。

　つまり、われわれが英語をうまく話せなかったり思うように使えなかったりすることの根底にあるのは、われわれの勉強が足りないとか、努力が足りないとか、言語を学ぶセンスがないとかではない。もちろん、そういう要素もある程度は影響するし、たとえばフランス語と英語の言語的近さや、習ったことをとにかく使ってみるという性格的気質などが言語の使用能力を高めることは確かにある。それだからか、昨今のビジネスパーソン向けの英語トレーニングをみれば、スピーキングに圧倒的な時間をかけるプログラムが散見される[8]。多くの日本人に英語を話す経験が圧倒的に不足していることは事実だろうし、それを補うことで話す能力が高められる可能性は大いにあるだろう。

　しかしそれでも、英語が思うように話せないのはわれわれのせいではない。筆者は根本的な話をしたいのだ。英語はわれわれの母語でないのだから、それは仕方のないことで、諦めるしかないし、割り切るしかない。かつて筆者は、自分の英語の授業で、次のようなことを学生たちに口酸っぱく言っていた。英語はわれわれの母語ではない。だから、たとえば語彙に着目した場合、日本語で受信でき発信できる語彙と、英語で受信でき発信できる語彙の数は全く違うことを理解し、悔しいかもしれないが受け入れるしかない。しかも、受信に比べて発信できる語彙の数は圧倒的に少なくなる。要するに、聞いて意味の分かる単語と、自分が実際に使いこなせる単語には歴然とした差がある。ただでさえ日本語と英語の受信語彙の数に大きな差があるのだから、発信に使える日本語と英語の語彙の数の差は輪をかけて大きいことを理解するべきなのである。

　少し具体的に話をしよう。英作文で「うちの（私の）学校は男女共学です」という日本文を英文にすることを考えてみる。これは高校生が自分の学校を紹介し

たり、大学生が自分の高校を振り返って紹介したりする際、実際に遭遇する可能性の高い言い回しのひとつである。日本語であれば何の違和感もなく日常会話で用いても不思議ではないが、英訳することを考えた場合、たとえばこの「男女共学」という文言は意外とレベルの高い語彙である。その証拠に、これをそのまま「男女共学 → coeducation」と直ちに英語に変換して発信できる日本人は少ない。それができる人はなかなかの英語力の人だと思われる一方、多くの日本人英語学習者は coeducation という聞き慣れない語を言われても怪訝な顔を返すことになる。すなわち、こうした語彙は日本人の多くにとって受信語彙にも発信語彙にもなっておらず、意外にレベルが高いものといえるのだ。

　したがって、日本語で男女共学と言えるからといって、それをそのまま英語にしようとすることは、時に正しくない。それは、発信者にとっては意外と高い英語力が要求されることであり、受信者からしても聞いたことのない単語を耳にすることになるからである。逆にいうと、われわれ日本人が行うコミュニケーションにおいては、それが日本語の場合はわれわれが何となく思うよりもはるかに多くの複雑な語彙が飛び交っており、英語の場合はわれわれが期待するよりもはるかに少ない、貧弱な語彙数を駆使して何とかやり取りしているのである。この事実をメタ的に理解すれば、自ずと引き出される戦略は1つになる。それは、英語で発信する際、日本語の単語をそのまま置き換えて言おうとせず、まずは元の日本語をより簡単に、より分かりやすく言い換えた上で、それを英語に訳した方がよいということである。

　男女共学の場合、言い方はいろいろあるだろうが、「男＋女＋共学」が圧縮された複合名詞をそのまま英語の名詞や名詞句に置き換えるのではなく、元の日本語の文意をかみ砕き、より伝わりやすく、より説明的に表現することが好ましい。たとえば、「私の学校は男子も女子も通学しています。→ Both boys and girls go to our school.」のように言うと分かりやすいだろう。ただ、これを否定的に見れば、元は「男女共学」の1語で済んでいたものがくどくどしい言い方になったともいえるし、

元の語のニュアンスが完全に伝えられているか、元の文全体の意図が細かいところまでしっかり表現できているかと問われると極めて心許ない。しかし、これは致し方ないことなのだ。われわれ日本人の多くにとっては日本語が母語であり、英語は第二言語なのだから。われわれは日本語に関しては母語話者の直観を保持しているが、英語に関してはそうではない。それゆえ、日本語と英語を同一線上で同じように扱うことは得策ではない。そうした夢想は早々に放棄し、母語話者の直観に頼れない英語の表現に関しては大幅な妥協をすべきである。コミュニケーション上、最低限の意思疎通が図れることからスタートした方が、結果的に言語の習得は早まる。早い話が、これが「割り切り」というものである。異国の地で慣れない言語を使って生活しなければならない際、多くの人が「生存をかけて」こうした戦略を取ってこられたのではないだろうか。

　これはプラグマティックな意味でも実に合理的な考え方である。こうした認識に立ち、まずは自分が拠って立てる足場のようなものを少しでも確保する。そうすれば、あとはそれを拡張していけばよいだけだからである。初めからすべてはできないし完璧にもなれないことを自覚し、できることから取り組む。そして、できることを地道に少しずつ増やしていく。それが継続できれば、いつの日か高いレベルに到達するはずなのだ（ただし、母語話者のようにはなれないが……）。

　かつて、こうした第二言語習得のあり方が、「中間言語（interlanguage）」という造語とともに学問的に議論された時代があった。詳しくは山中（2023b）の中で筆者自身が述べているのでそちらを参照していただくとして、こうした構図自体が、機械翻訳や生成AIによって根本的に変わる時代がようやくやってきたのである。機械翻訳や生成AIが参照するテキスト情報は英語母語話者のものであり、その母語話者の直観によって紡ぎ出された表現である。そうしたデータをAIが学び、われわれ第二言語学習者が使えるようにしてくれた。もちろんAIとて、英語や日本語を母語としているわけではないし、母語話者の直感がAIに備わっているわけでもないだろう。しかし昨今の生成AIは、全く自然で違和感のない言語表現を産

出するようになっている。そうしたAIのアルゴリズムが人の第二言語学習者の能力を格段に上回っていることは明らかである。

　つまり、われわれ第二言語学習者は、AIの助けを借りることにより、本来的に到達できるはずのなかった母語話者と同等のレベルで、英語を使用することができるようになったのである。これを革命的と言わずして何を革命的と言うのだろうか。もちろん「自力」の英語力とは乖離があるだろうし、即時の対応を必要とされない「読む」「書く」においては活用しやすくても、「話す」や「聞く」、特に「話す」においては応答にタイムラグが生じるなどの問題で当面は違和感が残るだろう。しかし、それも瑣末な話である。なぜなら、第二言語学習者には母語話者の直観がないことから不可能とされてきた自然で的確な表現を、これからはAIがしっかりと指し示してくれるからである。第二言語話者がネイティブ話者に引け目を感じたり自らを卑下したりする必要は、もう理論的になくなったのだ。まだまだ例外はあるにせよ、それが可能となる場面が確実に生まれている。そして、そうした場面は今後確実に増えていくだろう。もう簡単な文章に言い換える必要もない。表現に妥協を強いられることで、心の中に悔しさを抱く必要ももはやないのである。

　しかも重要なこととして、英語で表現する際に、今度は母語である日本語の感覚が活きてくることがお分かりだろうか。機械翻訳もChatGPTも、命令や入力は母語、つまり日本語での入力が可能であり、そうすることが前提とされている。これは、われわれが日本語母語話者の直観を縦横無尽に駆使し、日本語表現のニュアンスや細かな違いを英語表現に反映させていけることを意味する。もちろん、これは理論的に可能となったというだけで、現時点では、細かなニュアンスまで反映させるためには日本語・英語両方の言語的知識が一定以上なければ難しい。しかし、適した英語表現の候補をAIに提示させることはすでに可能であるし、細かいニュアンスに至るまで最適化された英語表現の提示をAIが実現できる日も今後そう遠くないのかもしれない。そうなったら、日本語母語話者の直観を英語表現に反映させるわれわれの方が、従来的な表現を使う英語母語話者よりも複雑で

豊かな英語を紡ぐことになるのかもしれないのである。AIテクノロジーのおかげで、少なくとも構図としては、頂点に君臨するはずの母語話者の地位を、第二言語学習者が十分におびやかせるところまで来たのである。ゲームが変わり、ルールが変わってきたのだ。

1-4. 英語教育における母語使用の復活と混乱

英語教育における母語の使用について、もう1点だけ論じておきたい。というのは、英語教育の専門家の端くれとしての見地から考えても、これは教授法研究におけるパラダイムシフトに等しいことだからである。

「オールイングリッシュ」という言葉を聞かれた方は少なくないと思う。そしてオールイングリッシュで授業を行うことについて、良いイメージか悪いイメージかと問われれば、多くの人が良いイメージだと答えるのではないだろうか。それは、英語というターゲット言語の習得を目指す上では、英語で教え、学び、あたかも英語を話す国にいるかのように多くの英語に触れる方が習得が早まる、という発想に基づいている。これが徹底されると、俗にいう「イマージョン教育」となるのであり、英語脳 [9] を作ろうと躍起になって取り組んでいる集団もある。

これだけ聞くと特に問題ないように思われるかもしれないが、見方を変えれば、これは英語教育における母語の、すなわち日本語の徹底的な排除である。つまり、日本語を介した英語教育は非効率で、場合によっては日本語の発想が英語の習得を妨げる —— 多少強い言い方をすれば、基本的にはそういった想定がそこに働いている [10]。日本人が日本語を使って外国語を学ぶのはそんなに悪いことなのだろうかと筆者などは思ってしまうのだが、一般的にはそう思われてしまっている。では、なぜ多くの人が英語教育で日本語を使用することは「悪」だと感じ、英語オンリー、つまり日本語を一切使わないことは「善」だと思うのか。実は、それには歴史的な理由がある。その理由こそ、かつて一世を風靡し、その後コテンパンに批判された英語教授法である、訳読式教授法（grammar-translation method; 文

法訳読法、文法・訳読式教授法などともいう）の存在がある。

　決して小難しい英語教授法の議論をしたいわけではないので平易に述べるが、訳読式教授法とは読んで字のごとく「読んで訳す」もので、かつては日本の伝統的な英語教授法とされていた。一定以上の世代なら読んで訳した経験のない人はいないと言えるほど広く浸透していた英語教授法である。これは、英語の文章とその日本語訳を対照させ、両言語間を行き来する中で英語を習得させようとする教授法であり、いうまでもなく日本語の感覚、つまり母語による理解を英語習得促進の梃子として最大限活用する学習法である。おおよそ20世紀前半に全盛であった教授法とされている。

　ところが、この教授法にはものすごい批判がつきまとうことになった（石田, 1995; 田中, 1988）。筆者に言わせればそれはちょっとやり過ぎで、ややヒステリックとさえ思えたのだが、当時は文科省から保護者まで、まさに猫も杓子もこの教授法を批判したのである。もちろん、それも一定程度は理解できることで、たとえ英語の原書100冊を読んで訳したところで、英語が話せるようになるかといったら全くそうではない。訳読式とは、英語で書かれた（letter-based）もの に対して、日本語を用いてあくまで分析的にアプローチするものであり、そもそも英語の音の（sound-based）面については守備範囲外だからである。高度経済成長の時代、くしくもビジネスの国際化が叫ばれ始め、長年勉強しても英会話ができるようにならない日本の英語教育が問題となったが、その諸悪の根源として批判の矢面に立たされたのが訳読式教授法であった。そしてその後、振り子が反対方向に振り切れるように、オーディオリンガルメソッド（Audio-lingual Method）へと英語教授法の主流は移行していくことになった。これは、いわゆるパターンプラクティスに代表されるが、会話や発音などの訓練を徹底的に行う教授法である。ここで詳しく述べることはしないが、さらに紆余曲折を経た後、ターゲット言語を用いたコミュニケーション重視の英語教授法としてコミュニカティブアプローチ（Communicative Approach）が標準となり、現在の主流となっているCLIL（Content and Language Integrated Learning）[11] に

至るまでこの傾向は引き継がれているといってよい（Savingnon 2013 参照）。

　もちろん筆者も、英語教育がコミュニケーションを重視し、単なる知識の詰め込みではなく機能的な知識の獲得を目指すことは全くもって良い傾向だと考えているし、それを否定するつもりはない。しかし、そうした時代の流行り廃りに左右されることで訳読式教授法が持っていた良いところまで根絶されてしまうのならば、それはあまりにももったいないと思うのだ。実は、訳読式教授法の代替として期待されたオーディオリンガルメソッドも、型どおりの英語表現を口頭で繰り返して構文を覚えることはできても、英文を産出する本当の力は育成できていないと批判され、結果的に短期間で下火になったのである（Byram, 2013）。こうした英語教授法の歴史が明らかにしているのは、たとえ教授法が良い方向に発展しているのだとしても、短所のない理想的な教授法や長所だらけのベストな教授法にはたどり着けていないということである。それどころか、振り子が行ったり来たりしているだけで進歩していない可能性もある。ここ数十年で、日本人の英語力は前より改善されたのかもしれないが、それでも抜本的に向上したとは思えないというのが、われわれの実感ではないだろうか。

　このように振り返ると、訳読式教授法に対する過剰な批判がその後の反動を呼んだのだということが理解されるだろう。そのひとつの帰結が、英語教育における母語使用批判であり、母語の使用はまるでタブーであるかのように扱われることになった。われわれ日本人にとって、母語である日本語は最も理解が容易で、表現の機微や意味の深みにも到達しやすい言語である。それにもかかわらず、日本語を介した学習を頑なに否定し、英語を英語で学ぶことだけがあたかも「正しい」ことのようにみなされ、それが英語教授法のスタンダードになってしまったのである。しかも、これは英語教育の専門家間の単なる派閥争いのレベルではなく、広く一般的な認識として普及してしまった。ただ、こうしたターゲット言語のみを用いる教育の仕方には直接教授法（ダイレクトメソッド）として訳読式以前から知られているものもあり、たとえばベルリッツメソッドなどにはその影響が色濃く反映されている。

こうした流れには理解できる面もあり、ある意味では致し方なかったことなのかもしれない。ただ、こうした一連の騒動の結果、ひとつの重要な事実が残ってしまったことだけは殊更強調しておきたい。その事実とは、訳読式教授法への過度な批判によって、母語を介することを無前提にタブー視し、その逆にターゲット言語を直接用いることを良しとするようになり、それが比較的長い間続いてしまっていることである。諸説あるものの、オーディオリンガルメソッドの隆盛は1960年代と考えられ、その時期から英語教育では母語による介在が否定的に捉えられ始めた。この傾向は時代を経るにつれて強まり、すでに中学では2021年度、高校では2022年度から、英語授業のオールイングリッシュ化が政策として実施に移されている。英語教師になるには英語が話せなければならず、日本語による説明のうまい下手は関係ないとされ、授業において日本語は基本的に使わないといったことが英語教育の当たり前になっているのである。もちろんこれにはメリットもたくさんあるのだろうが、結果的に、今の英語教員のほとんどは母語である日本語の感覚を最大限に活かして授業することを知らなくなってしまっている。そうすることが期待されていないからである。また、母語を使って教える訓練も、見習うべき先輩教師や実践事例もほぼ皆無であり、あったとしても目につかないようにされてきた可能性すらあるのだ。そうした中、AIテクノロジーによる英語教育の変革が突如起こりつつある。これは母語の積極的活用の復権につながる動きとも評価でき、第二言語学習者にとって大きな福音になるかもしれないのだが、実は教師の方が準備できていないのである。誰も慣れていないし、誰もよく知らない。この変革期のただ中に置かれた教師は、手探りで道を探すしかないのだ。だから、自ら学び成長していける教師でなければおそらくほとんど役に立たないだろうということを、筆者自身への戒めも込めて、広く読者に知らしめておきたい。

1-5. それでも英語力は伸びるのか？

本章では、機械翻訳や生成AIが持つ大きなインパクトについて考察し、これま

での英語教育の延長線上では決して捉えきれないような全く新しい地平がすぐそこまで来ていることについて展望してきた。そこで述べたような内容は遅かれ早かれ一般にも認識され、いずれ日本人と英語との関わり方は根本的な質的変貌を遂げるものと思われる。

　こうした変化が最も受け入れられやすいのは、まずもってビジネスセクターだろう。企業としては、AIテクノロジーを活用することで、最終的なアウトプットやパフォーマンスが向上すればよいのであり、実利を考えると使わない手はない。もちろん様々なリスクやコストとの兼ね合いを図る必要があるため、一足飛びにはいかないかもしれないが、それでも導入のハードルは低いと思われる。

　ところが、大学を含む学校教育現場では、こうしたテクノロジーの導入はそれほど簡単ではない。その理由は、単に教育業界が保守的で、新しい考えや仕組みの導入に抵抗しがちだから（だけ）ではない。最大の理由は、それが教育だからである。機械翻訳にせよ生成AIにせよ、それを導入することで導入前よりも学習者の英語力が伸びるのでなければ、おそらくそれは導入するに値しないのだ。いろいろなものの助けを借りに借りて最終的なアプトプットを向上させても、それだけでは一概に評価しにくいところがある。つまり、機械翻訳や生成AIを使ってTOEFLや英検の問題にどんどん正答できるようになったとしても、「自力」の英語力も高まるのでなければ、教育機関としての使命を果たしたとはいいにくいのだ。教育機関に対して人々が今なんとなく期待しているのは、こうした最新ツールを使うための単なるノウハウやハウツーを教えることというよりも、おそらく、ツールを活用して学習者個々人の「真の英語力」を高めることだろうと思われる。実際、多くの人にとってそれこそが気になるところだろうし、仮にAIテクノロジーを使うことでわれわれの英語力がこれまで以上に伸びるとしたら、AIに対する抵抗感も薄まるというものである。

　したがって、本書のテーマのひとつはそこにある。次章より、AIテクノロジーをどのように捉え、どのように使うことでわれわれの真の英語力を伸ばすことができ

るのかについて、様々な側面から追求する。直接的にはPART II以降でこの話題をもう一度取り上げ、ChatGPTなどの生成AIの活用の仕方について議論したい。そのため、本章はあくまで問題提起にとどめておく。

とはいえ、機械翻訳や生成AIの活用が英語学習者にとってポジティブなものかネガティブなものかについて一定の答えを示しておくことは、この先の章を読み続けるモチベーションを読者に与える上でも重要だろう。当然、その答えは肯定的なものになるのだが、そのひとつの証拠を出しておきたい。1-2節ですでに述べたように立命館大学は他大学に先駆けて機械翻訳を英語教育に導入しているが、筆者が担当する複数クラスの学生について、機械翻訳の導入前と導入後のTOEICスコア・GTECスコアを比較したのが**表1**である（Toyoshima et al., 2023）。これは筆者らが持つデータに基づいて分析したものであるが、機械翻訳の公式導入は2022年の9月であったため、2022年度の年度初めと年度末に取ったスコアの比較になっている。もちろん、機械翻訳を導入しなかった学生たちの群と、機械翻訳を導入した学生たちの群を、その他の条件を統制した上でテストできれば、それが理想的であった。だがそれは不可能な状況であったため、理想的データとはいいがたいものの、そこからおよそ以下のことを読み取ることができた。

[**表1**] 立命館大学における機械翻訳導入前（2022年度年度初め）と導入後（年度末）の GTEC Academic、TOEIC IP テストのスコア変化

学年	GTEC Academic				TOEIC IP テスト	
	リスニング	リーディング	スピーキング	ライティング	リスニング	リーディング
1回生 （学期初め）	109.7	107.1	111.9	112.2	251.7	212.0
1回生 （学期末）	104.1	103.7	120.4	121.3	255.8	241.4
1回生の スコア変化	-5.6*	-3.4	8.5*	9.1*	4.1	29.4*
2回生 （学期初め）	116.0	104.1	115.5	121.6	272.1	215.6
2回生 （学期末）	108.3	104.8	117.8	121.4	264.2	233.8
2回生の スコア変化	-7.7*	0.7	2.3	-0.2	-8.0	18.2

*はスコアの差が統計的に有意であることを示す。

端的にいうと、機械翻訳導入の前後で比較した場合、一部でリスニングスコアの若干の下降が見られた一方、GTECのライティングやTOEICのスコアで、一部の集団に明らかな上昇が見られた。その他の数値は、統計的に有意な上昇も下降も示していない。つまり、少なくとも、機械翻訳を使うことが学習者の英語力に大きな悪影響を及ぼすことはなさそうなのである。また、機械翻訳を使うことで学習者の英語力が伸びることはないと決めつけることは早計であり、大きく伸びる可能性も十分あるといえそうなのである。筆者らもそのロジックを完全に解明できているわけではないが、機械翻訳などのAIテクノロジーは、単にコミュニケーションに役立つツールというだけでなく、適切に活用すれば学習者の「自力」の英語力にも好影響を及ぼす可能性があることが分かってきた。

注

[1] **p. 12** Artificial Intelligence の略。人工知能。

[2] **p. 14** ChatGPT の登場は 2022 年 12 月である。（解説：空前のブーム「チャットGPT」はどこから生まれたのか？ https://www.technologyreview.jp/s/299053/chatgpt-is-everywhere-heres-where-it-came-from/）

[3] **p. 16** ここでの電卓は、あくまで四則演算などの一般の人々が使用する範囲での機能を想定している。ルートや関数の計算など、人がするにはあまりにも高度で複雑なものを考えているわけではない。

[4] **p. 18** みらい翻訳・プレスリリース「立命館大学生 5000 名に Mirai Translator 試験導入。英語授業（正課）にも活用」2022 年 10 月 4 日 https://miraitranslate.com/news/1580/

[5] **p. 19** 一部の報道や取材記事を挙げると次のようなものがある。
（取材記事）「語学教育の模索 AIは教育現場に浸透するか」朝日新聞朝刊G3-A面（2023年8月4日）
（取材記事）「生成AI、大学の活用術 立命館大学は学生が英語分析」日本経済新聞電子版（2023年5月27日）https://www.nikkei.com/article/DGXZQOUE21B7B0R20C23A4000000/
（取材記事）「生成AI、大学に変革迫る」日本経済新聞朝刊総合面［全国］（2023年5月28日）
（取材記事）「英訳 AIと人間どう違う」朝日新聞東京本社版夕刊9ページ（2023年5月12日）
（TV取材映像）「立命館大学でチャットGPTを活用した授業「まず自分で英訳→AIに英訳させると…」（よんちゃんTV）」MBS NEWS（2023年5月9日，YouTube 動画に5月10日アップロード）https://www3.nhk.or.jp/lnews/otsu/20230425/movie/2060013157_20230425183912.html?movie=false
（TV取材動画・取材記事）「ChatGPT試験導入 立命館大学の英語授業に」NHK関西NEWS WEB・おはよう関西，（2023年4月26日）https://www3.nhk.or.jp/kansai-news/20230426/2000073254.html

[6] **p. 20** 東京都教育委員会（2022）「東京都立高等学校入学者選抜における東京都中学校英語スピーキングテスト（ESAT-J）結果の活用について」https://www.kyoiku.metro.tokyo.lg.jp/admission/high_school/archives/exam/speaking_test_result.html

[7] **p. 21** さらにイギリスでは通常センチメートルを使わず、この場合はインチで依頼するのが常識というものだろう。今となっては

それも分かるが、こうした知識を日本国内だけで経験的に獲得することは難しい。

[8] **p. 23** 例えば GCAS（https://www.eiken.or.jp/gcas/）や Linguaskill Business（https://www.eiken.or.jp/linguaskill/）、PROGOS（https://progos.ai/）など。

[9] **p. 27** ここでの「英語脳」とは専門的な意味で述べているわけではなく、日本語を介さずに、英語で発想し、英語で考え、英語で答える思考回路といった程度の意味で用いている。

[10] **p. 27** かつての「中間言語（interlanguage）（e.g. Selinker 1972）はこうした思考を基に構築された考えであり、母語が化石化（fossilization）することで、ターゲット言語の習得を阻害したり、学習者の母語が干渉する（interfering）ことで習得が遅れたりすることを本気で考えていた。例えば日本語には冠詞（a, an, the）の概念がないが、そのため日本語話者は英語における冠詞の習得が他の言語の話者に比べて遅れたり、いつまで経っても習得がままならないと指摘した。ここには、母語話者を頂点とし、あたかも第二言語話者が、母語話者が持つ言語とは異なった、あたかも別の「中間言語」を獲得した状態にあると考えたのである。

[11] **p. 28** CLILとは、教科目やテーマの内容（content）の学習と外国語（language）の学習を組み合わせた学習（指導）の総称で、日本では、「クリル」あるいは「内容言語統合型学習」として呼ばれ定着しつつある。（日本 CLIL 教育学会 https://www.j-clil.com/clil より引用）

参考文献

Byram, M.（2013）. Audiolingual Method. Byram, M. and Hu, A.（Eds）, *Routledge Encyclopedia of Language Teaching and Learning*（2nd ed）. pp.65-67. Routledge.

石田敏子（1995）『日本語教授法』大修館書店

Kurzweil, R.（2005）. *The Singularity Is Near: When Humans Transcend Biology*. Viking Press.

みらい翻訳（2019）「機械翻訳サービスの和文英訳がプロ翻訳者レベルに、英文和訳は TOEIC 960 点レベルを達成」2019 年 4 月 17 日 https://miraitranslate.com/uploads/2019/04/MiraiTranslate_JaEn_pressrelease_20190417.pdf

Savignon, S.（2013）. Communicative Language Teaching. Byram, M. and Hu, A.（Eds）, *Routledge Encyclopedia of Language Teaching and Learning*（2nd ed）. pp.134-140. Routledge.

Selinker, L.（1972）. Interlanguage. *International Review of Applied Linguistics in Language Teaching*, 10, 209-231. https://doi.org/10.1515/iral.1972.10.1-4.209

田中望（1988）『日本語教育の方法：コース・デザインの実践』大修館書店

Toyoshima, C., Yamanaka, T., Odagiri, K. and Sugiyama, K.（2023）. Exploring the Effectiveness of Machine Translation for Improving English Proficiency: A Case Study of a Japanese University's Large-scale Implementation. *English Language Teaching*, 16（5）, 1-10. Canadian Center of Science and Education.

Yamada, M.（2019）. Language Learners and Non-Professional Translators as Users, O'Hagan, M.（Ed）, *The Routledge Handbook of Translation and Technology*. pp.183–199. Routledge.

山中司（2021）『教養としての言語論：言語は私たちをまやかし生きにくくさせる』日本橋出版

山中司（2023a）「補章＜そうはいっても！＞激変する社会・現実的な制約：私たちはテクノロジーとどう「共生」したらよいのでしょうか？」山下美朋［編］『英語ライティングの指導：基礎からエッセイライティングへのステップ』三修社

山中司（2023b）「第4章 機械翻訳は英語教育にどのような影響を与えうるか」山田優［監修］・小田登志子［編］『英語教育と機械翻訳：新時代の考え方と実践』金星堂

02

激震の英語ライティング教育

山下美朋 ［立命館大学生命科学部生命医科学科准教授］

2-1. はじめに

　近年、英語教育は大きな転換期を迎えている。機械翻訳（machine translation: MT）使用の是非が議論されていたかと思えば、追い討ちをかけるようにChatGPTをはじめとする生成AIが出現し、英語教育界の話題を独占している。生徒や学生にとっては、簡単に高度な英文を作成してくれるこれらのアプリケーションは夢のツールに違いない。しかし指導する教員には、使い方によって敵にも味方にもなりえる。現場では当初これらの使用を禁止する向きもあったが、現在はそのデメリットを理解しつつも有効活用していこうとする意見が多くを占めている。本章では主に機械翻訳使用に焦点を置きながら、生成AIにも言及しつつ、英語ライティング教育の現状と、これから変わっていくこと・変わらないことについて議論する。

2-2. 機械翻訳によってライティングはどう変わらざるをえないか？

2-2-1. 機械翻訳の出現

　機械翻訳の教育現場への導入の経緯は山田（2022）などに詳しいが、1900年代より脈々と開発されていながら機械翻訳の精度は低く、単語単位での翻訳はできても節単位となると誤訳が増えるとして、産出された文章は "bad model" とされて

いたようである。しかし、2016年にニューラル翻訳が開発されたのを境に精度が格段に上がり、機械翻訳の文章を"good model"（Lee, 2020）として活用する動きが出てきている [1]。機械翻訳では、文法・構文レベルで仕上がった英文が産出されるため、"学びの資源"となり（Klimova et al., 2022）、思いもしない英文が産出されるため、特に習熟度の低い生徒や学生は英文作成へのモチベーションが上がるとの研究結果も出ている（森・ジョンストン・佐竹, 2016; Niño, 2020）。日本の高等教育現場でも、機械翻訳を導入したライティング指導における成果も報告されている（山田, 2022; 幸重ほか, 2022）。しかし、一方で課題もある。ひとつは機械翻訳を有効活用する意識づけの問題である。学生が機械翻訳で産出されたもの（MT訳）の内容や意味を理解せずにそのまま課題として提出するなど、使い方次第では学習の障害になる可能性がある（佐竹, 2021; 山田, 2022）。また、機械翻訳の利点・欠点を十分に理解した上で効果的に使用させることが重要だが、具体的な活用方法に課題がある。各教育機関で試行錯誤しているというのが現状だろう。

　しかし、ここ数年学生の機械翻訳の使用は急激に増えており、何らかの対応が必要ではと危機感を持っておられる先生方も少なくないのではないだろうか。詳しくは山下・山中（2023）を読んでいただきたいが、筆者の所属大学の授業に機械翻訳を導入する際に行った学生へのアンケート調査によると、2022年度春に入学した学生でもすでに機械翻訳ツール（Google翻訳、DeepL、みらい翻訳など）を授業内外で読んだり書いたりする際に使用していた。上回生（高学年）に至っては、自分が意図したMT訳となるように、翻訳する前の和文を適切に修正したり、MT訳を修正した上で逆翻訳した日本語訳と比較するといった、機械翻訳の"推奨された"使い方をすでに行っている学生までいたのである。少なくとも筆者の調査では、MT訳を鵜呑みにしている学生は少なく、この時点で、機械翻訳ツールの使用を禁止するなどという行為はすでに意味を持たないことが明らかであった。

2-2-2. 既存の英語ライティング [2]

　では、どうやって使えばよいのだろうか。まず既存のアカデミックライティング指導について概説し、機械翻訳の導入でライティング指導はどう変わるのかを具体的に見ていきたい。なお、ここでは第二言語（second language: L2）として学習する大学生を対象とした指導で、英語でのライティングとする。

　第二言語ライティングの研究が明らかにしたところでは、外国語で書く際の要因（Raimes, 1983など）として書き手に要求されるのは、L2（英語）の習熟度とL2のメタ知識（統語法、文法、語彙、句読法、内容、構成などの知識や書き方）、そして使用言語に左右されない作文能力といわれている。作文能力は母語（第一言語）での経験に下支えされていると仮定できるが、第一言語（first language: L1）でたくさん書いてきたからL2でも上手に書けるかというと必ずしもそうではないようだ。L1とL2の作文の修辞的な相違（論の展開など）を知り、L2で書く経験を積む必要がある。

　さて、既存の英語ライティング指導では、「自力で、英語で書く」ことが大原則である。「自力で書く」とは、機械翻訳や生成AIに頼らずに自分の持てるL2の習熟度やメタ知識、L1の作文経験で書くということである。書くときの条件にもよるが、学生は分からない単語や表現があれば辞書を引く、または文法書を調べるなどして英文を作成しなければならず、時間を要する場合がほとんどである。そしてプロセスライティングと呼ばれる一連の流れを踏襲しながら書くことが推奨される。ブレーンストーミングでアイデアを出し、アウトラインを書き、それに基づいて初稿の英文を書く、そして他者からのフィードバックを受けて修正し、最終稿とする流れである。ここで留意すべき点は、アイデア出しとアウトラインは日英どちらで書くとは決まっていないが、初稿は少なくとも「最初から英語で書く」ことが求められる。このため、学習者の習熟度レベルによってはライティングは非常に負荷が高く、4技能の中でも最後に行うべき指導であるとか、文法が定着していない学生にはライティングは難しいのではないかとか考える教師もいまだにいる。

プロセスライティングの流れの中でも特に重要視されているのが、他者からフィードバックを受けて書き直す過程である。Vygotsky（1935）の「発達の最近接領域理論」に代表されるように、学習者は適切な足場かけ（scaffolding）を受けることによって、彼らだけでは不可能な修正を可能にすることができるとされている。書いた英文の文法・語彙・表現の正確性や、内容や構成または論理的な流れなどの適切性の判断は、書いた本人では難しいため、他者に指摘してもらうことで気づきがもたらされる。これまでも多くの研究者が、誰が（who）どのような方法で（how）、修正を促すフィードバックを与えればよいかを研究してきており、主に教師によるフィードバックとクラスメートや友人によるピアフィードバック、つまり「人によるフィードバック」がその対象となり、学習者のテキストに「書いて」コメントをするwritten corrective feedback（WCF）が効果のある方法とされてきた（Ferris, 2002; Hyland, 2019）。また、学術英語に対して「特定の目的のための英語」（English for specific purposes: ESP）の立場から、Swales（1990）に代表されるジャンルの概念、いわゆるテキストの論理の型や繰り返し使用される表現を知り、そのテキストを読む読者や目的（場面）を想定して書くことも重要とされている。大学の指導では、様々なパラグラフタイプからエッセイ、そして論文に至る段階的な指導で、学生はそれぞれのテキストに求められる「型」に習熟するのである。

　指導側の立場から述べると、残念ながら英語4技能の中でもライティング指導は十分になされているとはいえない。高等学校の教員に対して大規模なアンケート調査を行ったHirose and Harwood（2022）の報告によると、高校の英語教員がライティング指導に消極的な理由として、国立大学の二次試験を除いて大学入試にライティングがないこと、高校現場が抱える様々な問題（フィードバックを行うには1クラスの生徒数が多すぎること、時間がないこと、ライティングに適した教材が少ないことなど）を挙げている。筆者（山下・長倉 2021）が行った50名の高校教員を対象とした調査で際立ったのは、1クラス40名になると教員は生徒が書いたものを見るだけで精一杯で、フィードバックをする余裕がないということだった。

教科書に書かせるタスクがあって生徒に書かせはしたものの、返却ができないなど、指導の限界が見られた。英語で書く力を伸ばす指導が高校段階で十分になされていないために、大学入学後に専門性の高いコンテンツのライティングをしようにも困難であることも指摘されている。

2-2-3. 機械翻訳を利用した英語ライティング

　これまでの英語ライティングの方法は機械翻訳を使うことで大きく変わることになる。まず、機械翻訳が産出する英文をgood modelと見立てた授業での使用方法の、ひとつ目を見てみよう。**図1**の手順が示すように、①：自分で和文 (L1) を作成する（この時点で意図した英文が産出されるように和文をプリエディットする）、②：①を機械翻訳で英文 (L2) に訳す、③：意図した英文に訳されているか①の和文を見ながら②のMT訳を修正する（ポストエディット）、④：③の修正された英文を機械翻訳で逆翻訳[3]し、産出された和文を見て③の英文の適切性を再確認する。こうした手順が機械翻訳を使う一般的な方法である。

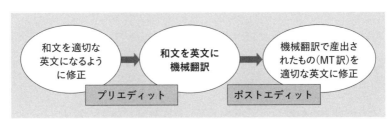

［**図1**］一般的な機械翻訳での和文から英文への訳出方法

　この方法で英文を書く場合に既存の英文作成方法と異なるのは、まず和文から書き始めるため日本語の能力、作文力が必要とされる点である。日本語の文章がしっかり書けていなければまともな英文にはならないし、なにより機械翻訳はまだ完璧ではないため、誤訳を避けるための適切な前処理（プリエディット）が必要である。西山 (2022) は、機械翻訳の性能というよりは、入力した日本語に問題がある場合に誤訳が生じるとして、プリエディットのコツをまとめている。たとえば

主語を入れる、一文を短めにする、主語・目的語・動詞の構文にする、名詞を修飾する形容詞などの係り受けが近くなるようにする、といった編集である。これらに注意して英文に間違いが生じやすい日本語の問題を先に解決しておくと、間違いのない英文に訳される。

ふたつ目は、機械翻訳が産出した英文の適切さを判断できる能力、そして英文の修正力である。機械翻訳が産出した英文に手を入れることを後処理（ポストエディット）と呼ぶが、機械翻訳がいまだ不得意とすることがあり、それらは人の手で補わなくてはならない。先の西山（2022）は、時制・代名詞・指示語の一貫性、用語の一貫性、名詞・冠詞の正確性や、複雑な文章の組み立て、論理の流れなどは、機械翻訳は対応できないため、必ず確認して間違いがあれば適宜修正するべきであると述べている。筆者が試した際も、日本語の「それ」が指す名詞が単数の場合もあれば、複数に訳されることもあった。また、複数のパラグラフで構成される英文の場合は、論の流れが逸脱しやすいため、元の和文の最初に主題（topic sentence）を入れるか、英文のセンテンスを入れ替えるなどの作業はかなり必要であると感じた。つまり、こういった後処理を行うためには、英語の基礎知識が必要であり、後に述べるが、テキストが専門に特化した内容を含む場合には、その分野に使用される英語の知識が要求される。英文の適切性を判断するのはかなり難しいといえるだろう。

また、機械翻訳を使用した手順を既存の英文作成方法と比較すると、和文と英文を常に見比べ、日英を対照しながら書く方法であることが分かる。機械翻訳が産出した英文が意図した訳になっているのか和文と対照し、ポストエディットした後にもまた元の和文を確認する。日英対照で双方の適切さを判断すること、ここが最も大きな違いである。先行研究では、機械翻訳の利点として、L1とL2を比較することで双方の類似点や相違点に気づくなどメタ言語的な認知力を高める効果がある（Canagarajah, 2011; Cook, 2010）と報告されている。

みっつ目は、コンテンツの背景知識である。これに関しては、必ずしも機械翻

訳使用に限ったことではないかもしれないが、専門性の高い内容であれば、その専門分野の知識が日本語でも英語でも必要となる。後述するが、機械翻訳は専門用語の正確さについては対応しきれないため、ここは人間の目で見て判断しなければならない。

　機械翻訳を使うと、先述した既存の書き方の大原則である「自力で、英語で書く」ことから解放される。母語の知識に頼れるため、L2習熟度の低い学生でも自分の実力をはるかに上回るこなれた英文を作れる。これは大きな変化で、先行実践で報告されたように、学習者のライティング活動へのモチベーションを上げるのは間違いない。特にL2習熟度が低い学生にとっては夢のようなツールを手にしたと言っても過言ではないだろう。これまで英語ができないからと英語での発信を躊躇していた学生にもその機会を提供し、英語ライティングに対する嫌悪感を下げることができるのは、英語だけで書かせてきた既存の指導の課題を解決してくれる。

　さらには、これまでプロセスライティングの手順で人の手によるフィードバックを受けることが必須であったが、テキストの種類によっては、逆翻訳機能があれば英文の適切さや正確さは学習者自身が判断できる可能性が高い。英文の修正も、今は無料で公開されているネット上の英文校正ツールや生成AIの助けを借りれば自分で行うことも不可能ではない。ライティング指導の最終的な目的は、「自律的な書き手を育てる」指導（佐渡島・太田, 2013）、つまり自分が書いたテキストを自分で修正する判断力や力（self-editing ability）を養うことであるため、機械翻訳を利活用することはその目的にかなう方向に向かっているといえよう。また、教師のフィードバックの負担も減るだろう。機械翻訳が産出する英文は文法の間違いが少ないため、学生が書いた英文の文法の間違いを細かく指摘・修正する労力を懸念してライティング活動を避けていた先生方にも朗報である。また、文法のフィードバックから解放されるため、ポストエディットで不十分になりがちな内容や論理的側面の指摘のみを教員が行うなど、焦点化したフィードバックができるようになり、ライティング指導そのものに時間をかける本来望むべき指導となる可能性が高い。

2-2-4. 機械翻訳を利用した授業実践から見えてきたこと

　ここまで既存の英語ライティングと機械翻訳を使用した場合とで異なる点を見てきたが、筆者が実際に授業に導入して見えてきた課題がある。先述した事前調査のアンケートから、機械翻訳の産出文を鵜呑みにする学生はいないだろうと想像できたが、自分の実力を上回る機械翻訳が産出した英文を理解して適切なポストエディットができるのか、やはりL2の習熟度に左右されるのではないか、という疑問が筆者にはあった。そこで学部生と大学院生の授業でライティング課題をさせてみたところ、両者に大きな違いがあったのである。

　まず、学部生の授業から説明する。2022年度秋学期に担当した教養選択科目の英語授業で、科学論文の構造や頻出する表現を教える授業での実践である[4]。受講生は複数の理科系の学部から29名おり、多くは1、2回生であった。本授業では、受講生の関心のある研究分野の論文を日英両方で読み、日本語で書かれた論文の要旨部分を英語で書く課題がある。それを2022年度はDeepLを使って書かせることにした。最初に自分で要旨を英語で書き、次にDeepLで産出された英文を参照しながら自分が書いた英文を修正させたのである。その修正稿を、アカデミックライティングを20年以上指導してきたアメリカ人の英語教員（英語母語話者）と、薬学部の受講生が多かったため薬学研究科の博士後期課程のTA（ティーチングアシスタント）に見てもらい、適宜フィードバックを入れるといった試みを行った。

　この実践の結果、機械翻訳産出文を参照した修正に関して、顕著な3つの学生群が明らかになったのである。まず産出文と修正稿の差がほとんどない、つまり機械翻訳をほぼ受け入れた学生群であった。彼らは、事前調査で「英語で書くことに自信がない」と答え、ほぼ機械翻訳をそのまま鵜呑みにしたと推測できた。その逆に自分で作成した英文と修正稿がほぼ同じで機械翻訳をほとんど受け入れなかった学生群があり、それらは優に平均以上のワード数の要旨を書き、自分の英文にこだわった形跡が見られたのである。この学生群は3、4回生で、す

でに研究室に所属している学生もいて、論文英語の指導も多少は受けていると考えられた。それ以外の学生は、差はあるものの機械翻訳を見て自分のオリジナルな英文を良くしていこうと試みてはいたが、修正は語彙レベルまたは1文か2文を自分が書いた英文に入れ替えた限定的なものだったのである。

英語母語話者と博士後期学生が受講生の修正稿に対して行ったフィードバックを、以下のエラー項目ごとに見てみた。1) 名詞の単数・複数、2) 冠詞、3) 動詞の時制、4) その他の文法項目、5) 語彙、6) 表現、7) 論理的流れ、8) 内容不足、9) 日本語の直訳表現、10) 説明不足、11) 意味不明の11項目である。間違いが多かった項目について両者の指摘は異なり、英語教員は4) 文法や語彙の適切性への指摘（機械翻訳が弱いとされる代名詞や指示語の一貫性に関した間違いへの指摘など）や10) 専門的内容の説明不足や11) 意味不明な文章の指摘が多く、文法や語彙の指摘が修正後も残っていたことで、学生らは機械翻訳を参照してもこれらの修正は難しいことが分かった。10) と11) の指摘に関しては英語母語話者の専門的な知識のなさから内容の確からしさが判断できなかったからではないかと思われ、内容が専門的である場合、一般的なアカデミックライティングだけの知識だけでは適切なコメントはできないことが分かった。一方で、博士後期学生は5) 専門語彙の間違い、8) 科学論文の内容に必要な事項の欠落、10) 専門的内容の説明不足への指摘が多く、研究の背景を知っているからこそ、より専門性の高いコメントをすることができていた。この実践から、テキストが専門的な内容である場合には、英語母語話者よりもむしろ、背景知識を十分に持ち、英文の妥当性を判断できる専門分野の学生のフィードバックこそ有用であることが分かったのである。また、機械翻訳をほぼ受け入れた学生群は文法・語彙の間違いが少なく、一方で機械翻訳を受け入れなかった学生群に文法・語彙・内容のエラーが指摘されたことで、後者の方がより自分の英文を振り返るきっかけを与えられて、多くの学びを得ることができていたことが明らかであった。

次に、筆者が勤務する私立大学の生命科学研究科に所属する大学院生（修士

1、2回生）を対象とした授業での実践で、「みらい翻訳」を使って自分の研究の要旨を書かせてみたところ、彼らの方が優位に有効な使い方ができていたのである。この授業では、学生はまず日本語で要旨を書き、それを機械翻訳にかけて産出された英文を自分でポストエディットした。そして**図2**のような修正箇所が可視化できるシートを配布し、修正箇所を色付けし、修正理由を書かせたところ、彼らは適切な修正を試みていたのである。一例として糖尿病を研究している学生を見てみると、「翻訳により意味が変わっていた、または適切な表現ではない」「論文で使用されている書き方ではない」「（論文に書かれている）専門用語ではない」などとして適宜必要な修正を行っていることが分かる。

この2つの授業実践から、特に専門的な内容を含む英文を作成する際には、利用者によって機械翻訳の使用に限界があることが顕著であった。英文の適切性を判断し修正できるようになるためには、先述の基本的な英語の知識と専門内容を理解できるだけの知識が必要であり、逆に機械翻訳がかなり高度な英文を出してくるだけにそれを上回る英語力が要るともいえる。

3 修正英文　修正した箇所に次のことをしてください。 1. 連番をつける（例　①②③） 2. 色をつける（単語＝赤、表現＝緑、センテンス＝青） 3. 修正理由を書いてください
①Glucolipotoxicity increase reactive oxygen species (ROS) and causes oxidative stress in pancreatic β cells. Under oxidative stress, ②insulin secretion is decreased and then causes hyperglycemia. The transcription factor nuclear factor erythroid 2 p 45 related factor 2 (Nrf2) regulates the expression of antioxidant-related proteins and plays an important role in protecting pancreatic beta cells from oxidative stress. However, the relationship between Nrf2 and ③glucose stimulated insulin secretion (GSIS) in pancreatic beta cells is unclear. Knockdown of Nrf2 ④in rat pancreatic beta cell line (INS-1 cells) with siRNA decreased ⑤GSIS and increased intracellular ROS. In addition, ROS scavenger only partially restored ⑥GSIS decrease by Nrf2 siRNA, whereas intracellular ROS recovered to the same extent as in the control group. These results suggest that Nrf2 is involved in a pathway other than antioxidant activity in pancreatic β cells.
3　ここに番号順に修正理由を書いてください。 1　翻訳によって意味が変わっていた/または適切な表現ではない 2　論文で使用されている書き方ではなかった 3　専門用語に変更

［**図2**］修士学生の機械翻訳産出文の修正例

2-3. 機械翻訳の影響をポジティブに考え、効果的に使うには？

　前節では機械翻訳を英語ライティングに導入した場合の利点や課題を述べてきたが、それぞれを十分に理解した上で、機械翻訳を教育的にかつ効果的に使う方法を本節では考えてみたい。ここでは、本書の草稿段階であった2022年度後半にはまだ出現していなかった生成AIの利用についても言及する。

　2-2-4項の授業実践から明らかになった「L2習熟度の低い学生は機械翻訳をそのまま受け入れるか限定的にしか利用できない」という事実を重く受け止めて、そうであっても機械翻訳をgood modelとして有効利用するために筆者が考えるのは、英文の適切性を判断できる力を養うこと、気づきを与えること、そして教員の適切なフィードバックを怠らないことの3点である。まず英文の適切性を判断できる力とは、英語力にほかならない。少なくとも自分の目指す分野のテキストをしっかり読みこなせるだけの力を養いたい。図1の方法で日本語から英文を産出する際に、英文がおかしいと気がつくためには、大量のリーディングを行っておくことが重要になってくる。院生であれば自分の専門分野の論文を英語で読む努力をする、そうすることで先の実践結果のように、機械翻訳ではまだ誤訳になりやすい専門分野の語彙や表現を正しく修正することができる。しかし、筆者が所属する学部の研究科では、英語論文を英語で読もうとせずに機械翻訳で日本語にして理解し、それをまとめて抄録発表する学生がいると聞いている。間違った日本語に訳されていても気がつかず指導教員に叱られるそうだが、この場合、これは間違って訳されているかもしれないぞと気がつくことが大事で、日本語で読んだ場合でも気になる箇所は「英語に戻って」その確からしさを確認する姿勢が重要だろう。書く力はそれだけ練習しても身につかず、読んだり口頭で発表したりしながら様々な語彙や表現を身につけて書いてこそ定着するものである。それは基本的な英語学習を続けることに相違なく、機械翻訳が使えるようになったからといってなんらこれまでと変わらないだろう。また、並行して専門分野の知識を身につける必要もある。これは日々の学習で養うべきものである。

次に、第二言語習得の視点から機械翻訳を活用する方法を提案する。理論的には、自分の現在持てる知識で発信した際に、目標とするL2言語と自分のL2言語との違いについての「気づき (noticing)」(Schmidt, 1995) が重要であるといわれている。機械翻訳を使う場合、日英を比較することでL1 (母語) とL2 (学習言語) の違いに気づいたり、自分が書いた英文と機械翻訳産出文とを比べて自分の英文の間違いに気づいたり、修正を促されたりすることで、正しいL2の習得に近づくことができる。この気づきをより促すために、筆者はまず自分で英文を書いて、機械翻訳産出文と比較する方法を提案したい。山田 (2022) は上級者用の方法であるとして紹介しているが、筆者はどの学習者にも試してほしいと思う。以下の図3の方法である。

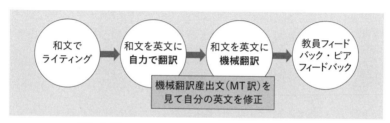

[図3]「気づき」を促す機械翻訳を使った訳出方法

この方法では、①：自分で和文 (L1) を作成する (この時点で適宜プリエディットする)、②：①を自分で英文 (L2) にする、③：①を機械翻訳で英文にする、④：②と③を比較する、特に③の機械翻訳産出文を参照しながら自分で作成した英文②を修正する (ポストエディット)、⑤：教員フィードバックやピアフィードバックを受けて④を修正する、という手順を踏む。和文から直接機械翻訳にかけて和文と英文を比較する手順とは異なり、自力で英文をまず書き、機械翻訳の英文と比較することで自分の英文の間違いに気づく、またうまく表現できなかった箇所については「このように書くのか」と英訳の適切な表現に気づき、自分では出しえなかった表現から新たな学びを得ることもできる。もし機械翻訳産出文に疑問があれば、辞書や文法書などで確認することも促されるべきだろう。

さらに、授業実践でも明らかなように学習者の修正には限界があることから、教員が適切なフィードバックを怠らないことが重要である。もちろん最終目的は学習者自身が修正できるようにすることであるから、段階的に足場かけを外す必要があるが、学習者自身が気づかない間違いなどは機械翻訳を利用しているからと安心せず、教員が見て修正を促すべきである。この点におけるフィードバックのあり方は、これまでも多くの研究者が議論してきたように、学生が修正できる間違い（文法・句読法など）は機械翻訳産出文を見ながら自分で修正できるように誘導し、修正できない間違い（内容や構成、理論的流れなど）に教員が指摘を集中させるなどうまく指導を分けていくことが理想である。昨今は生成AI機能を実装した様々なアプリケーションが出ており、うまく使えば教員のフィードバック負担を減らせるだけでなく、学生自身の修正力を伸ばし、先述した「自律的な書き手」を育てることができるはずである。

　段階的に機械翻訳を導入するという点では、筆者は大学のライティング教育を行う際に、1回生から機械翻訳を使わせるのは抵抗がある。なぜなら、学生たちは高校段階で英語ライティングをしてきた経験が少ないため（山岡, 2019）、まずは既存の方法で教員フィードバックやピアフィードバックを与え、「気づき」と「修正力」を高める指導をすべきであると思うからである。最初から機械翻訳を使わせると本人よりもはるかに優れた英文になるはずで、教員自身が学生の実力を見誤る可能性が高いといった懸念もある。最初は機械翻訳に頼らない指導をしてから徐々に導入し、同時に自分の英文に責任を持つ（機械翻訳を鵜呑みにしない）姿勢を育てるべきだろう。一方で教員自身も機械翻訳を使ってみてどのような誤訳が生じるのか、または効果的に使うにはどういった使わせ方をしたらよいのか試行錯誤して、良い事例は教員同士で共有することも重要だろう。

　ここで効果的な授業への導入として筆者が試みた事例を紹介する。

a. 機械翻訳の学びを活かす、評価対象を分ける

　機械翻訳の産出文を学生の学びにつなげるために、ライティング課題を課した場合は機械翻訳を使用して学んだことをなるべく具体的に記載させ、いわゆる気づきを促すようにする。筆者の授業では、気づいた文法の間違いや、機械翻訳から新しく学んだ表現などを書いて提出させるようにしたところ、機械翻訳の表現では飽き足らず、疑問に感じた点を自ら辞書で調べて確認する学生が増えたのは予想外の効果であった。柳瀬（2023）は、学生に生成AIを使った語彙学習をさせ、レポートを提出させている。授業には、指定された単語集があり、学生は毎回の授業での単語テストに備えるのだが、その学習の際にChatGPTと「対話する」仕組みを入れたのである。手順は、学生に任意の単語を2つ選ばせ、例文を作成させる。そしてChatGPTに "Please check my sentence." と指示して学術的な語彙の使い方を確認させたのである。学生は非常に細かいニュアンスの差やコロケーションの適切さまで指摘した量と質の高いフィードバックに驚き、レポートの量が増え、語彙学習に対するモチベーションが上がったと、柳瀬は報告している。どのような状況で使用するのか単語帳の例文だけでは分からないことが多いため、それらの暗記のみの語彙テストはもう無意味であり、機械翻訳や生成AIを使ったひと工夫で授業は活性化する。さらに、機械翻訳（や生成AI）を使った授業の評価をどうするかという点に関しては、評価対象を考える必要がある。授業で学んだプロンプトなどを使い「自力」で書かせるようにして、書く力の伸びを確認する。最終テストとして、時間を設定して授業内で書かせるタイムドライティング（timed writing）を試みてもよいだろう。機械翻訳の使用がライティング力の伸びや第二言語習得につながるのかは未確認であるため、研究としても興味深い。

b. 機械翻訳を使用したライティング指導を発話活動につなげる

　機械翻訳の英訳を鵜呑みにしないために、発話活動につなげて口頭で発表させる工夫もできる。筆者は、2023年度春学期のディベートの授業で学生たちに機械

翻訳を用いて原稿を書かせたのだが、実際にディベートをする際には原稿を見ずに発表させた。その際に、ディベートの議論の型として「自分の意見と根拠（データ）を示す」などの枠組みを与えておき、話す内容を整理させてから即興に近い形で発表するようにと指示した。その結果、自分のものになっていない語彙や表現はすべて削ぎ落とされ、かえって論点を押さえた議論ができたのである。機械翻訳の英訳を意味も理解せずに丸覚えする学生がいると聞くが、覚えてきた原稿を自分が扱えるだけの内容にしてしまっても十分に伝わると教えることで、口頭発表の自信をつけさせることができる。小田（2021）は、学習者に提示する機械翻訳使用時のルールとして、a) 自分のレベル（習熟度）に合った表現のみ採択する、b) 機械翻訳の結果をそのまま用いず、自分なりの表現に修正して用いる、c) 自分が用いる英語に責任を持つ、の3点を挙げている。a) については「暗記できるか、あるいは少なくとも流暢に読める英語」が自分のレベルであり、c) では英語の意味を聞かれて「機械翻訳が出したのでよく分からない」とは答えてはならないということが、安易な機械翻訳への依存を避けるためのルールとして学生に示されているという。小田の言うように自分レベルに落として使うというのは、現実的な方法に違いない。この3ルールは参考にできるだろう。

c. 機械翻訳と生成AIを使ったライティング

　英文作成支援ツール Transable（トランサブル）の BETA3 は筆者が開発に関わった経緯があり、紹介しておきたい。Transable の詳細は第6章を参照されたいが、開発者の杉山滉平氏から BETA3 開発の相談があった際、筆者は、「まず英文を自分で書かせ」、書く過程で分からないことがあれば辞書を引くという既存のライティング方法のように、学生が調べながら書くという形を機械翻訳や生成AIで実現したいと伝えたのである。また、自律的に書く過程を支援するという意味で、添削ツールや評価もできる仕組みにならないかと考えた。幸い、杉山氏の技術により筆者が望んでいたとおりの英文作成支援ツール BETA3 が実現できたのであるが、ま

ず**図4**の「エッセイを書く」という箇所に学生が英文を書いていくと、Grammarly
が立ち上がって文法や語彙の修正を促してくれる。さらにはDeepLが自動的に日
本語に翻訳してくれるため、自分が書いた英文が意図していた内容になっているか
を確認できる。もし疑問が生じたり別の表現を知りたいと思ったりした場合は、右
側の「表現を調べる」という箇所で、実装されたChatGPTに尋ねることも可能だ。
プリセット済みの「日本語文章から複数の英語表現を出す」や「5文型で分析す
る」なども十分に使える。そして、英文が完成するとTOEFL iBT、GTEC、CEFR、
IELTSのルーブリック（rubric: 学習到達状況を評価するための評価基準表）を選
んで評価を受けることもできる。こちらはまだ開発の余地があるが、ChatGPTに
各評価ルーブリックを読み込ませ、複数の英文サンプルを評価させてその信頼度
を確認した。入力する文字数の制限はあるが、文法、語彙に加えて内容や論理
構成まで指摘してくれるため、教員に代わる評価ができるようになる可能性は十分
にあると思われる。

門田（2023）は、やはり最初に自分で英文を書かせ、DeepLの和訳で内容を

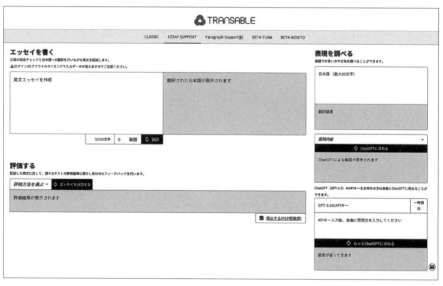

［**図4**］Transable BETA3 のインターフェース

確認、その後ChatGPTで英文添削、補足や修正次項をさらに質問して英文をブラッシュアップしたあとに、最後にGrammarlyで文法・文体チェックをする方法を推薦している。まさにこれはTransableの機能そのものなのだが、門田氏はこの手順で書いた英文をさらにGoogle翻訳で読み取らせて発音を確認し、発声練習を重ねることで、英語によるプレゼンテーションにつなげている。今後は、このように多機能を搭載したアプリケーションや、それらのアプリケーションを活用したライティング活動が増えてくるに違いない。

2-4. 機械翻訳によって変わるライティング教育、変わらないライティング教育

さて、これまで既存の英語ライティング指導と機械翻訳を使ったライティング指導を議論してきたが、本章の最後に機械翻訳や生成AIによりライティング教育の何が変わるのか、または変わらないのかについて、筆者なりの考えを述べたい。機械翻訳の性能が高まり、学生が盛んに使い始めた2022年頃は、アカデミックライティング担当者として既存の指導を行っていた筆者をはじめとする大学教員にとって、機械翻訳の存在はかなり脅威であった。学生が課題に機械翻訳を使ってしまうのではないかと誰もが思っただろう。生成AIに至っては、エッセイのトピックを与えて「CEFR B2レベルの英文にして」と命令（プロンプト）すれば一瞬にして相応のエッセイを産出してくれる、まさに本章のタイトルの「激震のライティング教育」になるのではとの懸念があった。しかし、実際に授業に導入してみると先述のとおり、使い手は機械翻訳以上の英語力を持たなければならないし、内容が専門分野に特化している場合は、その分野の知識も十分に備えていなければ使い物にならないことが分かり、やはり基本が大事だと思うに至っているのである。あくまでツールとして参照対象とすべきで、産出される英文の判断をするのは自分にほかならないため、自分の英語力を磨かなければならないし、有能なツールを使いこなすだけの技量や判断力を身につけなければならないとなると、さらなる勉強を強いられているともいえる。一方、正しい使い方を指南しなければならない教員に

とっても新しい技術の勉強が必要で、学習へのモチベーションを上げられる使い方を学生に提供する創造的な授業が工夫次第でできる可能性がある。そしてそれをすでに実践している先生方もおられ、今こそ新たなライティング指導を行えるチャンスとも捉えられる。教員間で大いに意見交換、情報交換をすべきだろう。

　しかしすでに本章でも述べてきたが、機械翻訳導入で変わる指導があるとすれば、プロセスライティングの過程でフィードバックのあり方が大きく変わってくると思われる。機械翻訳がある程度正しい英文を産出してくれるため、学生が英訳から学んだり、自分の英文を校正できるようになったりすることはすでに述べた。つまり、生成AIとの組み合わせで学生が自律的に英文を書くようになるということで、それは本来のライティング教育に求められた方向性であった。だからといって教員のフィードバックが不要になるわけではない。逆に、細かい文法のフィードバックから、より評価と一体化させたフィードバックになど、指導をより集中させることができるようになる。機械翻訳や生成AIを書く段階で利用できるようにすれば、書きながら修正・加筆ができるため、教員のフィードバックの大幅な負担軽減にもつながる。授業では、内容や多くの学生に見られる論理の流れの乱れなど、機械翻訳が不得意とする部分に関してのみクラス全体でフィードバックすればよい。一方で、日英対照の書き方が進むため、英語教員であっても日本語の文法の知識や説明の仕方が要求されるようになるかもしれない。教員にとっても、さらなる勉強が求められる。Niño (2020) は、機械翻訳を使わせる学習は学生を中心に置いた方法であるとして、"… (The use of online machine translation) supports a learner-centered methodology, where the learner develops autonomy by exploring, experimenting and interacting with learning technologies and where the language teachers act as mere facilitators of learning encouraging language exploration and promoting digital literacy." と説明している。まさに学生の自律性を育て、教員はファシリテーターの役割を担うとするもので、そうなっていくことが理想である。

　このように学生が表層的な間違いをしなくなるとすれば、さらにコンテンツが重

要視されるようになるだろう。論文や研究の要旨を書く授業では、専門性のある論文を理解してまとめる力や、深い背景知識が必要となる点は先述した。英語の問題は機械翻訳が解決するとして、人間はもっと内容面の充実に力を注げるようになるだろう。逆に、研究分野やその分野の論文に特徴的な英語に詳しくなることで（機械翻訳が出してきた英訳を修正できるだけの知識を持つという意味で）、学生であっても自分の研究を機械翻訳や生成AIの力を借りて論文にまとめることができるようになるのではないかと思う。そうした場合に欠かせないのが、型を教えるジャンルの指導である。パラグラフの構成（トピックセンテンス、サポーティングセンテンスなど）、エッセイの構成（thesis statement は導入パラグラフの最後に来ることなど）、そして論文の構成（IMRaD のことや、論文も様々なパラグラフの集合体であることなど）[5] である。また論文の文体（スタイル）にも習熟する必要がある。たとえば、論文は3C（Clear, Correct, Concise: 明確、正確、簡潔）（中山, 2009）を意識して書かなければならないし、論文の英語は動詞主体の英文（agent + action）であり、名詞節ではなく名詞句で書く（吉村, 2013）といった原則がある。こういった基本の指導がさらに重要となり、授業では演習形式で学生に身につけさせなければならない。学生はこれらのジャンルの知識を知って、あとは論文の型にコンテンツを入れ込み、機械翻訳や生成AIが出してくれる表現を使い、添削を受けることで、それなりに英語論文らしいものを書けるようになる。いや、なかなか難しいという意見をお持ちの先生方もおられるかもしれないが、少なくとも自分の力で書けるように方向づけ、修練させることができるようになるだろう。

　ライティングにおいてコンテンツが重視されるようになるといっても、ここだけは筆者がこだわりたい点だが、コンテンツは（生成AIなどから）借りてきたものではいけない。そういう意味では、ライティングの本質に迫る指導が求められるようになると思われる。ライティングの本質は「自分にしか書けないものを他人に理解してもらうように書く」ことと筆者は定義しているが、それはなぜかというと自分が経験して感じたことでなければ人に共感してもらう文章にはならないと思っており、そ

のような文章を書いてほしいと願っているからである。学生は大学のライティング授業で様々なタイプのパラグラフやエッセイを書くが、生成AIが出した内容を使ってくるかもしれないと懸念する教員が多い。問題は、その内容の出所が分からないため内容の真偽が問われるだけでなく、借りてきた文章は自分のものになっていないからである。ChatGPTに文章を書かせるのではなく、ChatGPTを利用して文章を書くのであって、使い方を誤ってはいけない。ここで改めて生成AIの定義を出すまでもないかと思うが、生成AIとは機械学習であって大量のデータの学習の成果を提示してくるものである。蓄積された情報を基に関数が出した結果であり、以下に述べる筆者とChatGPTとのやり取りからも分かるように、AI自身が考えて出してきたものではないのである（少なくとも現時点では）。

　先日、筆者が、ChatGPTに「最近感動したことはありますか？」と尋ねたところ、「私は感情的なAIであり、感動することはできませんが、人々が彼らの生活の中で起こる感動的な出来事を共有することができます」と返答してきた。そこで続けて、「最近のニュースで人々が最も感動した出来事は何ですか？」と質問してみると、2018年にタイの洞窟に少年サッカーチームのメンバーが2週間閉じ込められ、その後救出された事件を紹介してきたので、その英訳を頼み、和文と英文を比較するに至ったのである。この事例から明らかなように、ChatGPTが提供する情報を「どう使うか」であり、エッセイを書くときに、ChatGPTにエッセイそのものを書かせるのではなく、ChatGPTが出してきた情報を自分が書いたエッセイに「自分が料理して」組み込むのが正しい使い方である。たとえば、自分の主張の根拠情報に利用するなどが考えられるだろう。このような使い方を教師が事例でもって学生に示すことが非常に重要で、ライティングのコンテンツは自分のものであること、自分の解釈を伴うものであることと言っておくべきである。筆者自身は、多くの学生は、便利なツールを手にしても、本来は「自分で書きたい思いを持っている」と楽観視しているのだが、自分にしか書けない文章を目指す姿勢、心に響いた経験を書く鋭い感性を学生には身につけてほしいと願っている。

機械翻訳や生成AIを使って英文作成するときに、もうひとつ気に留めておきたいのは、自分では思いもしなかった単語や表現を出してきてくれるが、それが次の機会に使えるかという疑問である。これは機械翻訳を使って英語力が伸びるのかという疑問でもある。これはまだ誰も証明していない。使い方次第で英語力を伸ばせるだろうと推測している程度である。認知心理学の専門家である今井むつみ（2023）は「記号接地」という表現で、人間が語彙を学ぶ際の説明をしている。今井は、「経験に接地していない基本概念はいつまでも腑に落ちない。だから最初に基本概念は生活経験に結びつけ、体で納得するまで根気よく学ぶ必要がある」「単語を身につけるにはそれだけ丸覚えしても死んだ知識で使いものにならないため、スキーマが必要。そのスキーマは自分の知識や経験と結びついて、つまり接地していなければならない」と述べる。今井が言うように、AIは人間のような情動を持っておらず、接地していなくても正しい語彙を出してくるが、人間は接地しない語彙は身につかないのである。柳瀬（2023）も、人間が言語を使うときは「世界に接地し自らの身体で実感されている、それが人間の意味理解の特徴である」として、それらを言語が持つ「世界性」と「身体性」と述べている。柳瀬の記述は、今井と同意見と捉えてもよいだろう。

　われわれは英単語を覚えるときにその単語を何度も使って身体に染み込ませた経験があるが、そうして初めて自分のものになるのではないだろうか。機械翻訳が簡単に出してきてくれる単語は、数学的記号処理で和文から引き当てられた相当に確率の高い単語だとしても、自分で意味を理解し、使われ方を学ぼうと努力しなければ、そして何度も使ってみなければ定着は難しいはずである。機械翻訳や生成AIの技術がどれだけ発達しても、人間の理解の仕方は変わらない。教師はそのことを十分に知った上で導入すべきである。そのためにも、ライティングで利用した際に機械翻訳や生成AIから学びえたことを具体的に記述させたり、発話活動と連動させて学びを定着させたりするなど、前節で紹介したような工夫がどうしても必要となるだろう。

最後に、機械翻訳や生成AIを導入して教師の役割が変わるとしたら、ライティングに限ったことではないかもしれないが、教師は英語を教えるだけでなく、様々なツールの使い方を指南することをも含めて、「英語の学び方」や「英語を学ぶ意味」を教える役割を担うようになるだろう。機械翻訳を使って簡単に英訳できる時代になったからこそ、なぜ自分でわざわざ書けるようになることが大事なのか、なぜ英語を学ぶのか、英語学習の根源的な問いに対する答えを英語教員は学生に伝えなくてはならなくなるだろう。筆者が本章で書いたことが少しでもその参考になれば幸いである。

注

[1] **p.36** 山田（2022）はMT (Machine Translation) assisted learningと定義している。

[2] **p.37** 既存の第二外国語ライティング指導や研究については、山中司・木村修平・山下美朋・近藤雪絵（2021）「第4章 教える英語教育との相克と和解—ライティング教育を例に—」『プロジェクト発信型英語プログラム：自分軸を鍛える「教えない」教育』北大路書房や、山下美朋［編著］（2023）『英語ライティングの指導：基礎からエッセイライティングへのステップ』三修社を参照されたい。

[3] **p.39** 逆翻訳の機能はMirai Translator®（株式会社みらい翻訳）に実装されているが、すべての機械翻訳にあるわけではない。機械翻訳が産出した英文を修正して、最終的に日本語に逆翻訳することで内容の再確認ができる。

[4] **p.42** 学部生への実践についての詳細は、山下美朋・山中司（2023）「第9章 機械翻訳を教育に取り込む—大学による機械翻訳 有料契約—」小田登志子［編］『英語教育と機械翻訳—新時代の考え方と実践—』pp.168-192, 金星堂を参照されたい。

[5] **p.53** 論文の構成については、山中司・西澤幹雄・山下美朋（2019）『理系 国際学会ビギナーズガイド』裳華房を参照されたい。IMRaDとはIntroduction, Methods, Results and Discussionのことであり、科学論文に特徴的な型の代表といわれている。

参考文献

Canagarajah, S. (2011). Translanguaging in the Classroom: Emerging Issues for Research and Pedagogy. *Applied Linguistics Review*, 2, 1-28. https://doi.org/10.1515/9783110239331.1

Cook, G. (2010). *Translation in Language Teaching: An Argument for Reassessment.* Oxford University Press.

Ferris, D. R. (2002). *Treatment of Error in Second Language Writing Classes.* University of Michigan.

Hirose, K. and Harwood, C. (2020). Factors Influencing English as a Foreign Language (EFL) Writing Instruction in Japan from a Teacher Education Perspective. Seloni, L. and Lee, S. H. [Eds.], *Second Language Writing Instruction in Global Contexts.* pp. 71–90, Multilingual Matters.

Hyland, K. (2019). *Second Language Writing* (2nd ed.). Cambridge University Press.

門田修平（2023）「AIを活用して英語ライティングからスピーキングにつなぐ（特集：無料AIツールを英語力強化に使い倒す）」『多聴多読マガジン』2023年6月号

今井むつみ（2023）「AI時代の外国語教育——認知科学からの提言」2023年度外国語教育メディア学会（LET学会）全国大会基調講演, 2023-08-08

Kilmova, B. and Pilhart, M. (2022). Neural Machine Translation in Foreign Language. Teaching and Learning: A

Systematic Review. *Education and Information Technologies*, 28, 663-682. https://doi.org/10.1007/s10639-022-11194-2

Lee, S.M. (2020). The Impact of Using Machine Translation on EFL Students' Writing. *Computer Assisted Language Learning*, 33 (3), 157-175.

森和憲・ジョンストン, ロバート・佐竹直喜 (2016)「機械翻訳を利用した英文ライティング指導について―高専における一事例―」『四国英語教育学会紀要』36, 75-84

中山裕木子 (2009)『技術系英語ライティング教本―基本・英文法・応用―』日本能率協会マネジメントセンター

Niño, A. (2020). Exploring the Use of Online Machine Translation for Independent Language Learning. *Research in Learning Technology*, 28, 1-32. https://doi.org/10.25304/rlt.v28.2402

西山聖久 (2022)『理工系のAI英作文術』化学同人社

小田登志子 (2021)「機械翻訳が一般教養英語に与える影響に対応するには」『東京経済大学人文自然科学論集』149, 3-27

Raimes, A. (1983). *Techniques in Teaching Writing*. Oxford University Press.

佐竹幸信 (2021)「機械翻訳をめぐる諸問題」英語表現学会第50回全国大会

佐渡島沙織・太田裕子 (2013)『文章チュータリングの理念と実践―早稲田大学ライティング・センターでの取り組み』ひつじ書房

Schmidt, R. (1995). Consciousness and Foreign Language Learning: A Tutorial on the Role of Attention and Awareness in Learning. Schmidt, R. [Ed.], *Attention and Awareness in Foreign Language Learning*. pp. 1-63. University of Hawai'i Press.

Swales, J. (1990). *Genre Analysis: English in Academic and Research Settings*. Cambridge University Press.

Vygotsky, L S. (1978). *Mind in Society: The Development of Higher Psychological Processes*. Harvard University Press.

山田優 (2021)「ポストエディットと持続可能な翻訳の未来」『関西大学外国語学部紀要』24, 83-105.

山田優 (2022)「外国語教育の周辺技術と今後の可能性 トピック1:機械翻訳」外国語教育メディア学会（LET）第61回全国研究大会, 2022-08-11

山中司・木村修平・山下美朋・近藤雪絵 (2021)『プロジェクト発信型英語プログラム:自分軸を鍛える「教えない」教育』北大路書房

山岡憲史 (2019)「「論理的思考力・探究心」を育てるアカデミック・ライティング―言語の枠を超えた「書く」指導のあり方」2019年度立命館大学第1回教学実践フォーラム

山下美朋・長倉若 (2021)「高等学校における英語ライティング指導の実態調査―学校では何が教えられているか?―」全国英語教育学会第46回長野研究大会, 2021-08-07

山下美朋・山中司 (2023)「第9章 機械翻訳を教育に取り込む―大学による機械翻訳有料契約―」小田登志子 [編]『英語教育と機械翻訳―新時代の考え方と実践―』pp. 168-192, 金星堂

柳瀬陽介 (2023a)「AIの導入で英語授業はより人間的になった ―― 実践速報に基づく考察」2023年度JACET中部支部大会（オンライン開催）基調講演, 2023-06-23

柳瀬陽介 (2023b)「大学教養・共通教育における機械翻訳活用型英語ライティング授業の成功のための諸要因―制度・言語能力・原理的理解・教材・フィードバックの5つの観点から―」『京都大学国際高等教育院紀要』6, 19-60 https://repository.kulib.kyoto-u.ac.jp/dspace/bitstream/2433/283100/1/ilas_6_19.pdf

吉村富美子 (2013)『英文ライティングと引用の作法―盗用と言われないための英文指導』研究社

幸重美津子・蔦田和美・西山幹枝・Gally, Tom (2022)『AI翻訳で英語コミュニケーション』三修社

03

表現することへの回帰
—— my own の誇りと自信

近藤雪絵 ［立命館大学薬学部薬学科准教授］

3-1. Do your "own" project. という原則

　プロジェクト発信型英語プログラムは、時代の変遷やテクノロジーの進化に伴いアップデートを繰り返してきた。しかし、その中核として揺るぎない価値であり続けるのが、学生が「自分自身の興味関心を追求し、それを英語で発信する / Do your own project.」という原則である。立命館大学では 2008 年に生命科学部・薬学部にプロジェクト発信型英語プログラムが導入された際、鈴木佑治の著書『プロジェクト発信型英語 Do Your Own Project in English』[1] を基に指導を行っていた。この教科書タイトルにある "own" という語には、学生ひとりひとりが自分のアイデンティティや情熱をプロジェクトに投影し、自分の言葉で発信するという強いメッセージが込められていたと筆者は考える。単にプロジェクトを行う（do a project）のではなく、自分自身の価値観やビジョンを大切にしたプロジェクトを行う（do your "own" project）ことの重要性を、1 回生から 3 回生までの必修科目において学生に伝え続けてきた。

　2023 年の今、AI 技術、特に生成 AI が急速に発展する中で、この "own" の原則の意義はより一層明確になった。生成 AI が容易に文章やコンテンツを生み出すことができる時代において、自分の考えを自分なりの方法で伝え、自分が誇りに

思うコンテンツを持ち、それを英語で表現するスキルは、単なる言語による伝達のスキルを超えた、真のコミュニケーション能力としての価値を持つように筆者には思える。このスキルは、テクノロジーには代替できない、人間だけが持つ本質的な能力であるといえるだろう。

　プロジェクトを遂行するということは、テーマを選定し、それに関するリサーチを行い、得られた情報を整理して英語で発表する、というシンプルなプロセスのように思われるかもしれない。実際、この一連の流れは現代のAI技術を駆使すれば、ほぼすべてを自動化することも不可能ではない。しかし、このプロセスが"own"の原則に則っていない場合、その結果として得られるものは、愛着や誇りを持つ「自分の」プロジェクトとは呼べないだろう。

　学生が自分自身のプロジェクトを発展させる過程において、その独自性は他者や社会との関係性においてこそ発揮される。筆者は、山中ほか（2021）の中で、学生のプロジェクトが他者の視点を通じて発展することを、社会的自己の発達の観点から考察した。この考え方はMead（1934）の自己形成の理論、Cooley（1964）の「鏡に映った自己」という概念に基づいている。また、Alderfer（1969）のERG理論を用いて学生の欲求を分析し、学生がクラスメートとの関係を築くことで自己成長を追求すると指摘した。

　学生がプロジェクトを発展させるには他者の存在や他の視点、社会との関係が不可欠であるが、他者にプロジェクトの進捗や成果を伝えるためのコミュニケーションとは、単なる情報の伝達ではない。その情報を自分自身の知識や経験、感情を通じて解釈し、それを相手に受け取ってもらい、また相手の反応を受け取って自分で解釈するという複雑なプロセスを指すのである。テクノロジーによって情報を処理し発信することは可能だが、その情報に深い意味や新たな価値を加えるのは人間特有の能力であり、プロジェクト発信型英語プログラムが育成すべきスキルだといえる。

　テクノロジーやAIの活用が進む中、そのテクノロジーを味方につけ、英語教育

の価値を損なわずにどのような方向を目指すべきかという問いが、教員であれ学生であれ教育と学習の現場に関わる者すべてに対し、投げかけられている。自分自身のプロジェクトやコンテンツを形成することは、AIの存在下でも揺るぎない価値を持つ。プロジェクト発信型英語プログラムは、AIとの協同の中で、それぞれの強みを活かしつつ、真の意味で"own"を追求することの重要性を再認識すべき時代を迎えたといえる。本章では、過去1年間の授業実践を基に、今後の展望を提案する。テクノロジーの導入を当然視しながらも、学生が誇りと自信を持ってプロジェクトを追究する環境を維持し続けることが、このプロジェクト発信型英語プログラムの本質的な価値であり、そのためにどのような教育の転換が求められるかを論じる。

3-2. 機械翻訳の活用：協同と自己表現

　立命館大学のプロジェクト発信型英語プログラムでは、2022年度秋学期より機械翻訳の全クラスへの導入を実施した。それ以前もテクノロジーの活用に制約が設けられていたわけではないが、公然と翻訳ツールを導入するというアプローチには、学生たちも戸惑ったかもしれない。驚きや期待、不安や好奇心が混在していたのではないだろうか。実際のところ、それまでも学生たちの間では翻訳ツールを密かに駆使している例はあっただろう。

　大学生の機械翻訳の利用については、2019年時点で96.7%（小田, 2019）、2023年時点で96.4%（佐藤, 2023）の学生が利用した経験があるとの報告がある。ほぼすべての大学生が当たり前に機械翻訳に触れたことがあると言っていいだろう。しかし、佐藤（2023）は、学生の28.3%、教員の50.8%が課題に機械翻訳を利用することに抵抗感を持ち、学生においては「罪悪感」が抵抗感を持つ第1位の理由であったと報告している。

　プロジェクト発信型英語プログラムでは、英語力の向上とコンテンツの創出・発信を同時に行うため、学生には自分の成果を誇れるようになるためにも、罪悪感

や抵抗感を持たずに正々堂々と活用する勇気を持ってほしいと考えていた。近藤（2023）は、同プログラムの学生の66.9%が機械翻訳を活用して作成した英文を気に入り、64.7%が自信を持ってその英文を発信できると考えていることを報告した。また、株式会社みらい翻訳（2023）は、機械翻訳を活用して英文を作成することによりその英文への自己評価が高まり、結果として自信が高まると分析した。しかし、学生が機械翻訳を活用した英文を気に入らない理由としては「機械が作ったから」が挙がっており、「機械が作った」を「機械の支援を得て自分が作った」という体験に変えるためには能動的な学習との組み合わせが必須である（近藤, 2023）。この背景を考慮し、筆者は機械翻訳を英語学習の味方とするための3つの鉄則を策定し、学生に提示した。

3-2-1. 機械翻訳を味方にするための3つの鉄則

（1）英語力アップのために活用する

プロジェクト発信型英語プログラムで機械翻訳を導入したのは、学生の英語力と学習効率の向上を期待したものであった。前述のとおり、ここでの英語力とは、実践的な運用や知見の発信に重きを置いている。機械翻訳を活用することで、学生は新しい表現や言い回しに触れることができる。それらを自らの言葉とし、自信を持って発信する能力の向上が、われわれの目指す英語力の向上を意味する。現代の教育においては、テクノロジーをいかに適切に活用するかは、学習者自身が実践し学び取ることが非常に重要となっている。しかしながら、その過程で英語学習の根本的な目的を見失い、単にツールによって学習時間を節約するだけの使い方になるのは望ましくない。英語力の向上は、学生と教員が最も優先すべき目標として共有しておくべきだろう。

（2）産出した英語を自分のものにする

英語を自分のものにするとは、もちろん機械翻訳を活用して得た英語を丸覚えす

るという意味ではない。翻訳ツールに日本語を入力すると、即座に英語が出力される。しかしその出力された英語を、文脈やコンテンツ、相手と自分の背景や英語レベルに合わせて適切に調整する過程には、プリエディットやポストエディットという手順が必要不可欠となる。英語教員にとっては当たり前と思われるこのプロセスも、授業では注意深く取り扱う必要がある。さらに、このトレーニングは、コミュニケーションの文脈や相手の状況を鑑みることの重要性を学ぶ良い機会となる。たとえばプレゼンテーションでは、自身の英語力だけでなく、聴衆の理解度やその場の雰囲気に合わせて言葉を選ぶことが求められる。このような考え方を、機械翻訳の活用を通して学生に伝えることは十分に可能だ。

(3) 誇りを持って発信する

自分独自のプロジェクトに誇りを持つことはもちろん重要であるが、使用する言語は単なる情報処理や伝達のツールでなく、自分の伝えたいことを最も効果的に表現するための作品の一部となりえる点も重要だ。この点で、自身の使う英語にも誇りを持ってほしいと考える。

3-2-2. 機械翻訳活用アクティビティの例

プロジェクト発信型英語プログラムでは、機械翻訳の導入時に統一された活用教材 [2] やアクティビティがあったわけではなく、各教員が毎週の授業の目標達成のために創意工夫を重ねていた。ここでは、筆者が授業で実際に行ったアクティビティと学生から得られたフィードバックを基に、学生が機械翻訳を活用する中でどのようにクラスメートや翻訳ツールとの協同作業を行い、最終的に自分の文章にしたかを分析する。

立命館大学生命科学部・薬学部の英語必修授業の中で最もライティングにフォーカスした科目は 2 回生秋学期配当の Project 4（P4）である。P4 においても、1 回生配当の P1 の時と変わらず、学生は自身の興味関心に基づいたテーマを設定し、

プロジェクトを遂行し、その成果を英語で発信する。**表1**に詳細な到達目標を示す。

［**表1**］Project 4（P4）の到達目標

1. プロジェクトの立ち上げと実施	2. アカデミックライティングのフォーマットの習得	3. 成果の発表
・自身の興味関心に基づいた、構成や着地点の明確なプロジェクトを立ち上げることができる。 ・独自の調査やデータ、資料に基づき、自分の主張やプロジェクトの中身を論理的に補強することができる。	・アカデミックライティングに含まれる基本的な構造を理解することができる。 ・アカデミックライティングにふさわしい表現で文章や段落を英語で書くことができる。	・プロジェクトの成果をアカデミックライティングとして英語でまとめることができる。 ・アカデミックライティングとしてまとめたプロジェクトの成果を英語で口頭発表することができる。

　P4の授業では、プロジェクトの進捗を報告しながら、段階的にタームペーパー（期末レポート）を書き進める。第10週でAbstract（要旨）からReferences（参考文献）に至るペーパードラフトが完成し、第12週以降に最終発表が行われる。筆者は、2022年度P4の本論を書き進める第8週の授業で、文章の論理関係、結束性を向上させることを目的とした「つなぎ言葉」の学習アクティビティを実施した[3]。このアクティビティでは、つなぎ言葉が不足した平易なパラグラフを学生に提示し、読者の理解を促進するために、適切な場所につなぎ言葉を入れてより分かりやすいパラグラフに改善するように指示した。また、つなぎ言葉を追加する以外の修正を行ってもよいと指示した。学生たちは機械翻訳（MT）を活用するグループと活用しないグループに分かれて話し合いながらアクティビティを行った。どちらのグループも、辞書やこれまでの授業で紹介された資料を参照することが許可された。

　次に、アクティビティに用いられたパラグラフと学生による改善例を提示する。この中で、囲みは加筆、取り消し線は削除、下線は語句の置き換えや文章の構造の変更による修正を示す。加筆と修正が両方行われた箇所については、加筆の囲みを優先して表記した。ここでは、加筆や修正の適切さではなく、学生がどのような手法やアプローチを試みたのかに焦点を当てて考察を進める。

【元の文章】

In this globalized society, studying abroad has two main benefits. People who study abroad can get better jobs when they return to their home countries. Students have a chance to learn other languages that are useful for a variety of different careers. One advantage of studying abroad is the independence students can gain. They have to cope with the challenges of living in new environments and meeting new people from different cultures. They will become more confident in their lives. Studying abroad is a beneficial experience for college students.

●機械翻訳を活用しなかったグループの加筆例：A（MT未活用）

In this globalized society, studying abroad has two main benefits. First, people who study abroad can get better jobs when they return to their home countries. This is because students have a chance to learn other languages that are useful for a variety of different careers. Second, students can gain the independence in studying abroad. For example, they have to cope with the challenges of living in new environments and meeting new people from different cultures. As a result, they will become more confident in their lives. Therefore, studying abroad is a beneficial experience for college students.

●機械翻訳を活用しなかったグループの加筆例：B（MT未活用）

In this globalized society, studying abroad has two main benefits. One advantage of studying abroad is that people who study abroad can get better jobs when they return to their home countries. It is because students have a chance to learn other languages that are useful for a variety of different careers. The other is the independence students can gain. They have to cope with the challenges of living in new environments and meeting new people from different cultures. Then, they will become more confident in their lives. That's why studying abroad is a beneficial experience for college students.

○機械翻訳を活用したグループの加筆例：C（MT活用）

In this globalized society, studying abroad has two main benefits. First, people who study abroad can get better jobs when they return to their home countries. Students have a chance to learn other languages that are useful for a variety of different careers. Next, students can gain the independence because they have to cope with the challenges of living in new environments and meeting new people from different cultures. This will make them more confident in their lives. Therefore, studying abroad is a beneficial experience for college students.

○機械翻訳を活用したグループの加筆例：D（MT活用）

In today's globalized world, studying abroad has two main benefits. The first benefit is that those who study abroad will have better jobs when they return to their home countries. Students in particular may have the opportunity to learn other languages that will help them in different careers. The second benefit is that students can be independent. I suspect they will develop confidence in 'living' because they have to deal with the challenges of living in a new environment and meeting new people from different cultures. Therefore, I believe that studying abroad is a beneficial experience for university students.

3-2-3. 学生の加筆修正の分析

順序・列挙（First / Second など）

すべてのグループにおいて、First / Second / The first benefit / The other など順序や列挙を明確にするための語句が加筆されており、学生は文章の流れを改善

したといえる。

理由（Because / This is because）

　A（MT未活用）、B（MT未活用）、C（MT活用）において、BecauseやThis [It] is becauseという理由を表すための語句が加筆されており、学生は論理性を改善したといえる。同箇所でD（MT活用）は（Students）in particularを追記しており、帰国後に良い仕事に就ける可能性について「"特に"学生にとっては将来キャリアに活かせる外国語を他国で学ぶことができるかもしれない」と強調を試みたと考えられる。

結果・結論・帰結（As a result / Therefore / That's whyなど）

　すべてのグループにおいて、As a result / Then / Therefore / That's whyなど結果や結論、帰結を表すための語句が加筆されており、学生は「新しい環境や多様な背景を持つ人と出会った結果、自信を強めた」ことや、「ここに挙げられた理由によって、留学は学生にとって有効だ」という因果関係を明確にし、論理性を改善したといえる。C（MT活用）は、他グループがつなぎ言葉を使った箇所をThis will make them more confident.と修正し、文の構造そのものを変えた。この Thisは先行情報である「新しい環境や多様な背景を持つ人との出会い」を、themは「（留学を経験した）学生」を表し、文章の結束性や論理性を高める働きをしている。この箇所では、留学先で自律性を高めた結果、自信を持つようになったという因果関係が明らかになったといえる。

主観性の追加（I suspect / I believe）

　D（MT活用）は、I suspect / I believeを用い、文章に主観性を追加した。本授業では、タームペーパーの執筆を客観的に行うように指導していたため、必ずしも一人称主語の使用を推奨していたわけではない。ここで学生が試みたのは、視

点の追加であると考えられる。結束性の改善という観点から見ると、このグループは主観性を追加する表現を2カ所に追加することで、文章に一貫性を持たせたといえる。また、suspectとbelieveという動詞を使い分けることで、書き手の確信度の違いを明確にしているといえる。結論部でのI believeの使用は、読者に対して書き手の主張したいポイントを強調していると考えられる。

文構造の変更による主語の統一

文構造の変更が複数のグループで見られたのは、One advantage of studying abroad is the independence students can gain.という文章である。A（MT未活用）は、Second, students can gain the independence in studying abroad.と文の主語をstudentsに修正し、文の構造を変えた。このグループは前半部分で留学の利点のひとつを述べる部分にFirstを追加しているが、その文章の主語とSecondから続く本文で主語をそろえ、一貫性を保ったのだと考えられる。C（MT活用）も類似した変更を加えており、前の部分でのFirstの追加に続き、後ろの部分でNextを追加し、studentsを主語にしている。D（MT活用）は、前の部分をThe first benefit is thatと変更した後、次の文をThe second benefit is that students can be independent.と変更し、やはりstudentsを主語にしている。これらの修正は、つなぎ言葉を追加した部分の文の主語を前の文と統一することで、文の調子をそろえることを意図していると考えられる。さらに、無生物主語を避けることで、読者（すなわち自分）にとって分かりやすい文章に修正している点も注目に値する。

3-2-4. 機械翻訳活用で学生の修正はどのように変化したか?

つなぎ言葉を追加する同様のアクティビティは過年度にも実施している。それゆえ、学生が順序や列挙、理由、結果を示すためのつなぎ言葉を追加することで文章の結束性や論理性を高める修正を行うことは、筆者が想定していたことであった。これは今回すべてのグループで見られた結果である。一方、文の構造の

転換という修正はこれまでほとんど見られなかったが、今回、MT未活用・MT活用の両グループに見られたことは興味深い。

　これまでに見られなかった修正として、D（MT活用）のグループは、一人称主語を用いた主観性の追加や、それに続く異なる動詞の使用により確信度の違いを表現した。動詞suspectとbelieveの使い分けは、議論の深さを示しているともいえる。また、in particularの使用も同様に、議論の注目点を明示しているとも考えられる。I suspect they will develop confidence in 'living' に見られるlivingへの引用符の追加も、強調したい点を明確にするための修正だろう。すなわち、D（MT活用）の修正には、結束性・論理性だけでなく文章に強さや深さのニュアンスを追加することにより、独自の文章にしようという試みが見られる。

　しかしながら、D（MT活用）は独自の視点で他のグループには見られない修正を行っているものの、それらの修正すべてがアカデミックな文章の結束性・論理性を向上させたとは言いがたい。また、MT活用グループはMT未活用グループに比べ、語句の変更が多く見られた。例として、collegeをuniversityに変更したり、thisをtoday'sに変更したりする修正があるが、これらが意図的な変更なのか、機械翻訳の産出結果と元の文を十分に照らし合わせなかった結果なのかは、ここでは確定できない。いずれにしても、MT未活用グループは元の文章をできるだけそのまま使いながら加筆を行おうとしたのに対し、MT活用グループ、中でもD（MT活用）は、そのままの文章を使おうという意識が薄く、自分の意図したことを表すものとして適切であると判断した新たな語句を積極的に選択していることが推察される。このことから、機械翻訳の活用は学生の修正のバリエーションを豊かにする可能性があるものの、文の構造の変更や予期しない語彙の使用により、文章のスタイルなどに影響を与える点には注意が必要である。

3-2-5. 機械翻訳活用で学生が得た気づき

　機械翻訳を活用した修正に学生がどのような評価をしたかを把握するための手

がかりとして、前述の機械翻訳（MT）活用アクティビティにグループで取り組んだ後に学生から得たフィードバックを次に示す。

●MT未活用グループ

—自分たちで英文を作成しても良い文ができることが分かった。ただし、これは数人の意見があったからである。自分一人で作成して、行き詰まったときに翻訳機を用いて新しい意見や視点を入れることが大事だと思った。時間があれば友達と相互評価できるとお互いの英語力向上につながるし、より良い論文が書けると感じた。

—どちらの方法でも、独自性のある英文が得られることが分かった。翻訳機を使うことによって発見した良い表現などは自分のものにして、自信を持って発信できる英文を作るためのヒントにする！

○MT活用グループ

—翻訳機を使ったが、接続詞を入れると元の文の意味がおかしくなるところもあり、自分たちで話し合いながら改善した。翻訳機に頼りすぎずに、自分たちで考えながら行うことが良いと感じた。どちらのグループもうまく接続詞を入れることができていたので、自分で考えて接続詞を入れ、翻訳機で確認するという方法が一番良いと感じた。

—翻訳機だけでは、タイムペーパーでは使わない方がよい単語が出てきていたりしたので、翻訳機に頼りすぎず、自分でしっかりと確認して納得のいく文章にしなければいけないと分かった。

アクティビティへのフィードバックから、機械翻訳を使用するか否かにかかわらず、学生は質の高い修正ができると実感したことが分かった。また、どちらのアプローチでも独自性を持った文章の作成が可能であるとの意見も得た。実際に、機

械翻訳を使用するグループと使用しないグループの両方が、同じ時間内でのディスカッションを通じて文章を精査・修正した。両グループとも時間を余らせることなく修正に取り組んだことから、機械翻訳が単に時間を節約するためのツールではなく、より質の高い、独自性のある文章を作成する学習ツールとしての役割も果たしうることを、学生はこの経験を通して実感したといえる。

協同学習の効果については、機械翻訳を活用していないグループの学生からは、今回の成果が出せたのはメンバー同士の意見交換の成果であるとの声が上がった。また、他の学生との相互評価を行うことが、自身の英語力の向上に寄与することも実感された。さらに、独りで文章を作成する際に、機械翻訳は他者の視点や異なる意見を取り入れるための有益なツールとしての役割を果たすことが指摘された。この観点から、機械翻訳は、話し合う相手がいない時にも協同学習のパートナーとなりうることが示唆される。一方で、機械翻訳を活用した学生グループは、そのツールに過度に依存することのリスクを指摘した。機械翻訳は英文の精査や修正の補助ツールとしては有用であるが、その結果に疑問を持ち、最終的な文章は自らが納得するものでなければならないとの気づきを得たことが分かる。

今回のアクティビティの実践から、機械翻訳は有益な学習サポートツールとして機能することが確認された。ただし、効果的に活用するためには、異なる視点を取り入れ、自分自身の判断で考える必要があると学生たちは学んだ。

3-3. テクノロジー活用の過渡期を経験している学生

立命館大学生命科学部・薬学部の学生にとっての最後の英語必修授業は、3回生配当の Junior Project 1（JP1）である。JP1 においても、これまでの1回生、2回生のプロジェクト科目と同様、学生は自身の興味や関心に基づくテーマを選びプロジェクトを実施する。今回はグループでプロジェクトに取り組み、その進捗や成果はプロジェクトプロポーザル、ポスタープレゼンテーション、プロシーディング（予稿）といった異なる形式で発信される。この授業は外国語科目ではなく専門

科目として位置づけられており、全15回のうち5回は専門分野の教員との協同で行われる。

　2023年度の3回生は、大学入学の前後の2020年度と2021年度に新型コロナウイルスの影響を受け、大きな教育の変革を経験した。このため、この世代にとってオンライン授業は一般的なものとなり、さらに本学部における機械翻訳の導入（2022年度春学期）やChatGPTのような生成AIの登場（2022年度秋学期）を通じて、テクノロジー活用の過渡期を経験しているといえる。筆者は2023年1月に複数のクラスにおいてChatGPTのデモンストレーションを行ったが、その時点でChatGPTを活用しているかとの問いに「イエス」と答える学生は見られなかった。しかし、2023年度が始まると状況は一変し、ChatGPTを実際に利用する学生は春学期を通じて急速に増えたようだった。

　筆者らは、2023年度JP1の最終発表が終わった時点で学生に対してアンケートを実施し、学生のプロジェクトに対する意識を調査した。この調査の焦点は、学生が自身のプロジェクトにどれだけの「誇り」を持ち、また発表に対してどれだけの「自信」を持っていたかにあった。調査の背景には、テクノロジーを有効活用しつつ機械翻訳の結果を盲信したりChatGPTにすべてを丸投げしたりせずに自分自身でプロジェクトを着実に進めた学生は「誇り」を持つはずである、という仮説があった。本節では、まず2023年度JP1におけるテクノロジーの活用について概観し、次に学生へのアンケート結果を報告する。

3-3-1. 2023年度 Junior Project 1 の目標とテクノロジーの活用

　立命館大学で多くの授業が対面実施された2023年度においても、プロジェクト発信型英語プログラムではオンライン授業を意図的に組み込んだ。これには、オンライン授業は非常事態の代案という位置づけを超え、当たり前の教育環境のひとつと位置づけられるべきで、それに基づいて最大の教育効果を追求するべきだという視点が背景にある（近藤, 2022）。具体的には、1回生ではオンライン授業

を最小限の3回のみ実施し、学年が進むごとに増加させ、2回生で5回、3回生で7回とした。1回生においては、対面での人間関係の形成を重視し、対面でのコミュニケーションの機会を尊重した。2回生では、ディベートやパネルディスカッションなど、様々なフォーマットのプレゼンテーションをオンラインと対面の両方で行う機会を設けた。3回生では、英語授業では学生にとって初めてとなるポスタープレゼンテーションを、オンラインと対面の両方で実施することとした。

　実際、国際学会においても、対面実施が再開された現在でもオンライン参加やハイブリッド形式が採用されているケースがある。このため、様々な形式でのディスカッションやプレゼンテーションをオンラインと対面の両方で行う能力を身につけることは、学生にとって有意義だろう。

　筆者の観察によれば、1回生、2回生でオンラインと対面の両方のプレゼンテーションの経験を積んできた学生であっても、初めてのオンラインでのポスタープレゼンテーションにおいては戸惑う点が多かったようだ。具体的には、画面上でのポスターの拡大縮小、ポインターの適切な利用、動画や音声の活用など、技術的な面が挙げられる。また、対面でのプレゼンテーションも同様であり、ポスターを指し示しながらの発表や、グループ内での自分の立ち位置、ポスター以外のものを提示できるという体験（例：マルチメディアの活用や実際に作成したプロダクトの提示）など、これまでのスライドによるプレゼンテーションとは異なる方法が求められた。さらに、対面のポスタープレゼンテーションでは、話している最中にディスカッションが生まれることもあり、これも重要な練習ポイントであった。これらを踏まえ、オンラインでポスタープレゼンテーションを2回経験した後、最終発表に先立つ2週間は教室で授業を実施し、対面でのポスタープレゼンテーションのリハーサルを行った。JP1の到達目標を**表2**に、授業スケジュールと内容、実施形態を**表3**に示す。

1. グループプロジェクトの立ち上げ と実施	2. アカデミックポスタープレゼン テーションの習得	3. ポスタープレゼンテーション
・3〜5名程度のグループを組み、ディスカッションを通じて共通の専門分野に関する問題意識をテーマとしたプロジェクトを立ち上げることができる。 ・独自の調査やデータ、資料に基づき、自分たちの主張やプロジェクトの内容を論理的にサポートすることができる。	・アカデミックポスターの基本的なフォーマットをスキルとして習得する。 ・アカデミックポスタープレゼンテーションにふさわしい英語表現で文章や段落を作成し、発表することができる	・プロジェクトの成果をアカデミックポスターのフォーマットに則って英語でまとめることができる。 ・プロジェクトの成果を規定の様式に基づいたアカデミックライティングとして英語でまとめることができる。 ・ポスターを前にプロジェクトの成果を英語で口頭発表することができる。

［表3］JP1のスケジュール・内容・実施形態

週	実施形態	内容	教員
1	対面 （教室）	オリエンテーション • 到達目標の理解 • グループ形成	英語
2〜4	オンライン （ライブ配信）	Nature News のサマリー＋αプレゼン • 記事のまとめと、そこから派生する独自のリサーチ • ポスターの作成 • オンラインでのポスタープレゼン練習 • オンライン・ポスターセッションの司会と進行、質疑応答の実施 • Nature News の理解確認テスト	英語
5〜7	対面 （教室）	コンサルテーション • グループの独自プロジェクトのプロポーザルの作成 • 教員、TAとのコンサルテーション • グループワークによるテーマの決定、メソッドの確定、プロジェクトの実施	英語 専門
8〜10	オンライン （ライブ配信）	グループプロジェクトの遂行と進捗報告 • オンラインでのポスタープレゼン練習 • オンライン・ポスターセッションの司会と進行、質疑応答の実施 • サイエンス関連語彙の習得（別課題）	英語
11〜12	対面 （教室）	グループプロジェクトの遂行と進捗報告 • 対面でのポスタープレゼン練習 • 対面ポスターセッションの司会と進行、質疑応答の実施	英語
13〜14	対面 （ホール）	全クラス合同によるプロジェクトの成果発表 • 対面でのポスタープレゼン • 相互評価	英語 専門
15	オンライン （メタバース）	優秀グループによるグランドファイナル・プレゼンテーション • メタバースでのポスターセッション体験 • メタバースでのプレゼン • メタバースでの質疑応答への参加	英語

3-3-2. 学生の意識：「誇り」と「自信」

第14週でのアンケートにおいて、学生は、「自分のJP1のプロジェクトに誇りを持っていますか？」という問いに対して5段階（1：当てはまらない、2：あまり当

てはまらない、3：どちらとも言えない、4：やや当てはまる、5：当てはまる）で回答した。結果を**図1**に示す。4および5を合計すると、80.63%の学生が自分のプロジェクトに誇りを持っていると回答した。ネガティブに回答した学生はわずか1.57%であった。

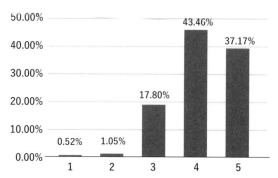

1：当てはまらない　2：あまり当てはまらない　3：どちらとも言えない
4：やや当てはまる　5：当てはまる

[**図1**]「自分のJP1のプロジェクトに誇りを持っていますか？」に対する回答
（回答者数191名）

次に、学生は、「最終発表では自信を持って発表できたと思いますか？」という問いに対しても5段階で回答した。結果を**図2**に示す。4および5を合計すると、81.15%の学生が自信を持って発表できたと回答した。ネガティブに回答した学生は5.76%であった。

「誇り」と「自信」には有意な正の相関が確認され、スピアマンの順位相関係数は0.70（$p < .001$）であった。大いに誇りを持っていると回答した学生の中に、自信についてネガティブに回答した学生は見られなかった。JP1は必修授業であり、必ずしも英語が好きだったり得意だったりする学生だけが履修しているわけでないが、8割以上の学生が自分のプロジェクトに誇りを抱き、自信を持って発表できたのは大きな成果であったといえる。

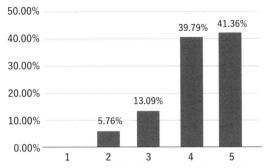

1：当てはまらない　2：あまり当てはまらない　3：どちらとも言えない
4：やや当てはまる　5：当てはまる

[**図2**]「最終発表では自信を持って発表できたと思いますか？」に対する回答
（回答者数 191 名）

3-3-3. 学生の意識：Junior Project 1 で最も力を入れたこと

「JP1 で最も力を入れたことは何ですか？」という問いに、学生は選択肢から 1 つ
選んで回答した。**図3**には全体の結果と、前述の「誇り」および「自信」につい
てポジティブに回答した学生と、ネガティブまたはニュートラルに回答した学生に
分けた結果を示す。全体を見ると、「ポスター作成」（27.60%）が最も割合が高く、
「テーマ選び」（22.40%）、「テーマの深掘り」（18.75%）、「当日の発表」（16.67%）

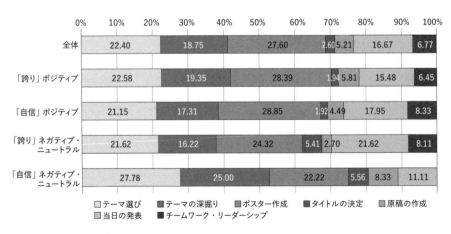

[**図3**]「JP1 で最も力を入れたことは何ですか？」（回答者数 191 名）

がそれに続いた。他の項目「チームワーク・リーダーシップ」(6.77%)、「原稿の作成」(5.21%)、「タイトルの決定」(2.60%) は比較的割合が低かった。

「ポスター作成」については、第2〜4週に Nature News のサマリーポスターを作成し、後半は自身のプロジェクトのポスターを少なくとも1回は作成し、最終発表ではさらにそれを改善したものを作成する。学生はポスターの作成と推敲を少なくとも3回経験するため、ポスターに最も力を注いだことは当然の結果であるといえる。

「テーマ選び」の割合が高いのは、第5〜7週のコンサルテーションがうまく機能したためだと推測される。学生はこの3週間で、英語教員、専門教員、TA（ティーチングアシスタント）、クラスメートなど異なる立場の人々に向けてプロジェクトの目的や意義を説明し、豊富なフィードバックを得ることになる。このプロセスを通じて、どのグループも自分のテーマに疑問を持ち、テーマを再評価し、改良を重ねる。JP1 では興味関心を追求するだけでなく、それを科学的に論じることが求められる。反対に、どんなに科学的に聞こえるテーマでも、自身の興味が反映されていないとありきたりのものになりかねない。自分の興味と科学の間で試行錯誤を重ねた結果、「テーマ選び」を選んだ学生が多かったのだろう。

「誇り」と「自信」にポジティブに回答した学生グループでの傾向は全体と類似していたが、「誇り」にネガティブ・ニュートラルに回答した学生グループにおいては「当日の発表」「タイトルの決定」の割合がやや高くなった。最も顕著な違いが見られたのは「自信」にネガティブ・ニュートラルに回答した学生グループであり、「チームワーク・リーダーシップ」を選んだ学生は0%であった。また、「テーマ選び」や「テーマの深掘り」の割合が高く、「当日の発表」の割合は低かった。自信を持って発表できなかった学生は、テーマを決めてそれを深掘りする科目の前半には力を入れたが、後半でやや力尽きたか、途中でグループワークに問題が生じた可能性がある。プロジェクトの終盤にかけて、立て直すためのサポートの必要性が示唆される。

3-4. 英語教育から表現教育へ

　前節で述べたように、プロジェクトやコンテンツが個人の独自性を持つ中で、その独自性そのものを他者が教示することは極めて困難である。英語教育がこれまでに焦点を当ててきたのは、主に語彙や文法の習得、スピーキング・リスニング・ライティング・リーディングという4技能の習得、そしてコミュニケーション能力の向上であった。しかし、英語教育を言語習得の場から、各自の思考を形にし、それを他者と共有し、より深めていくためのプラットフォームへと、すなわち表現の場へと進化させるべき時代が到来していると筆者は考える。実際に、前節のJP1において「果たして自分が教えていたのは"英語"なのだろうか」と自問すると、もちろんプレゼンテーションや質疑応答の英語の指導は行ったが、それにとどまらず、リサーチメソッドの指導、学生のグループプロジェクトのサポート、コンサルテーションの実施、ポスター発表の運営といった、マネジメントやコーディネーションに関わる役割も担ってきた。

　この転換の中で、英語科目は単独で継続するのではなく、英語科目と専門科目が融合して進展することが期待される。AIテクノロジーの利点を活かし、多くのスキル強化部分を授業外の独自の活動にシフトすることは可能だろう。また、専門科目内に英語要素が組み込まれる形になるかもしれない。

　英語学習とコンテンツ学習の融合にCLIL (content and language integrated learning: 内容言語統合型学習) という手法がある。CLILは、Coyle et al. (2010) により、「追加の言語（外国語や第二言語など）を使用して教科内容を教授・学習する教育的アプローチ」と定義されている。このアプローチでは、特定の教科内容（例：数学、科学など）を学びながら、言語スキルも同時に養成することを目指している。CLILの手法と、筆者が提案する融合のアイデアとは、いくつかの共通点を持つが、CLILはもともと、ヨーロッパで複数言語の習得を目指す生徒向けに開発されたものであり（湯川ほか, 2021）、日本の大学英語教育で実践される際には、CLIL的な要素を取り入れるために専用の教材を用いる例が多数報告され

ている。しかし、筆者が目指すのは、CLIL用の教材の開発や、既存の英語科目に他の専門分野の内容を組み入れてCLIL的にすることではない。むしろ、英語ではなく学生の興味関心や、大学教育の文脈では専門科目を中心に据え、専門的な学びの過程で自然に英語を取り入れる —— すなわち、「リサーチ（調べる）」「オーサリング（まとめる）」「コラボレーション（交流する）」「アウトプット（表現・発信する）」という4つのスキル（第5章で詳述）を、英語を通じて育成する ——ことを提案したい。これにより、学習者は英語学習を目標としてではなく、専門性の習得や研究、将来のキャリアという本来の目標に結びついた実践的なプロセスとして捉えるようになるだろう。

3-5. 教員として生き残るためのレゾンデートルとは?

　教員のレゾンデートル（存在意義）を探るひとつの手がかりとして、表現教育の一例を紹介したい。立命館大学薬学部創薬科学科の4回生配当科目である「Advanced Self-Promotion」は、グローバルな視点での発信を見据え、セルフプロモーションを行う力や専門領域における自身の知見や研究成果を英語で発信する力を養うことを目的とした選択科目である。2022年度には、学生は国際学会でのポスター発表の練習と、セルフプロモーション動画の制作という2つの異なる活動に取り組んだ[4]。

　国際学会のポスター発表の内容については、学生の所属する研究室の教員が指導した。英語の授業では、そのポスターを見やすく洗練させるための視覚的デザインや発音の指導、発表やディスカッションの練習が行われた。特定の専門分野で用いられる英語表現が特殊であることもあり、この指導には研究室の教員との連携が必須であった。

　セルフプロモーション動画の制作では、学生が自身の取り組み、行動の基軸となる哲学、そして将来の目標を整理し、それを数分の動画にまとめた。一例として、ある学生は自身が取り組んでいる弓道をセルフプロモーション動画に取り入れた。

この学生は、まず、弓道にはすべてのアクションに意味があることを示した。そして、その意味の理解が改善につながるという教訓を紹介し、それを今では研究にも活かしていることを説明した後、自身が行っている研究を分野外の人にも分かりやすく紹介した。

　ポスター発表とセルフプロモーション動画は、一見異なる成果であるが、大きく見れば両方とも学生が取り組んでいる研究成果を発信したものである。異なっているのは、その内容を伝える相手や背景を考慮した表現方法であり、作者が成果を通じて届けたいと願うメッセージである。英語教員は、学生自身の取り組みを軸にして、ある時は専門教員と連携しながらより専門的に、また別の時にはより社会へのつながりを意識した作品へと、様々な可能性を追求できるような場を提供できるのではないだろうか。近藤ほか（2020）や山中ほか（2021）は、I（自身）、Me（客観的に捉えた自身）、Connection（自身と他者あるいは社会とのつながり）という3つの観点から発信力を涵養することができると論じた。これは自分を軸に据え、他者や社会との関わりの中で自身のプロジェクトや研究を発展させ、その成果をさらに社会に還元していくプロセスを示唆している。英語教員には、この成長の軸となる教育を担う役割がある。英語を単なるツール以上に位置づけ、英語を用いた表現を自己表現のための作品の一部とすることが、英語教員に求められることかもしれない。

　少なくとも大学において、言語に特化した学部以外で教鞭を執る英語教員の役割は、根本的な変化を迫られている。それは英語の技術を示したり、定型的なクイズの答えを提供したりすることではなくなりつつある。問いを立て、調査を行い、批判的に分析し、コミュニケーションを取りながら協同し、知見を発信する、これら知的探究活動を英語で行う広義の科学者としてのいわば「背中を見せる」ことにあるのではないか。学生に "your own" を求めるのであれば、英語教員自身も "my own" を追求し、発展させ続ける主体であるかどうかが問われるのである。

注

[1] **p.58** 現在、プロジェクト発信型英語では紙媒体の教科書は使用せず、オンライン教材としてPEP Navi（https://navi.pep-rg.jp/）を随時更新し、活用している。過去に使用していた教科書としては、鈴木佑治（2008）『プロジェクト発信型英語 Do Your Own Project in English Volume 1』郁文堂、鈴木佑治（2013）『プロジェクト発信型英語 Do Your Own Project in English Volume 1』南雲堂などがある。

[2] **p.62** 機械翻訳活用のための資料は、PEP Naviに随時掲載している。一例として、動画教材「英語学習パートナーとしての機械翻訳」（https://youtu.be/YQDm8qLpIzc）がある。

[3] **p.63** このアクティビティについては、立命館大学による取材記事「大学の英語授業でAI自動翻訳サービスを試験導入−新しい英語教育の可能性とは」（https://www.ritsumei.ac.jp/news/detail/?id=2908）も参照されたい。

[4] **p.78**「Advanced Self-Promotion」の成果例は立命館大学薬学部の学部生による研究成果発信サイト（https://r-ps.pep-rg.jp/）を参照。

参考文献

Alderfer, C. P. (1969). An Empirical Test of a New Theory of Human Needs. *Organizational Behavior and Human Performance*, 4 (2), 142–175. https://doi.org/10.1016/0030-5073(69)90004-X

Cooley, C. H. (1902). *Human Nature and the Social Order*. C. Scribner's Sons.

株式会社みらい翻訳（2023）「AI自動翻訳「Mirai Translator®」の利用により学生の自作英文への評価と、英語での情報発信に対する自信が向上─立命館大学「プロジェクト発信型英語プログラム（PEP）」との共同研究成果第1弾─」https://miraitranslate.com/wp/wp-content/uploads/2023/07/230713_pressrelease_Ritsumeikan_JointResearch_1stReport.pdf

近藤雪絵（2022）「大学院におけるメディアを活用した 英語発信力育成の一考察」『立命館高等教育研究』22, 55–68

近藤雪絵・木村修平・山中司・山下美朋・井之上浩―（2020）「学際的なティーム・ティーチングによる学生の英語発信力育成.」『薬学教育』4, 2020–2011

Mead, G. H. (1934). *Mind, Self and Society*. University of Chicago Press.

小田登志子（2019）「械翻訳と共存する外国語学習活動とは」『自然科学論集』145, 3–27

佐藤眞理子（2023）「機械翻訳と共存する英語教育─抵抗感と学習意義の変容についての分析─」『リメディアル教育研究』1–10

山中司・木村修平・山下美朋・近藤雪絵（2021）『プロジェクト発信型英語プログラム：自分軸を鍛える「教えない」教育』北大路書房

湯川笑子・バトラー後藤裕子（2021）「CLIL再考」『立命館教職教育研究』8, 1–10

04

知識の伝達から蒸留へ
——「教師」としての機械翻訳論のための試論

神原一帆［立命館大学嘱託講師］

4-1. はじめに

　本章では機械翻訳を実際の英語学習に用いる際の留意点とその含意について論じていく[1]。本章の目的のひとつは機械翻訳をある種の「教師」としてみなすことの有用性を示すことである。しかし、本章で行うことは機械翻訳を利用するための実践的な方針を示すことではなく、むしろ具体的な方針を作成するための素地としての議論を行うことにある。

　この目的を達成するためには、機械翻訳の積極的な活用を阻害する、言語学習における機械翻訳の使用を「ズル」としてみなす根拠を洗い出し、より生産的な議論を行うための基盤を構築する必要がある。以降では、機械翻訳の利用を「ズル」とする論理が、教員が有する知識の伝達を目的とした学習方針に特徴的であることを論じ（4-2節）、言語学習におけるモチベーションの維持には言語学習の（目的ではなく）「手段化」が有効になることをタスクベースの学習の重要性という観点から論じる（4-3節）。そして、機械翻訳が人間の教師よりも多くの知識を有する可能性があることを指摘することで、機械翻訳機を「教師」とみなすことが生産的であることを論じる（4-4節）。最後に、ヒトの教員に残された道のひとつが「円滑なコミュニケーションを可能にする場の設計者」としての役割であることを

論じていく（4-5 節）。

4-2. 知識の伝達を目的とした学習方針に関わる諸問題

　一般的に、英語の授業といえば指定された教科書の特定のページにある事柄について、教員が解説をし、その内容に関わる問題を進め、その問題の理解度を全体で確認するという中学や高校（または、さらに大学）での営みを思い浮かべる読者も多いだろう。このようなアプローチのことは、外国語学習の科学的な手法を論じる第二言語習得では、文法訳読法（grammar-translation method）や文法・訳読式教授法という名称で呼ばれる（白井, 2008, pp.v-vi）。このような文法訳読法は非常に広く用いられている反面、その効果については様々な議論がある。

　文法訳読法における学習者の目的は、「二重目的語構文（例：Alice gave Bill a book.）」「受け身文（例：Alice was praised by Bill.）」といった文法項目について、記号を書き換える方法（例：能動文から受け身文への書き換え）や、特定の記号と意味の対応関係（例：2 つの目的語が生起する構文の意味）を記憶することにある。しかし、この目的を達成するために、教員が一方的に「二重目的語構文とは……」「受け身文とは……」とお経を読み聞かせるように教えを授けるだけでは効果はない。ここで重要なのは、様々なインプットの中にそのような構造が存在することに学生自身が気づくことであり、それを促してこそ初めてその学生は当該の文法事項を学ぶことになるといわれる（Ellis, 1997, p.119）。

　ここで、文法訳読法と機械翻訳の関係を改めて考えてみよう。文法訳読法の場合、学生は自分の言いたいことをアウトプットするため、まずは関連する語彙を選択し、適切な文法項目を吟味し、整った形で発声するというものだろう。しかし、機械翻訳の場合、日本語を入力するだけで瞬く間に希望する言語の表現が出来上がる。使用するアプリケーションによっては、単なる文字情報だけでなく、追加の解説や音声による発音機能が利用可能な場合もあるだろう。

　このようなプロセスの差を考えたとき、教室での学びを支配する教員が機械翻

訳を利用する学生を見ると、「あの学生はズルをした」と判断してしまう。この理由は明白で、日本語から英語への変換を身につけさせたいのに、機械に頼ってしまってはその技能がいつまで経っても習得できないというものである。議論の構造としては、基礎体力養成のために階段を上らせたいのに、勝手にエレベーターを使われてしまうと基礎体力養成という目的を達成できないというのと同じである。確かにこのような構造から見れば、機械翻訳を言語学習に使うことはズル以外の何ものでもないだろう。

　しかし、この議論には、「学校での授業は教員が持つ知識を学生に伝達することである」という前提が潜んでいる。このようなタイプの授業や運営方針のことを知識伝達型授業、または知識伝達型運営方針と呼ぶことにしよう。知識伝達型授業は、いわゆる専門科目においては、ある程度避けることができないものである。なぜなら、いわゆる専門科目の授業の目的はその分野の基礎的な概念を学生が習得することにあるからである。もちろん、専門科目の授業を行う教員は一方的に知識を伝達（あるいは発信）するだけで十分であるわけではない。専門科目を教える教員は、自分が教える内容がどれだけ学生にとって身近なものであるか、または興味深いものであるか、そしてその知識の習得が何らかの形で今後の学習者たちの役に立つのだということをアピールする必要はある。

　とはいえ、英語のような語学教育が知識伝授型授業として成立しうるのかという前提は、ここで改めて考え直す必要があるだろう（山中, 2019）。将来的に言語学者を目指す学習者しか受講者がいないような授業であれば事情は変わるだろうが、英語の特徴を事細やかに説明し、その内容を学習させるような知識伝達型の授業運営が多くの学生の需要に応えているものなのかは怪しいものである。

　これこそが山中（2021, pp.13–18）が「英語授業の白け」問題と呼ぶものの原因の一端である。教員が教室で教授する英語そのものにどれだけ興味深い特性があったとしても[2]、個別の言語現象の理解が実際のコミュニケーションの場でどれだけ「役に立つ」ものなのかの実感を学生が得ることは難しい。その結果、学

生はついていけず、ついには英語に対する興味を失ってしまうこととなる。

　たとえば、興味深い言語現象のひとつとして分裂文の特徴を見てみよう（久野・高見, 2005）。分裂文とは、次の(1a)のような普通の肯定文から、そこに含まれる目的語Xを "It is X that ... " という形で抜き出し、肯定文の意味をある程度保存した状態で言い換えるようなものである。これらは同じ「意味」を持つように思われるが、(1a)を否定文にした(2a)を同じように(2b)のように書き換えることはできない（なお、(2b)文頭の「*」は不自然な文であることを意味する）。(2b)が不自然な表現になるのは、現在問題になっている人物の集合 {Bill, Charlotte, David, ...} の中でも、AliceがBill以外のすべての人物と結婚しているという意味を表すからとされる。

(1)　a.　Alice is married to Bill.

　　　b.　It is Bill that Alice is married to.

(2)　a.　Alice is not married to Bill.

　　　b.　*It is not Bill that Alice is married to.

　このような個別の言語現象の特徴を教授することは非常に重要な試みであり、その意義を完全に否定することは本章の目的ではない。しかし、これだけ精度の高い情報は一般性が低いため、英語そのものの特徴を学びたいという動機が十分に共有されていない限り、学習者にとっては瑣末な雑学と思われてしまっても仕方のないことだろう。つまり、そのような知識を学ぶことが十分な需要を持つのかを再考すべきということである。また、このような構文の特徴の説明を受けたところで、それがいつ、どのように役立つのかが分からない限りは、継続的に学習を続けることは難しいだろう[3]。

　言語学者が相手取るこれらの言語現象にはどのような種類があり、それぞれの種類がどのような関係にあるのか、その全体像は明らかではない。しかし、学習

者が学ぶべき言語現象にどのようなものがあるかという疑問に対して答えを提供することは、様々な理由からも難しい。その理由のひとつは、このような言語現象の発見そのものが、体系立った観察手法を要する非常に困難なタスクだからである。つまり、これは天下り的に（いいかえると、体系立った説明抜きに）「英語に関しては（たとえば）計 5,924 個の文法項目を覚えれば、英語を話せるといえるでしょう」というような指導が根本的に難しいということを意味する。

　また、言語現象は動的なものであり、ひとつずつ決まりごとを覚えていけば解決するような問題というわけでもない。言語は変化し続けるものである（Croft, 2000）。大学における言語学の授業で必ずといっていいほど名前が挙がり、言語学の始祖と呼ばれるソシュール（Ferdinand de Saussure）は、言語には共時態と通時態という 2 つの側面があると主張した（丸山, 2012）。ソシュールは、言語というものが動的なものであり、それを時点ごとに切り離したときには共時態というその時代特有の特徴がみえてくる反面、異なる時点ごとの特徴を比較した際にはそれぞれの時代同士の違いが明らかになるということを論じている。**図1** はこの構造を図示したものである。下の長い矢印は時間の経過を示しており、それぞれの時点ごとの状態が個々の筒として表されている。日本語においても「昔は……という言い方がよく使われていたが、最近はそうでもない」のような事例を思い浮かべるのはそ

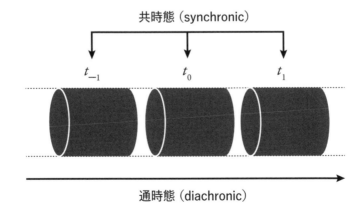

［**図1**］ソシュールによる共時態と通時態の区別

う難しくないだろう。

　つまり、「言語現象というものは本質的に動的なものである」ということを言い換えると、各国の優秀な言語学者たちが発見した言語現象の特徴が発見後も安定して存在し続けるという保証はない。このようなつかみどころのない動的な側面こそが、われわれが日々使い続けている言語の本質の一部であり、母語に加えて、新たな言語として英語を学ぶということが意味することのひとつである。一般的に言語学者はこれらの差を区別しつつも、共時態ないしは通時態の特性を明らかにしようと、様々なデータを利用し調査を行っている。しかし、辞書記述に代表される大規模な調査においては、記述対象とする表現の特徴が十分に現代の使用を反映したものなのかが問題になることもある（Mugglestone, 2011）。このように、われわれが知識伝達型の授業において教わる内容そのものが「おおむね正しいと思われる現代の事柄（つまり、当該の言語の共時態)」であることを意味する。この動的な特徴が正しいのであれば、英語に限らず言語そのものの特徴を捉えようとする営みそれ自体が、非常に困難なものであることが想像できるだろう。

　ここまでの議論を踏まえると、言語そのものの特徴を伝達しようとする知識伝達型の学習方針においては、次の2点が問題となる。ひとつは、精度の高い情報に十分な需要があるかは議論の余地がある、という点である。もうひとつは、言語そのものが動的な特性を持つため、特定の事柄さえ教えておけばすべてがうまくいくというものではない、という点である。後者の点に関しては、どのような学習方針を採用しようとも付随する問題であり、抜本的な解決案を提示することは原理的に無理だと思われる。しかし、知識の伝達を中心に据えた学習方針では固定された内容を伝達せざるをえないため、言語の動的な側面をある程度無視せざるをえないだろう。以降では前者の点、すなわち精度の高さと需要の高さのトレードオフ関係に焦点を絞り、議論を進めていく。

4-3. 言語学習と合目的性

　前節では、学習者に可能な限り多くの言語情報を詰め込もうとするだけの学習方針が不十分であるということを論じてきた。この議論自体は目新しいものではなく、動機がなければどれだけ興味深い特性を教授したところで意味はない、という問題に議論を還元することができる。これに対する解決案として、言語学習における合目的性の重要性について以下で論じる。

　すでに述べたように、人間の学習者は大量の言語情報に接したところで、それが直ちに効率的な学習結果につながるという保証はない。これは、洋画や洋楽に触れ続けるだけでTOEICテストなどの点数が上がるわけではない、ということからも明らかだろう[4]。このことは上質な言語情報に触れることが言語学習の重要な要因となることを否定するものではないが、単なる知識伝達型のアプローチで教員がいくら一生懸命「二重目的語構文と与格構文の差は……」などと「伝え」続けたところで、それが学習者の知識の構築に貢献しにくいことと基本的な構造は同じものである。

　また、言語学習における障壁のひとつとして、目標設定が十分ではないということもしばしば挙げられる。言語学習に関係のない例で考えると、「明日の休みに東京駅に行く」という目標は「明日の休みにどこかに行く」という目標よりもずっと具体的で、それを達成したかどうかの基準を定めやすい。「明日の休みにどこかに行く」という目標だと、「自宅のリビングから寝室に行く」のも移動したという意味では正しいのかもしれないが、「それじゃどこかに行ったことにはならない」と思うのではないだろうか。言語学習に関係する例としては、「英語を流暢に話せるようになりたい」という目的を考えてみよう。読者の中には、このような目的を掲げて果敢に参考書に立ち向かったり英会話教室に通ったりした結果、撃沈したという方もいらっしゃるかもしれない。このような目的が十分に機能しないのは、前節で論じた英語の動的な側面（または学習者の才能など）に関わるというよりも、この目的自体が達成可能な形に具体化されていないということに理由があるだろう。つま

り、「英語が流暢になる」という目的が具体的にどのようにして達成されるべきなのかがはっきりとしないということである。TOEICテストの満点や英検の1級を取れば（それ自体は素晴らしいことであり、その価値を否定するつもりは全くないが）直ちに「英語が流暢になる」わけでもない。つまり、このように抽象的で具体的な達成の形が定まらない目標を掲げている限り、「あれができないからまだまだ……」という状況が続いてしまうのである。これは上述の「寝室に移動するのはどこかに行ったことにならないだろう」と構造は同じである。そうした状況の中で機械翻訳機に接してみたら、中学、高校、大学で懸命に授業を受けてきた自分たちよりも機械翻訳機の方がはるかにうまく、そして速く翻訳をやってのけるのである。これではやる気が削がれて当然だろう。

　このような困難を克服するためには、言語学習の「手段化」が有効になる（Ellis, 2009, pp.223–225）。機械翻訳の精度がこれほどまでに向上する以前より、人々がどのように母語以外の言語を学ぶのかを明らかにする第二言語習得（second language acquisition: SLA）の分野では、言語学習におけるタスクの重要性が叫ばれてきた（Ellis, 2003, 2005, 2009）。より具体的に言い換えるならば、追加の言語を学ぶためには相応の目的が必要であり、その目的を達成するための手段として学ばれたときに初めて言語が使えるようになる、という考え方である。Ellis（2009, p.223）はタスクを以下の4つの基準を満たすものとして論じている。

（A）重点が置かれるのは「意味」であるべきである [5]

（B）情報の伝達、意見の表明、意味の推定といった、努力が必要な「ギャップ」がある

（C）学習者は自分のタスクを達成するために様々な資源を利用する必要がある

（D）言語を使用したという事実以外の、明確に特徴づけられた達成物が存在する

(A) の「意味」が重視されるべきという点に関しては、われわれが何らかの意味のやり取りをすることがコミュニケーションの本質であると考えれば、その重要性は明らかだろう。(B) の「ギャップ」については、タスクというものの本来的な性質上、簡単すぎるものはタスクとして不適格であるということを規定している。たとえば、友人を昼食に誘うというタスクを達成するためには、（議論の簡略化のために同行を了承してもらった場合のみを考えると）①候補の店を伝え、②候補の日時を相談する、という少なくとも２つのサブタスクを達成する必要がある。これらを母語で行うことはたやすいものの、第二言語で行うことにはいささかの困難が生じるが、この困難を乗り越えることこそが学習を促すのである。また (C) は、タスクの達成において、自分の持つ資源を最大限に利用する必要があるということを規定している [6]。たとえば、誘った友人にそのお店がどんな雰囲気なのか尋ねられたとしたら、"Would you like to go for lunch with me? " という誘い文句を言えるだけでは不十分である。その時にはもしかすると手持ちのスマホで写真を示しながら話すと伝わるかもしれない。このような工夫は手持ちの資源を利用しているという点で褒められることはあっても、「英語で言えてない」というような偏屈な理由で見下されるようなものではない。そして、最後に (D) では、言語を使用するということを目的ではなく手段にした上で、具体的な目的を別に設定せよということを規定している。つまり、友人と昼食に行く約束をとりつけるということが目的なのであって、英語で誘おうが日本語で誘おうが、それ自体は手段が違うだけなのである。そして、首尾よく友人と昼食を取ることができたら、それが成果物であり、英語を使ったという事実はその成果物に付随するものでしかない。

　このように手段として言語を使用する中で獲得された言語の知識は、語の配列の書き換え規則のようなものになるというよりも、より個別具体的な使用を一般化した総体となるだろう。本章の目的から逸れるため詳しく論じることはできないが、個別具体的な使用が初めにあり、それを様々な方法でまとめたものそのものがわれわれの言語知識であるという立場が、言語学の中でも力をつけてきている（Taylor,

2012)^[7]。この様々な言語使用をまとめる能力は、一般的にカテゴリー化と呼ばれ、似たもの同士をまとめる認知作用の代表例である。言語の学習それ自体を目的にするのではなく、手段と置き換えてしまうこのタスクベースのアプローチは、われわれの言語知識が個別具体的な使用を蓄積したものにすぎないという考え方とも相性がよい。なぜならタスクベースの学習は、具体的なタスクの達成を通して、個別の使用で小さな成功と失敗を繰り返すというアプローチであり、効率的に多くの言語使用の経験を得ることができるからである。これと対極にある考えが、われわれが持つ言語の知識というものは文法が核にあって、それさえ覚えればあとは単語をたくさん覚えるとどうにかなるというものである^[8]。これは前節で見た文法訳読法の動機づけに用いられた理論的な想定だが、その教育効果が格段に高いものではなかったことは多くの方に同意いただけるのではないだろうか（山中, 2019）。

　このように言語学習を手段としてみなすべきという議論を進めたとき、先のタスクを遂行するために可能な資源を利用すべきという（C）の要件を踏まえると、この資源に機械翻訳を含めるべきか否かを論じるべきだろう。たとえば、インターネットへの接続が困難な、機械翻訳が使えないような場面での言語運用を最終目的として設定するのであれば、機械翻訳の利用に過度に依存するような学習方針は確かに効果的ではないのかもしれない。とはいえ、技術の発展を考慮したとき、このようなサービスを禁止する方針を採用することが本当に現実的なのかを考える必要があるだろう。ほとんどの学習者はそのような過酷な状況に身を置くとは考えにくく、むしろ機械翻訳を全く利用できない学習者の方が圧倒的に少数となることは想像にかたくない。

　また、ChatGPT のような大規模言語モデル（large language model: LLM）が既存の職業に対して与える影響を分析した Felton et al.（2023, p.14）は、英語教育従事者を重大な影響を受ける職業のひとつとして挙げている。このような結果を踏まえると、機械翻訳のような人工知能サービスを拒絶するよりも、それを活用する方向を論じた方が生産的であることは明らかだろう。

4-4. 「教師」としての機械翻訳論

　前置きが長くなってしまったが、本節では機械翻訳を「教師」とみなす方針の素描を試みる。知識伝達型の学習方針においては、学ぶべき知識の源は人間の教師の知識であったが、昨今の機械翻訳機の発展を鑑みると機械翻訳機の知識の総体が（ヒトの知識と機械の知識の同質性に関する議論は脇に置くと）ヒトの知識の総体を凌駕してしまう可能性がある。このときに有効となるのが機械翻訳機をある種の「教師」とみなす学習方針であり、以降では、機械学習における「知識の蒸留」と呼ばれるデータ圧縮のプロセスとのアナロジーからこれを論じていく。

　ここで、改めて言語学習における機械翻訳の使用が適切ではないとする論を確認しよう。知識伝達型の学習方針においては、ネイティブ並みの英語運用力を、非常に高い精度で学習することが目的とされる。その際に、「母語話者（ないしは教師たち）は機械翻訳なんか使わなくても上手に英語を使えるのだから、学習者もそんなものは使うべきじゃない」とするのが 4-2 節で見た機械翻訳の使用をズルとみなすロジックである。これに関連して、別の論を組み立てることも可能である。それは「機械翻訳の出力は間違うこともあるのだから、人間が教えた方が効率的だ」というものである。

　この論には「言語の本質は本職の言語学者や言語教育の教員にしか分からないのだから、機械などを信頼すべきではない」という想定がある。意味を機械的に判断できない例として挙げられるのが、構造的曖昧性を持つ文である。たとえば、「小さいポケットのバッグ」という表現においては「小さい」のがポケットなのかバッグなのか分からない。これは表現の構造そのものが複数の読みを可能にしている（要は修飾の関係が複数ありうる）からである。英語の構造的曖昧文としては (3) のような事例が挙げられ、wiith 句がどこに修飾されるのかによって、「望遠鏡を持っている女の子を見た」と「望遠鏡で女の子を見た」という 2 つの読みが得られる。

（3）Alice saw a girl with a telescope.

　確かに、言語現象としてこのような曖昧性が生じることは事実であるし、複数の可能性の中からどのように文意を識別するのかは言語学的にも重要なものである[9]。とはいえ、言語がコミュニケーションにおいて利用されるものであるという事実を踏まえると、これほど文意が曖昧な事例が多く存在するとは考えにくい。たとえば、大量の文例を収集した英語コーパスで、[see X with Y] という形の表現を検索すると 114 件がヒットしたが、そのうち Y が道具と解釈されるものはわずか 1 件であった[10]。その 1 件以外は、person with a stroke（発作を起こした人）や room with a view（ある景色の部屋）のように、X と Y の関係が明らかなものがほとんどだったのだ。この簡易な調査から、構造的曖昧性の問題は実際の言語使用においてはそれほど問題にならないこともある、ということが示唆される。

　本章の目的は言語学的な知見のすべてを無用なものとして切り捨てることではない[11]。しかし、言語学的に重要な問題が多くの学習者が求める一般性を持つとは限らない、ということは強調しておきたい。また、近年の生成 AI は場合によってはヒトと大差のない自然な応答をすることからも、ヒトの言語知識との差を明らかにする研究がなされることもある（Beguš et al., 2023; Dąbkowski and Beguš, 2023）。

　ここで機械の言語知識とヒトの言語知識の差について考えよう。ヒトの場合、様々な環境とのインタラクションを通じて母語を習得していく。機械の場合、ヒトと全く同じ身体を持つことはないため、ヒトと全く同じ学習法を用いることはできない（谷口, 2020 参照）。機械翻訳の場合、（大規模言語モデルと同様に）言語の知識は大量のテキストデータを統計処理することによって得られる。その解析結果によってテキストデータ上に存在する構造を「理解する」ということを行っている。

　このとき、ヒトの言語知識と機械の言語知識には、入力されるデータの量に大きな隔たりがありうる。つまり、ヒトが文字を読み理解できるテキストの量と、機械が処理できるテキストの量は、大きく異なる可能性があるのだ。これを踏まえると、

百戦錬磨のベテラン英語教師が想像もしないような事例を、機械は学習のための
データとして利用している可能性が捨てきれなくなってしまう。この事態は、端的
に言ってしまうと、機械の知識がヒトの知識を超える可能性があるということである。
10年以上前の機械翻訳機であればともかく、近年の機械翻訳機は深層学習と呼
ばれる技法を発展させることで、大幅な精度の向上を達成した（松尾, 2015）。こ
れは多くの学習者にとって喜ばしいことであると同時に、人間の教師が機械よりも
限定的な知識しか持たない可能性を残してしまう。このとき、教員には機械との知
識競争をするという選択肢も残されるが、ヒトと機械の処理能力の差を考えてもこ
れはあまり生産的な方略ではない。むしろ、人間が解釈可能な形で繊細なニュア

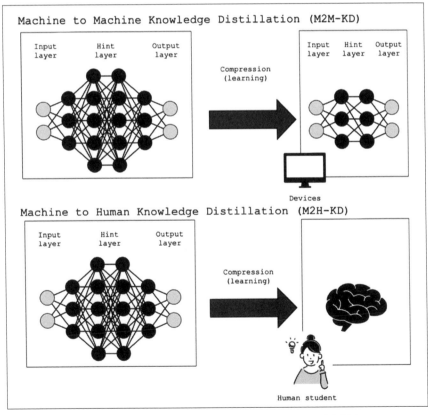

[図2]「機械からヒトへの知識の蒸留」のプロセスの概略図

ンスを明らかにする仕事は言語学的な研究に任せ、言語教育の場では抜本的に異なる方針を考案することに意義があると考える。

　むしろ学習者にとってより生産的なのは、機械翻訳の出力をモデルケースとし、その結果を試行錯誤することによって、機械翻訳がどのような知識を持つものなのかを段階的に理解することである。そして、教員は機械との知識比べに興じるのではなく、むしろそのような理解を促進させるための補助をする役割に徹するべきだろう。このようなプロセスのことを、機械学習における「知識の蒸留」のプロセスに倣い、Kambara et al. (submitted) は「機械からヒトへの知識の蒸留」（machine to human knowledge distillation: M2H-KD）と呼び、**図2**のようにその構造を示す。本図では左枠のネットワーク図が機械によって学習された元のデータを表し、右枠はそのネットワークの規模が圧縮され、パソコンという対象に実装されるデータを表している。知識の蒸留とは、より大きな規模のデータをその構造を破壊することなく、より小さなデータに圧縮するプロセスのことを指すが [12]、機械からヒトへの知識の蒸留においては、より大きなデータが機械の知識となっていることが重要となる。

　この機械からヒトへの知識の蒸留が従来の知識伝達型の授業方針と決定的に異なるのは、圧縮元の知識がヒトではなく機械という点である。知識伝達型の学習方針において、知識のモデルケースとなるのは人間の教師が持つ専門知識であった。機械からヒトへの知識の蒸留の枠組みにおいては、機械の知識をいかに効率的に学習させる環境を設計するのかという、設計者としての役割を教員が担うことになる。タスクベースの学習方針が学生中心である以上（Bolen, 2021, pp.8–9）、学生の関心についてすべて熟知することは不可能であり、それぞれの関心をどのようにひとつのタスクとして昇華させるのか、そのコンサルタントとしての役割も重要なものとなるだろう（神原・山中, 2022; 山中・神原, 2022）。

4-5. タスクとしての発信：環境の設計者としての教員論に向けて

　本書の随所で見られるように、本書の筆者たちは機械翻訳を積極的に活用する

授業方針の開発が重要だと考えてはいるものの、機械翻訳の出力を無批判に鵜呑みにするべきだと考えてはいない。つまり、「考えながら機械翻訳を利用する」ということが必須となるわけであるが、それに必要なタスクについては本章で十分に論じてこなかった。以降では、その重要なタスクとして「発信」を挙げ、それが前節で導入した蒸留のアナロジーとどのように関与するのかを「コミュニケーション場のメカニズムデザイン」との関係から論じていく。

　あらゆる学習においてそうであるように、言語学習においても、フィードバックの重要性を無視することはできない。たとえば、コンピュータープログラミングにおいては、指定された書式で適切な順番の処理を指定しないとエラーが出て、そのプログラムはいくらこちらが願ったところで実行されない。実際の自然言語の学習においては、多少の間違いでコミュニケーションが完全に停止することはほとんどない。たとえば、ニュースレポーターの発話と普通の人の発話を書き起こしてみればすぐに明らかになるが、プロの発話に比べて一般の方の発話には不自然なよどみなどが含まれており、発声の正確性の観点からいえばプロのレポーターにかなうものではない。われわれが日常的に接する言語は後者のよどみや間違いが多分に含まれた発話のはずだが、それによってわれわれの日常的な言語的コミュニケーションに支障をきたすということはほとんどない。

　自然言語における「間違い」というものは、そのミスの程度を段階的なものとして見たとき、ある閾値を超えると理解ができなくなるというものである。つまり、自然言語における「間違い」のすべてをそのスコアとともに枚挙し、当該の発話で行ったミスの総点が何点以上ならコミュニケーションが破綻する、という構造を持つと考えられる [13]。このコミュニケーションの破綻は、意外にも聞き手側からすると「破綻」せずに「誤解」という形で保持されるかもしれないし、混乱した聞き手が内容の修復を試みる可能性もあるだろう。

　とはいえ、ここでの「理解してもらえない」というフィードバックが重要になるのは、機械翻訳を利用した発信においても同様である。つまり、あるタスクを遂行するた

めに機械翻訳を利用した際、結果として希望するようなコミュニケーションが達成できなかった時こそ、学習者にとって重要な転機となりうる。この意味で、教員にとっては、このようなフィードバックを学習者が日常的に受けられるような環境設計を行うことこそが重要な指針となりうる。また、自分の使用する英語が理解されないことには様々な原因がありうる。その代表例のひとつは、適切な文法構造が利用できないというものである。たとえば、「犬が男を噛んだ」と言いたいのに "The man bit the dog." と言ってしまっては元も子もないし、必要以上に構造的に曖昧な文を利用したりすることも、この原因に含まれるであろう。また、話し手が聞き手の言語のレベルを見誤るということも十分にありうる。たとえば、機械翻訳の出力をそのまま記憶し、必要以上に高度な語彙を利用してしまい、その重要な語彙の意味が伝わらないため、聞き手に意図する内容が全く伝わらないということもあるだろう。

このようなフィードバックを学習者が得るためには、発信が重要な場として機能する。ただし、発表者が聴衆に対してお経のように一方的に英語を垂れ流すのではなく、双方向のフィードバックが可能な場を構築する必要が出てくる。このような発信を中心に据えた英語教育の方針こそが、慶應義塾大学で開発され、立命館大学をはじめとする様々な大学で実施されているプロジェクト発信型英語プログラム（project-based English program: PEP）である。PEPはここまで論じてきた知識伝達型の英語教育プログラムとは異なり、オンライン資料の活用や、創造的なプロジェクトの発表を推奨する点などが特徴として挙げられる。特に後者については、英語そのものの構造を教えることに焦点を置くのではなく、自身のプロジェクトをどのように発展させるべきかという研究者としての資質が教員に求められる。

このような発信型の英語プログラムの特徴を考えたとき、機械翻訳機の知識を効率的に学生に学習させるためには慎重な発信タスクの設計が必須となる。このときに有用になるのが「コミュニケーション場のメカニズムデザイン」である（谷口, 2019）。コミュニケーション場のメカニズムデザインとは、円滑なコミュニケーション

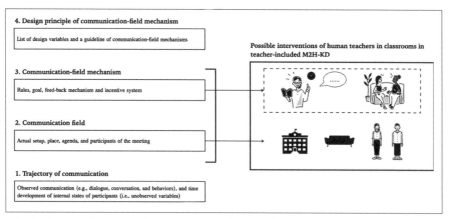

[**図3**] 「コミュニケーション場のメカニズム」の設計と「機械からヒトへの知識の蒸留」のプロセスの関係

を可能にするための設計試案を理論的に考察するための枠組みである。このコミュニケーション場のメカニズムデザインと機械からヒトへの知識の蒸留のプロセスとの関係を図示したものが**図3**である。

　谷口（2019, pp.2–5）はコミュニケーション場の構造として以下のような階層構造を挙げている（図3の左側に対応する）。

① 　コミュニケーションの軌跡（trajectory of communication）

② 　コミュニケーション場（communication field）

③ 　コミュニケーション場のメカニズム（communication field mechanism）

④ 　コミュニケーション場のメカニズムの設計原理（design principle of communication field mechanism）

　①のコミュニケーションの軌跡とは、実際のコミュニケーション場での発話内容や人々の振る舞いといった、そのコミュニケーションで生じる個別具体的な事象のすべてを指す。これは会議の様子などを想定してもらえればよいのだが、「Aさんには次に……と言ってほしい。Bさんにはその返答として……と言ってもらいたい」

といくら願ったところでその希望がかなわないことも踏まえると、この軌跡そのものを直接的に制御することは難しい。②のコミュニケーション場とは、コミュニケーションが行われる場所を指し、その空間的なデザイン、議題の設定、小道具の準備などを指す。このコミュニケーション場自体の制御も、その場限りのコミュニケーションにおける側面をそのまま保持することは技術的に難しい。③のコミュニケーション場のメカニズムとは、このような各コミュニケーション場の個別性を超えた一般性を捉えるメカニズムのことを指す。これはディベートのような賛成か反対かが決まるような議題に対して、賛成側、反対側、モデレーターを設定し、それぞれの役割を持った人物が円滑にコミュニケーションをとれるように、ルールやゴール、フィードバックのメカニズムや報奨システムを設定することに該当する。そして、④のコミュニケーション場のメカニズムの設計原理とは、このようなコミュニケーション場のメカニズムを支配する原理のことを指す。しかし、コミュニケーション場のメカニズムの設計原理自体は最終到達目標のようなものであり、その実態が明らかになっているとは言いがたい。

　ここで機械翻訳の積極的な活用と機械からヒトへの知識の蒸留のプロセスを考えてみたとき、教員が関与できるのはせいぜい②コミュニケーション場と③コミュ

［表1］4つのコミュニケーション場のメカニズムの設計変数の比較（谷口, 2019, p.424）

設計変数	ビブリオバトル	パーラメンタリーディベート	発話権取引	「件（くだん）の宣言」
対立構造の極配置	多極的（発表の数だけ）	二極的	多極的（議論の中で動的に変わる）	多極的（四極）
決定方法	民主的投票	ジャッジによる判断（民主的投票とする場合もある）	決定しない	民主的投票
意見の表出への配慮	「一番読″されるわけではない	立場が乱択により（ランダムに）決まるので、議論と人格・意見が分離される	勝敗や意思決定は含まれない	立場が乱択により（ランダムに）決まるので、議論と人格・意見が分離される
発話時間の制御	集中管理固定配分	集中管理固定配分	分散管理動的配分	集中管理（演説時）・放任（グループごと議論時）

ニケーション場のメカニズムの2つに限られる。議論を教室での学びに限定するのであれば、コミュニケーション場とは、所属する教育機関から与えられる教室の配置をどのようにするか、どのような議題を与えるか、という程度の制御だろう。それに対して、コミュニケーション場のメカニズムについては、どのような発信タスクを行わせることが活発なコミュニケーションを可能にするのか、という議論を行うことができる。

谷口（2019）は、コミュニケーション場のメカニズムの様々な特徴を概観する中で、ビブリオバトル、パーラメンタリーディベート、発話権取引、「件の宣言」という4つの設計変数を挙げ、それぞれの特徴を**表1**のようにまとめている。もちろんコミュニケーション場のメカニズムの種類がこれだけに限られるわけではないが、これらの変数を調整し、様々な特徴を持つコミュニケーション場の設計のうちのどれが機械からヒトへの知識の蒸留のプロセスを円滑にするものであるのかは、今後の研究によって明らかになることだろう。

4-6. おわりに

本章では、機械からヒトへの知識の蒸留のプロセスの特徴を概観することを目的とし、知識伝達型の英語授業が持つ構造的な限界、言語学習における合目的性の重要性、機械の知識とヒトの知識の差から生じる「教師」としての機械翻訳論、そして発信環境のデザイナーとしての教員像を素描した。本章での提案は現段階では試案にとどまっているが、発信環境のデザイナーとして教員を位置づける以上、どのようなコミュニケーション場が機械翻訳機の知識を学習させるのに適しているのかに関する経験的な考察は避けることができない。

本章では「教員は機械翻訳機を英語授業の中でどのように活用すべきか」という視点から議論を展開し、その中では知識伝達型の学習方針の限界について繰り返し批判的な指摘を行ってきた。とはいえ、学習者の英語に関する知識が全く見込めない場合は多少なりの知識の伝達を避けることはできない。この理由から

も、どの程度の知識伝達が効果的であるのかを再考する必要はある。

　また、本章で論じたような機械翻訳機の出力を聞き手たちの反応によって段階的に調整していくという方針は、言語学習のマルチモーダル化とでも呼べる方針である[14]。つまり、テキストの自然な並びを学習しようという従来の目的を捨て去り、どのような場で、どのような表現を利用することが適しているのかを、発信を通じて学ばせるというものである。言語学習のマルチモーダル化は、人工知能サービスが顕著に発展していく現代だからこそ、改めて評価されるべきものだろう。

注

[1] **p.81** 本章の内容は Kambara et al.（Submitted）の内容を再構成したものである。

[2] **p.83** このような英語の興味深い特性について関心のある読者は、くろしお出版から刊行されている久野・高見による『謎解きの英文法』シリーズを紐解くといいだろう。

[3] **p.84** これは精度と被覆率のトレードオフ関係を鑑みると明らかになるであろう。このトレードオフ関係は、精度が高い情報は被覆率が低くなるのに対し、精度が低い情報は被覆率が高くなるというものである。この関係は集合論における内包の数と外延の数のトレードオフ関係に対応する。たとえば、「機械翻訳に関する書籍」という条件に合致する書籍は非常に多く存在するが、「立命館大学に在籍する教員が中心になって執筆した機械翻訳に関する書籍」という条件に合致する書籍は本書を含め非常に限られたものとなる。このような関係を考慮すると、英語に関する事細かやかな情報は需要が低く、より大まかな情報は需要が高くなる。この情報の細かさと需要の高さの関係は再考する必要があるだろうが、概ね傾向としては正しいものだろう。

[4] **p.87** とはいえ、このような意図しない言語の学習の側面も無視することはできない（Teng, 2021）。本章ではこのような学習の側面については深追いすることはしない。

[5] **p.88** 言語学においては、言語の「意味」として、その表現そのものが持つ「意味」と、実際に伝わる「意味」を区別する。たとえば、友人に対して「明日はひま？」と尋ねるのは「明日がひまなら一緒に何かしないか？」というような意図で聞いているのであって、実際にあなたの次の日の予定が空いているかどうかだけが気になって聞いているわけではないだろう。この証拠に、「明日はひま？」という質問に対してその友人が「はい」なり「いいえ」なりと答え、そこから何も言わなければ不自然なコミュニケーションとなることは想像できるのではないだろうか。このように、表現そのものが持つ「意味」と実際に伝わる「意味」は異なるため、言語学ではこれらを「意味論的な意味」と「語用論的な意味」に分類する（Cruse, 2011）。タスクの条件として「意味」と呼ぶものは、この意味論的な意味と語用論的な意味を統合した内容全般のことを指している。

[6] **p.89** このような考えは一般的にプラグマティズムと呼ばれる（伊藤, 2016）。プラグマティズムと言語学習の関係については山中・神原（2023, Ch.3）などを参照されたい。

[7] **p.90** これは認知言語学において使用基盤モデル（usage-based model）と呼ばれる考え方である（Langacker, 1988; Langacker, 1999）。

[8] **p.90** このような想定のことを、Taylor（2012, p.19）は、辞書と文法書モデル（dictionary plus grammar book model）と呼ぶ。

[9] **p.92** たとえば岡久（2023）は、このような構造的曖昧性がイントネーションやジェスチャーといった非言語的な要素によってどのように解消されるのかを論じた好著である。

[10] **p.92** これはコーパス検索ツール Sketch Engine を利用し、British National Corpus (tagged by CLAWS) のデータを用いて観察したものである。この分析の詳細は本章の目的から逸れるため掲載しないが、https://osf.io/tdyxz/ から元のデータを確

認することができる。

[11] p.92 本章の執筆者自身も言語学者である以上、言語学という営みの意義を切り捨てることは本望ではない。たとえば、少数の話者しかいない危機言語の記録の学問的・文化的意義を否定することは様々な理由からできない（下地, 2020）。しかし、言語がどのようなものであり、それをどのように分析すべきかということを論じる理論研究は、機械がヒトと同じように振る舞うという事実と真摯に向き合うべきであろう。なぜなら、ヒトが持たないとされる特性を持つ機械が「十分に言語を理解しているように振る舞う」という事実そのものが、われわれの言語知識がそもそもどのような特性を持つのかという議論を招くからである。また、このようなある種の「人間偏重」は従来の理論言語学的な研究の方法論とも密接な関係を持つであろう（神原・菅原, 投稿中）。

[12] p.94 機械学習における知識の蒸留とは、規模の大きなデータを圧縮するプロセスのことを指す。これは図2の上段に描かれているプロセスである。大規模なデータとは、非常に容量が大きいファイルを想定してもらえればよい。このようなデータの有用性は疑いようがないが、スマートフォンやPCのアプリケーションでそのような大容量のファイルが利用できるとは限らないため、それを圧縮する必要が出てくる。この圧縮のプロセスのことを知識の蒸留と呼ぶ。このプロセスの詳細についてはGou et al.（2021）を参照されたい。

[13] p.95 この想定は便宜的なものであり、この「間違い」の全体像を提示することは筆者の能力不足からも難しい。とはいえ、文法的な間違いが壊滅的なコミュニケーションに繋がる場合と、そうでない場合の両方が考えられる以上、「間違い」が「間違い」とみなされる過程についてもさらなる分析を行うことが可能であろう。

[14] p.100 この議論は古くはQuine（1992）によるギャバガイの思考実験にも根本思想は類似している。これは、未開の地に赴いた言語学者が現地の言葉を人々の行動からどのように理解できるのか、という思考実験である（丹治, 2009）。ここでの言語学習のマルチモーダル化は、言い換えれば、機械翻訳機のアウトプットを基にどれだけの理解が得られるのか、という問題になるだろう。本章で言及されるTransableや「みらい翻訳」といった機械翻訳サービスは多くのテキスト上でのフィードバックをユーザーに与えるが、これらのフィードバックと、実際のコミュニケーション上でのフィードバックの差についてもさらなる検証が必要となるだろう。

参考文献

Beguš, G., Dąbkowski, M. and Rhodes, R.（2023）. Large Linguistic Models: Analyzing Theoretical Linguistic Abilities of LLMs. https://arxiv.org/pdf/2305.00948.pdf

Bolen, J.（2021）. *39 Task-Based Language Teaching and Learning Activities: A Very Practical Guide to Using TBL in the ESL/EFL Classroom*. Tennessee: Lightning Source Inc.

Croft, W.（2000）. *Explaining Language Change: An Evolutionary Approach*, Longman.

Cruse, A. D.（2011）. *Meaning in Language: An Introduction to Semantics and Pragmatics*（3rd ed）. Oxford University Press.（片岡宏仁［訳］（2012）『言語における意味：意味論と語用論』東京電機大学出版局）

Dąbkowski, M. and Beguš, G.（2023）. Large Language Models and（Non-）Linguistic Recursion. https://arxiv.org/pdf/2306.07195.pdf

Ellis, R.（1997）. *SLA Research and Language Teaching*. Oxford University Press.

Ellis, R.（2003）. *Task-based Language Learning and Teaching*. Oxford University Press.

Ellis, R.（2005）. *Planning and Task-performance in a Second Language*. Amsterdam: John Benjamins.

Ellis, R.（2009）. Task-based Language Teaching: Sorting Out the Misunderstandings. *International Journal of Applied Linguistics*, 19（3）, 221–246.

Felten, E., Raj, M. and Seamans, R.（2023）. How Will Language Modelers like ChatGPT Affect Occupations and Industries? https://arxiv.org/pdf/2303.01157.pdf

Gou, J., Yu, B., Maybank, S.J. and Tao, D. (2021). Knowledge Distillation: A Survey. *International Journal of Computer Vision*, 129, 1789–1819.

伊藤邦武 (2016)『プラグマティズム入門』ちくま書房

神原一帆・菅原裕輝 (投稿中)「コーパスの存在論と認識論：科学研究としてのコーパス研究を再考する」

神原一帆・山中司 (2022)「意味の交渉人としての教員の役割：プロジェクト発信型英語プログラムの記号論的解釈を巡って」『立命館大学理工学研究所紀要』80, 67–78

Kambara, K., Yamanaka, T., Sugiyama, K. and Taniguchi, T. (Submitted). Machine to Human Distillation: Active Utilization of Machine Translation in Language Education.

久野暲・高見健一 (2005)『謎解きの英文法：文の意味』くろしお出版

Langacker, R. W. (1988). A Usage-based Model. Rudzka-Ostyn, B. [Ed.], *Topics in Cognitive Linguistics*, pp.127–161. Amsterdam: John Benjamins.

Langacker, R. W. (1999). A Dynamic Usage-based Model. Barlow, M. and Kemmer, S. [Eds.], *Usage Based Models of Language*, pp.1–63. Stanford: CSLI Publications.

丸山圭三郎 (2012)『ソシュールを読む』講談社

松尾豊 (2015)『人工知能は人間を超えるか：ディープラーニングの先にあるもの』中経出版

Mugglestone, L. (2011). *Dictionaries: A Very Short Introduction*. Oxford University Press.

岡久太郎 (2023)『文法と身体：曖昧な文を伝達するイントネーションとジェスチャー』京都大学学術出版会

Quine, W. V. (1992). *Pursuit of Truth* (Revised ed.). Harvard University Press. (伊藤春樹・清塚邦彦 [訳] (1999)『真理を追って』産業図書)

下地理則 (2020)「言語が減ることって問題ですか？への私の答え」https://note.com/lingfieldwork/n/nefd96c0b8e71 (2023年8月21日閲覧)

白井恭弘 (2008)『外国語学習の科学：第二言語習得論とは何か』岩波書店

谷口忠大 (2019)「コミュニケーション場のメカニズムデザインに向けたシステム論の構築と展望」『システム制御情報学会論文誌』32(12), 417–428

谷口忠大 (2020)『心を知るための人工知能：認知科学としての記号創発ロボティクス』共立出版

丹治信春 (2009)『クワイン：ホーリズムの哲学』平凡社

Taylor, J. R. (2012). *The Mental Corpus: How Language Is Represented in the Mind*. Oxford University Press. (西村義樹ほか [編訳], 古賀裕章ほか [訳] (2017)『メンタル・コーパス：母語話者の頭の中には何があるのか』くろしお出版)

Teng, M. F. (2021). *Language Learning Through Captioned Videos: Incidental Vocabulary Acquisition*. Routledge.

山中司 (2019)「大学にもう英語教育はいらない：自身の「否定」と「乗り越え」が求められる英語教育者へのささやかなる警鐘」『立命館人間科学研究』38, 73–89

山中司 (2021)「セルフプロモーション教育を英語教育が担う」山中司・木村修平・山下美朋・近藤雪絵『プロジェクト発信型英語プログラム：自分軸を鍛える「教えない」教育』pp.40–77. 北大路書房

山中司・神原一帆 (2022)「フレーム理論にもとづく「交渉される意味」のモデル化：エージェント志向の言語観を目指して」『神戸大学大学教育推進機構国際コミュニケーションセンター論集』18, 77–100

山中司・神原一帆 (2023)『プラグマティズム言語学序説：意味の構築とその発生』ひつじ書房

山中司・木村修平・山下美朋・近藤雪絵 (2021)『プロジェクト発信型英語プログラム：自分軸を鍛える「教えない」教育』北大路書房

05

AI時代に期待される英語教育の素描
——新・プロジェクト発信型英語プログラム

木村修平 ［立命館大学生命科学部生命情報学科教授］

5-1. はじめに

　本章では、AIを取り込んだ教育モデルのひとつとして立命館大学で展開しているプロジェクト発信型英語プログラム（PEP）を取り上げるとともに、PEPが見いだす新しい4技能がAIと具体的にどのように結びつくかを論じることで、その発展的な姿を素描する。

　筆者は、山中ほか（2021, pp.148–178）において、ICT（information and communication technology）を活用した従来型のコンピューター支援言語学習（computer-assisted language learning: CALL）の限界を指摘し、プロジェクト型学習や探究型教育と親和性の高いCILL（computer-integrated language learning）という新たな教授法を提唱した。本書ではその議論を前進させるため、前提となるCILLについて概観し、基軸となる新しい4技能「リサーチ」「オーサリング」「コラボレーション」「アウトプット」について改めて解説を行う。その上で、ニューラル機械翻訳や生成AIツールといった新たなテクノロジーがこれらの4技能とどのように結びつくかを詳述し、今後の展望と課題を論じる。

　なお、本章の内容は木村（2020, 2022, 2024a, 2024b）に基づく。

5-2. プロジェクト発信型英語プログラム（PEP）の概要

　本節では、立命館大学および同大学で運営されている正課英語プログラムであるPEPについて、その概要と特徴を述べる。

5-2-1. 立命館大学とPEP

　立命館大学は16学部・22研究科を擁し、京都・滋賀・大阪の4つのキャンパスで学部生・大学院生合わせて約3万7,000人が学ぶ、関西の大規模私立大学のひとつである（本稿執筆時点）。このうち4学部で正課の必修英語授業として実施されているのが「プロジェクト発信型英語プログラム」（project-based English program: PEP）だ。

　PEPは2008年度に新規開設された生命科学部と薬学部の正課英語プログラムとして導入された。筆者はこのうち生命科学部に所属する英語教員であり、本書の執筆者らとともにPEPの運営に携わっている。2023年現在、PEPはスポーツ健康科学部と総合心理学部を加えた4学部で展開されている（**図1**）。

［**図1**］PEPのロゴマーク

　立命館大学では2030年の大学の姿を描いた学園ビジョンを打ち立て、その目標達成に向けた一連の取り組みを「立命館大学チャレンジ・デザイン」（通称、

R2030）と呼んでいる[1]。同ビジョンが掲げる「次世代研究大学」「グローバル・シチズンシップを備えた人間」「テクノロジーを活かした教育・研究の進化」「未来社会を描くキャンパス創造」といった目標達成に寄与する次世代型英語教育のモデルとして、PEPは学内外から注目を集めている。

5-2-2. PEPの特徴と授業

　PEPは週2コマの授業で構成されており、ひとつは読む・聞く・話す・書く・文法などのいわゆる4技能に基づく英語スキルを磨くSkill Workshopsで、外部教育機関との連携で行われている。もうひとつの授業がProjectで、こちらはSkill Workshopsで培ったスキルを活かす場として位置づけられ、筆者を含む本学教員が担当している（**図2**）。

［**図2**］生命科学部・薬学部で実施されているPEPの全体像

　Projectはその名のとおりプロジェクト型学習（project-based learning: PBL）を取り入れた教授法を採用している。学習者が自身の興味・関心に基づいてリサーチを行い、それをコンテンツとして発展させ、英語で表現することを基本とする。学年（関西などでは「回生」という）の進行とともに求められる発表形態やクオリティは上昇し、エッセイからペーパーへ、カジュアルな口頭発表から学会のようなフォーマルなプレゼンテーションへ、のように発展する[2]。

　Projectの授業では、学生に購入を求める教科書というものが存在しない。とい

うのも、学生が立ち上げるプロジェクトには原則として制限がないため、教科書に基づいて一律に指導することが難しいからだ。プロジェクトの内容は、違法でなければ、あるいは公序良俗に反していなければ、どんなものでも構わない。どんなトピックであっても、それについて信頼性の高い情報に基づいて調査し、スライドやペーパー、ポスターなどにまとめ、教員やクラスメートからフィードバックや意見を交換し、成果を分かりやすく発表するという、いわば科学を学ぶ者としての基本姿勢を涵養するのがProject授業を貫く方針である。教科書はないがプロジェクトを進める参考になる情報はPEPの共通教材サイトにまとめられており、オープンに公開されている[3]。**表1**は2022～2023年度に筆者が実際に担当したProject授業で学生が行ったプロジェクトの事例である[4]。

［**表1**］学生によるプロジェクトの事例

学年	プロジェクトの概要
1回生：P1 & P2 （個人プロジェクト）	・快眠に役立つアロマオイルの成分 ・筆記体学習とその結果報告
2回生：P3 & P4 （春学期は個人、秋学期は グループによるプロジェクト）	・フリーズドライ技術による野菜の冷凍 ・栄養成分を壊さないタマネギ料理
3回生：JP1 （グループプロジェクト）	・VR（バーチャルリアリティ）技術の教育活用の 　可能性について ・コロナ禍で広がった音声コンテンツ産業の分析 ・日本でサウナブームが起きている理由

P1 & P2 : Project 1 & Project 2　　P3 & P4 : Project 3 & Project 4　　JP1 : Junior Project 1

　また、次節で詳述するように、PEPの授業は学生のほぼ全員が自らのノートPCやスマートフォン、タブレット端末を教室に持ち込みWi-Fiに接続して活用するという事実上のBYOD（bring your own device）環境で実施されている。その教室風景は従来の語学教育やCALL教室（5-3-1項で詳述）とは大きく異なるものになっている（**図3**）。

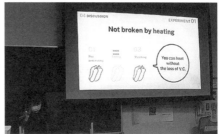

［**図3**］PEPの典型的な授業風景（左）と発表の様子（右）

　ここで特に注目していただきたいのは生命科学部・薬学部のPEPで3回生を対象に開講しているJP1という授業である。JP1はJunior Project 1 の略であり、語学科目ではなく必修の専門科目として位置づけられ、英語教員と専門教員のコラボレーションで行われる。JP1では、学生たちはグループ単位でプロジェクトを実施し、国際学会を模した大規模ポスターセッションでその成果を発表する（**図4**）。

［**図4**］JP1の大規模ポスターセッションの様子（2017年）

英語教員は主にプロジェクトに関わる英語表現や発信に関わるノウハウを、専門教員は内容を指導する。通例、大学の英語教育が必修授業とされるのは1～2回生がほとんどだが、英語教員が各学部に所属する立命館大学では、英語教員と専門教員が協同することで高回生、さらには大学院を視野に入れた英語教育が可能である。必修授業のJP1（および同じくコラボレーションで実施される選択必修授業のJP2）はそうした強みを活かした野心的な取り組みであり、今や生命科学部・薬学部の教育を特徴づける名物授業となっている。

PEPを特徴づけるもうひとつの重要な要素がICTの活用である。次節では筆者が提唱する教授法であるCILLを定義し、その事例としてPEPを位置づけるとともに、PEPが見いだす新しい4技能とICTとの関わりについて論じる。

5-3. CILLの事例としてのPEP

本節では、本章後半の議論のために、山中ほか（2021）で論じたCILLについて再度その定義を示すとともに、その一事例としてPEPを位置づける。さらに、PEPが見いだす「新しい4技能」についても改めて解説する。

5-3-1. LLからCALL、そしてCILLへ

メディアや情報機器を語学教育に利用するという現代に続く教授法の源流はLLにあると考えられる。LLとはlanguage laboratoryの略で、印刷された文字だけでなく視聴覚に訴える様々なメディアを用いて言語を習得するための施設や環境を指す。LLでは磁気テープやLPレコード、ソノシートといったメディアを用いて、視聴覚に訴えかける短期集中の外国語教育が行われた。LLは、学習現象を刺激と反応の結合とみなす、当時アメリカを中心に支配的だった行動主義心理学的アプローチの一形態であるといえる。LLでは、教師が学習者に刺激を与えるという設計上、用いられるメディアや機器は教師側が支配的に管理するツールだった。

CALLという教授法はこうしたLLの手法や構造を基盤としている。CALLでは

磁気テープやレコードではなく言語学習用のソフトウェアを搭載したコンピューターを教室に集約する。**図5**は典型的なCALL教室の風景だが、引用元のMahendra College of Engineeringはこの教室をlanguage laboratoryとしている。同様にこうした教室をCALL教室ではなくLL教室と呼ぶ教育機関が少なくないのは、CALLがLLの延長線上にある教授法として認識されていることを表している。

［**図5**］インドの大学のCALL教室（Mahendra College of Engineering）

日進月歩で進化するテクノロジーはCALL教室の機器やメディア（ソフトウェア）を変化させてきた。Warschauer（2000）はそうしたCALLの進化を年代ごとに分類した（**表2**）。

［**表2**］Warschauer（2000）によるCALL発展の3ステージ（翻訳は筆者）

年代と ステージ	1970-1980年代 Structural CALL	1980-1990年代 Communicative CALL	2000年以降 Integrative CALL
技術	メインフレーム	パソコン	マルチメディアと インターネット
英語教授法	文法訳読、オーディオリンガル法	コミュニカティブアプローチ	コンテンツベース
言語観	構造的	認知的	社会認知的
用途	反復練習	学習者中心タスク	真正性の高い活動
ねらい	精確さ	流暢さ	動作主性

この分類の詳細な説明や妥当性をめぐる議論について本稿では言及しないが[5]、注目すべきは、CALLで用いられる「技術」が「メインフレーム」から「パソコン」へ、2000年以降はさらに「マルチメディアとインターネット」へと移り変わっている点である。

　1960〜1970年代には巨大かつ高価だったコンピューターは、低価格化・小型化したことで個人に浸透した1990年代を経て、2000年代にはインターネットの爆発的普及という後押しを受けてさらに安価となり、小型化・軽量化し、2010年代になると通信可能な携帯コンピューター端末としてのスマートフォンが登場し現在に至っている。日本を含む先進諸国のテクノロジー史はおおむねこうした段階を経てきたが、それはCALL発展の流れとも対応しているといえるだろう。

　Warschauerの分類の「技術」が具体的なハードウェア（メインフレーム、パソコン）から「マルチメディアとインターネット」という抽象性の高いテクノロジーにシフトしていることは、CALLという方法論の限界をそのまま表しているといえる。すなわち、高価なハードウェアを個人に代わって教育機関が購入し、特定の教室に集約するという方法論は、学習者が個人の端末を持ち込み活用するBYODポリシーの策定が大学をはじめとする教育機関で進む現代においては、もはや時代錯誤なものといわざるをえない。

　CALLが迎える限界はハードウェアの変化だけではない。LL以来続く、教師が学習者に対して教育専用ソフトウェアや機材といったテクノロジーを支配的に管理するという非対称な関係性そのものが崩壊しつつあるのだ。筆者はここにCALLという教授法の限界を見る。

　学習者に練習させ、その進捗をモニターし管理するという教師のタスクがコンピューターによって補助される "computer-assisted" という教授法と、テクノロジーを軸に教師と学習者を管理する側とされる側に配置することはせず、その両者がコンピューターを統合的に活用する "computer-integrated" な教授法とは、明確に峻別されるべきだ。筆者は後者をCILL（computer-integrated language learning）として定

義する（**表3**）。

[**表3**] CALLとCILLの比較

CALL	名称	CILL
・運用管理者 ・マネージャー	教師の役割	・ファシリテーター ・コーチ
・クイズ／ドリル／ゲーム ・コンテンツベース	学習者の活動	・アクティブラーニング ・プロジェクト型・探究型
・小さい	学習者の自由度	・大きい
・教師＞学習者	ICTへの影響度	・教師＝＞学習者
・中央集約／偏在的	ICTリソース	・ユビキタス／BYOD／遍在的

　CILLの授業は、教師が学習者に対して所定のクイズやドリルといった刺激を一方的に与え管理するものではない。学習者の自由な発想を学習言語で表現し、そのツールとしてテクノロジーが柔軟に活用されるのがCILLの基本であり、この点でプロジェクト型学習や探究型教育と高い親和性を持つ。前節で見たようにプロジェクト型の英語プログラムでありBYOD環境で実施されているPEPは、大学におけるCILLの代表的な事例であるといえる。

5-3-2. PEPが見いだす「新しい4技能」

　語学において、学修言語における学習者のスキルはしばしば「読む」「書く」「聞く」「話す」という4つの技能に分類して計測・評価される。その一方で、15年に及ぶCILL型教育を通じてPEPは「新しい4技能」と呼ぶべきスキルを見いだした。それは「リサーチ（調べる）」「オーサリング（まとめる）」「コラボレーション（交流する）」「アウトプット（表現・発信する）」の4つであり、いずれもICT活用と密接に結びつく（**図6**）。

　新しい4技能はPEPという個別のプログラムに限定されるものではない。何事かを調べ、調べた情報をまとめ、他者との交流を通じて内容を掘り下げ、誰かに伝えるために論理的・科学的に表現することは、CILLや、さらにはCILLのようなプロジェクト型・探究型の教育に共通する基盤的なスキルセットであるといえる。こ

[図6] PEPが見いだす新しい4技能

の点で、新しい4技能は大学の初年次教育とも通底する基本的なアカデミックリテラシーとも高い互換性を有する。本書で強調したい点は、新しい4技能のそれぞれが次に見るように具体的なテクノロジーやソフトウェア、リテラシーと合目的的に結びつくという点である。

　リサーチとは、学習者がプロジェクトに必要な情報の検索と収集、すなわち「調べる」活動全般を指す。Googleなどのウェブ検索や図書館の蔵書検索、各種データベースや辞書サービスやコーパス検索など、今日ではリサーチ活動の多くにICTが活用されている。また、探し出した情報の信頼性や適切性を確認できることも重要なリサーチのリテラシーだ。さらに、次節で詳述するように、求める情報を見つけ確認する活動という意味では、機械翻訳や生成AIを用いての英文産出、発音確認といった活動も広義のリサーチに含まれるだろう。

　オーサリングとは、学習者がプロジェクトに関わる情報を多様な出力形式やメディアに「まとめる」活動全般を指す。ペーパーやスライド、動画など、今日ではアカデミックなオーサリングの多くがICTを用いて行われることは誰の目にも明らかだ。オーサリングの対象となるデータには、テキストや画像のほか、コロナ禍で一般的になったオンデマンドのビデオプレゼンテーションの場合は音声や動画も含まれる。

　コラボレーションとは、ICTを通じて学習者が他の学習者や教師、あるいは教

室の外部に存在する誰かと「交流する」ことでプロジェクトを進める活動全般を指す。コラボレーションの中には協働的なグループワークのほか、ピアレビューやフィードバックといった評価に関わる活動も含まれる。教育現場での交流の場というと長らくLMS（learning management system）がその代表例とされてきたが、今日ではMicrosoft TeamsやSlackのようなチャット型グループウェアの台頭が著しい。

アウトプットとは、学習者がプロジェクトの進捗や成果を報告するために「表現・発信する」活動全般を指す。論文の印刷や製本に加えて、スライドを用いての口頭発表やポスターを前にしてのプレゼンテーションがアウトプットの典型的事例だが、かつてはスライドやポスターの作成や印刷を専門業者に依頼したり、投映に専用の機器（オーバーヘッドプロジェクターやスライドプロジェクターなど）が必要だったりした時代もあった。今日ではこうした発表メディアの作成や投映は個人のパソコンで可能であることから、CILLにおいてはアウトプットも個人のICT活用力が問われるスキルだといえる。

上記の新しい4技能は決して目新しいものではなく、初年次教育や基礎的な科学リテラシーと通底するものだ。日本の大学の多くで英語教育が低学年（低回生）の必修授業として位置づけられている事実を考えると、こうしたスキルの涵養にもつながるPEPのようなCILL型英語プログラムは従来の英語教育以上に高い合理性を持つといえるだろう。

5-4. 新しい4技能とAIの結びつき

本節では、新しい4技能「リサーチ」「オーサリング」「コラボレーション」「アウトプット」が、ニューラル機械翻訳や生成AIなど語学教育にとって脅威とみなされがちなテクノロジーをどのように取り込んでいるのかを、PEPでの具体的な事例をまじえて紹介する。なお、本節の最後に繰り返すが、これらは英語が大学教育にとって既習言語であるという前提なしにはありえないものである。

5-4-1. AIは教育にとって脅威か？

　1947年、「コンピューター科学の父」として知られるイギリスの数学者アラン・チューリングは、初めて人工知能の概念を提唱した（Turing, 1995）。1956年、アメリカの計算機科学者ジョン・マッカーシーが初めて人工知能（artificial inteligence: AI）という言葉を用いた（McCarthy et al., 2006）。以来半世紀以上にわたり人工知能の研究は続けられ今日に至るが、研究者やコンピューター愛好家、SFファンならざる一般の人々にまでその成果が知れ渡り、生成AIやChatGPTという用語や固有名詞がこれほど人口に膾炙したことはかつてなかった[6]。

　教育とテクノロジーの関係は、走る犬とそれを追いかける人間のようだ。テクノロジーは常に教育の少し先を走る。教育はそれを追いかけ、捕まえ、飼いならす。電卓やパソコン、電子ボード、スマートフォンといったハードウェア、インターネット検索やOER（open educational resources）、MOOCs（massive open online courses）、LMSといったソフトウェアの活用と発展の事例は、両者が築いてきた良好な関係の歴史といえるだろう。

　5-3-1項で見たように、語学は数ある教育分野の中でもテクノロジーをうまく飼いならし、その恩恵を最も受けてきた分野のひとつである。中でも学習者人口の多い英語はテクノロジーを貪欲に活用してきた語種だ。ところが、Felten, Raj and Seamans（2023, p.17）によると、AIの影響を受ける可能性を職業ごとに数値化したランキングにおいて英語教師は第2位であり、第3位は外国語教師とされている。語学教師だけではない。歴史教師（4位）、法学教師（5位）、哲学・宗教学教師（6位）、社会学教師（7位）など、上位15の職業のうち実に14が人文系の教師や研究者を含んでいるのだ。

　2022年11月30日にChatGPT（バージョン3.5）[7]が公開されるや否や世界中で一種のパニックが起き、各国の大学が生成AIへの対応や声明を次々に発表するという異例の事態となった。立命館大学も2023年4月25日に声明を出し、原則として積極的に活用する方針を明らかにした（立命館大学教学部, 2023）。

今度ばかりは、生成AIという手のつけられない猛犬に教育は嚙み殺されてしまうのだろうか？

　結論を先に述べると、決してそんなことは起こらないと断言できる。これまでのテクノロジーと同様に、生成AIは教師と学習者の双方に高度な便益を提供し、教育はますます高度化していくだろう。そして、これもまた歴史が教えるように、新たなテクノロジーを使いこなせる人間と使いこなせない人間との間には決定的な差が生まれるだろう。

　PEPではすでにAIベースのテクノロジーが活用されつつある。前節で論じた新しい4技能とAIの結びつきを例に見てみよう。

5-4-2. リサーチ× AI

　リサーチはAIの威力が最も発揮されるスキルだろう。その代表的な例が機械翻訳だ。

　2022年度、R2030を推進する学内競争予算「教育DXピッチ」に採択されたPEPは、株式会社みらい翻訳が提供する機械翻訳サービス「Mirai Translator」[8]をPEP導入4学部の全学生を対象に導入した[9]。これまでPEPでは機械翻訳の使用を明確に禁止しておらず、むしろ筆者を含む一部のPEP教員は合理的な教育利用の可能性を模索していた。

　5-3-2項で述べたように、PEPでは機械翻訳をリサーチのためのツールとして捉えている。ただし、それは日本語を労せず英訳できるというだけの意味ではない。ウェブ検索のスキルに一定のリテラシーが求められるのと同じように、機械翻訳を用いて意図どおりの英文を産出するには基本的な仕組みと使い方を理解する必要がある。

　Mirai TranslatorやGoogle翻訳、DeepLなど現在の代表的な機械翻訳サービスのほとんどは、深層学習に基づくニューラル機械翻訳（neural machine translation: NMT）という方式を採っている。その仕組みに加え、プリエディット、ポストエデ

ィットという翻訳の基本的なノウハウを理解することが精度の高い英文を産出するためには不可欠だ。

　Mirai Translatorを授業に導入するにあたり、PEPでは機械翻訳研究の第一人者である山田優教授（当時の所属は関西大学、現在は立教大学）に監修を依頼し、活用方法をまとめた動画教材を作成した（**図7**）[10]。また、山田教授が理事を務めるアジア太平洋機械翻訳協会（AAMT）の発行するMTユーザ・ガイドをPEP教員間で共有した[11]。さらに、PEP授業の教材サイトである「PEP Navi」に機械翻訳のガイダンス用ページを新設し、前述の動画教材などを掲載した[12]。

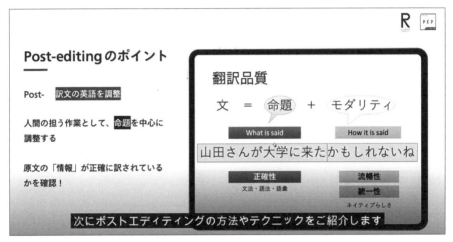

［**図7**］ニューラル機械翻訳（NMT）の仕組みと使い方を解説した動画教材

　Mirai Translatorの導入で授業がどう変わったかは5-4-5項で詳しく報告する。

5-4-3. オーサリング×AI

　機械翻訳で産出された英文や英語表現のテキストをどのように配置するかといった編集に関わる部分は、オーサリングの領域に属する。たとえば単語数や表示領域などに制限や条件がある場合、条件に適合する英文を選び整形するといった作業の際には機械翻訳と編集中のファイルの間を何度も往復することになる。

オーサリングとAIのさらなる可能性として、立命館グローバル・イノベーション研究機構 (R-GIRO) の研究プロジェクト[13] の一環として開発されているウェブアプリ「Transable (トランサブル)」がある[14]。筆者らPEP教員も開発に加わっているTransableは、DeepL[15]、Grammerly[16]、ChatGPTという3つのAIツールのAPI (application programming interface; サービスの一部を外部から使えるようにする機能) を組み合わせたもので、英語教育に関わる数多くの新規性を持つ機能が搭載されている[17]。Transableの開発背景や機能の詳細については第2章や第6章を参考にしていただくとして、ここではオーサリングのスキルに関わる機能に絞って紹介したい。

図8は、TransableでBETA-2として提供されている機能のスクリーンショットである（2023年8月現在）。左のテキストエリアに英訳したい日本語を入力すると、DeepLのAPIによる英訳が中央のエリアに表示される。その下部のドロップリストには、産出された英文を対象としたコマンドが複数用意されている。コマンドを選択し「ChatGPTで尋ねる」ボタンを押すと、ChatGPTからの回答が右端のテキストエリアに表示される（図では「英訳と解説」を選択）。

［図8］Transableによる日英翻訳と解説

コマンドには、ほかにも「英訳と基本5文型の分析」「他の言い回しは?」「英文の修正はありますか?」などがある。この機能を用いることで学習者は教師がいなくても和文英作文に取り組むことができるため、教師は教室の授業でプロジェクトの進め方へのアドバイスや内容に関するフィードバックを与えることに、より多くの時間と労力を傾けることができると期待される。

さらにPEPでは、Transableの新機能として英文エッセイの評価機能をベータ版として搭載し、現在実験中である。主要なライティングテストやルーブリック（rubric: 評価指標の一種で、評価観点と学習者の到達度をマトリクス化したもの）をプロンプトとしてChatGPT APIに組み込むことで、教師に代わってライティングの出来栄えを判定するというものだ。これにより、たとえば教師に提出する前にTransableで一定以上の評価が出るまで推敲するように指示するなど、新たなライティング指導の道が開ける可能性がある[18]。

　重要なことは、最終的な判定は人間が行い、それまでのプロセスにAIを活用するという原則だ。これは前述のリサーチにおける機械翻訳でも同じことであり、次に述べるコラボレーションにも通じる。

5-4-4. コラボレーション×AI

　教師が学習者の提出した課題へのフィードバックを行うことや学習者間でレビューを行う活動はコラボレーションの一環と考えられるが、ここではまず、生成AIによって出力された文章の検知について述べたい。

　PEPでは2022年度からフィードバックのプラットフォームとして「Turnitin Feedback Studio」（以下、Turnitin）を利用している[19]。Turnitinは世界の教育機関で広く導入されているウェブサービスであり、剽窃チェックのための類似性検出やスペルや英文法チェック、相互レビューなどの機能を備えているが、2023年4月よりAIライティング検知機能が追加された（**図9**）。

　ChatGPT 3.5のリリース以降、Turnitin以外にも「GPTZero」[20]などAIが生成したテキストを検出するサービスや機能が次々にリリースされている。しかしながら、ここまでテクノロジーを称揚してきた筆者ではあるが、こうした検出サービスには過大な期待を寄せるべきではないと考えている。

　詳しい解説は他に譲るが[21]、ChatGPTなどの生成AIは「次にどういう表現が来る可能性が高いか」を膨大なデータに基づいて予測し文章として出力する。検

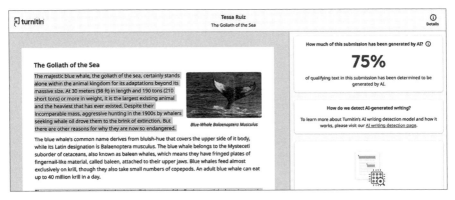

［図9］Turnitin の AI ライティング検知機能（同社のウェブサイトより）

出ツールはこの予測に近い文章を生成 AI によるものと判断するため、シンプルな表現に偏りがちな非母語話者の書いたものほど誤判定を受けやすいという報告もある（Liang et al., 2023）。さらには、こうした検出を避けるための"人間らしい"文章を生成する AI サービスがリリースされるなど、事態はすでにイタチごっこの様相を呈している。

　その文章が AI の生成したものかどうか、適切なプロセスを経るならば、究極的には問題ではない。実際、業務の効率化・高度化を目的とした AI による文章作成の導入は国内の企業や大学ですでに始まっている[22]。「適切なプロセス」とは、ここまで繰り返し述べてきたとおり、要所要所での判断を人間が行うという原則だ。その「判断」をどのような基準で、どれくらいの頻度で、どのタイミングで行い、どう評価に結びつけるか、それがこれからの教育が取り組む課題だろう。

　Turnitin の導入により、PEP では学生の提出課題に対するフィードバックの充実を図り、その成果を報告した（Yamashita et al., 2023）。フィードバックの質が受講満足度に大きく影響することは、コロナ禍に立命館大学が実施した全学的な調査で確認された点でもある（立命館大学教育開発推進機構, 2021）。AI が書いたかどうかの検出に血道を上げるよりも、AI の力を借りてもよいので学生がプロジェクトを進めることを奨励し、教員のフィードバック作業の負担はシステム（Turnitin）

で軽減する、これがPEPの方針である。なお、Turnitinは2023年度秋学期より全学導入されたことを付言しておく。

これまでコラボレーションは教師と学生、学生と学生といった人間間で行われてきたが、今後はAIという新たなパートナーを加えた設計が必要になるのである。

5-4-5. アウトプット×AI

AIを組み込んだアウトプットとして、ここでは機械翻訳以外の事例を紹介したい。

PEPでは2023年度よりAIによる発音矯正サービス「ELSA Speak」[23]を導入し、口頭発表時の発音や自信、学習態度に関わる研究を始めている（近藤・阪上・木村, 2023）。さらにELSA Speakは生成AIに基づくリアルタイムの音声英会話機能「ELSA Voice」を一部顧客向けにベータリリースした[24]。同種のAI会話機能は多くの語学系アプリが発表しており、アウトプットのAIトレーニングは新しい選択肢として定着する可能性がある。

さらに近年では、母語での発話を機械翻訳によりリアルタイムで外国語に翻訳するテクノロジーが報告されており[25]、こうしたサービスが実用段階を迎え普及に至れば、アウトプットに関わる新たなリテラシー要素としてCILL型授業に組み込む合理性が生まれると考えられる。

5-4-6. 機械翻訳で授業はどう変わったか？

本節の最後に、PEP授業を担当する一教員の主観からMirai Translatorの導入で授業に起きた変化を述べる。

前述のようにPEPではこれまで機械翻訳の使用を明示的に禁止してこなかったが、それでも学生の間にはどこか機械翻訳を使うことへの後ろめたさがあったように感じる。しかしながら、Mirai TranslatorをPEP授業に正式に導入することがアナウンスされると、こうしたネガティブな雰囲気はかなり低減した。教員も学生と同様に機械翻訳の活用に関しては手探りの状態であり、互いに力を合わせてよりよい

活用法を見いだしたいという力学が生まれたのではないだろうか。実際、PEPではそうした力学に基づいて教育実践を研究に結びつけており、近藤ほか（2023）のような研究成果につながっている。

　機械翻訳の活用というと和文英訳のような産出タスクに注目が集まりがちで、事実、筆者の授業でも機械翻訳の導入により基本的な文法ミスやスペルミスは劇的に減った。その分、教師はプロジェクトの内容や方向性に関する助言やフィードバックにより多くのエフォートを注ぐことができるようになった。

　その一方で、英語ドキュメントを日本語に訳して読むという受容タスクにも機械翻訳は大きな効果があると思われる。このことを示す顕著な変化のひとつとして、学生がプロジェクトの論拠や資料として収集する英語の論文や新聞記事などのクオリティが上がったことが挙げられる。以前は日本語のまとめサイトなど信頼性の低いソースを使わないよう何度も繰り返し注意していたが、筆者が2022年度秋学期に担当した3つの授業（1〜3回生）では、学生たちがMirai Translatorを用いて信頼性の高い論文や公的機関の英文ドキュメントを参考文献に挙げてくる事例が急増した。

　産出と受容に機械翻訳を用いることによる英語力低下が懸念されたが、Mirai Translatorを導入して以降もTOEIC IPテスト（Listening & Reading）のスコアに大き

［**表4**］TOEIC IPテスト（Listening & Reading）のスコアの変化

	学部・学科	入学時 1回生 春	1回生 夏 (6月[7月])	1回生 冬	2回生 夏 (6月[7月])	2回生 冬	3回生 夏 (6月[7月])	3回生 冬	初回と最終回の比較
2021年度 (オンライン)	生命科学部全体	451.8		497.5	499.5	517.1	562.5		110.7 点上昇
	応用化学科	446.6		491.6	497.5	525.1	565.0		118.4 点上昇
	生物工学科	472.1		509.4	525.6	525.8	569.1		97.0 点上昇
	生命情報学科	424.2		464.2	469.7	469.9	531.8		107.6 点上昇
	生命医科学科	471.2		532.8	508.9	547.7	583.5		112.3 点上昇
	薬学部全体	486.8		517.0	522.1	548.5	548.4		61.6 点上昇
	薬学科	493.1		514.7	510.0	552.1	548.5		55.4 点上昇
	創薬科学科	475.2		521.1	543.3	542.6	548.4		73.2 点上昇
2020年度 (オンライン)	生命科学部全体		504.4	502.3	516.8	533.1	525.3	558.1	20.9 点上昇
	応用化学科		479.0	488.1	491.9	512.7	512.0	557.3	78.3 点上昇
	生物工学科		544.1	503.8	545.9	553.7	538.5	574.9	30.8 点上昇
	生命情報学科		507.0	522.2	532.3	545.4	528.9	541.5	21.8 点上昇
	生命医科学科		492.8	502.3	499.4	524.5	525.4	559.1	66.4 点上昇
	薬学部全体		516.4	511.7	511.8	542.4	531.0	508.2	-8.2 点下降
	薬学科		521.1	513.6	522.6	546.2	525.4	487.6	-36.6 点下降
	創薬科学科		500.4	508.0	491.1	535.1	541.4	571.7	71.2 点上昇
2019年度	生命科学部全体	403.3	448.3	450.6	495.5	485.1	521.7	523.4	120.1 点上昇
	応用化学科	393.8	444.3	452.5	466.1	472.8	500.7	502.1	108.3 点上昇
	生物工学科	415.9	454.4	446.9	512.7	488.5	526.5	518.3	102.4 点上昇
	生命情報学科	379.9	415.3	425.0	482.9	486.2	530.4	537.4	157.5 点上昇
	生命医科学科	424.3	478.8	478.8	536.8	499.5	543.1	553.8	129.5 点上昇
	薬学部全体	413.8	467.0	469.3	514.9	504.3	538.2	529.9	116.1 点上昇
	薬学科	437.6	491.0	487.9	542.6	531.0	559.0	534.5	96.9 点上昇
	創薬科学科	380.5	434.4	444.4	473.9	467.6	511.9	522.8	142.1 点上昇

な変化は見られず、1〜3回生ともにむしろ過年度と同様の伸びを見せている（**表4**）。

　冒頭で述べたように、こうした先進的なAIテクノロジーをPEPのような大学の英語教育が柔軟に取り込めるのは英語がほとんどの日本の大学生にとって既習言語だからである。また、上記で示した生命科学部・薬学部の学生の入学時点または直後のスコアは15年間右肩上がりを続けている。

　PEPの授業を10年以上担当する一教員の肌感覚としても、日本の大学生の英語スキルの初期値は上がり続けていると思われる。何かと批判も多い日本の英語教育だが、少なくとも筆者はPEPに来る学生たちにこれまで英語を教えてくださった学校・塾・予備校の教師の方々に感謝し続けている。だからこそ、大学の英語教育には何ができるのかをPEPは常に問い続けているのだ。

5-5. おわりに

　最後に、これまでの議論をまとめ、今後の展望と課題を述べる。

　日本の大学では長らく英語教育の目的や意義が「教養」のためか、「実用」のためか、というパラダイムで論じられてきたが、5-2節および5-3節で論じたように、PEPに代表されるCILLは「汎用」という新たな極を提示したといえよう。コンピューターが一部の人間だけが扱える特別な機器ではなくパソコンやスマートフォンという汎用的な道具として人々の手に渡ったように、英語も汎用的なツールとして捉えるのがCILLの基本的な哲学である。5-4節で見たように、言語に関わるAIテクノロジーが誰でも利用できるサービスとして広がる今こそ、大学の語学教育はその役割を根本的に見直す契機なのではないだろうか。

　ChatGPTを組み込んだTransableのリリース直後からPEPには大きな反響が寄せられ、本書の筆者らはメディアの取材対応に追われることになった[26]。メディア以外にも全国の多くの大学関係者からヒアリングの依頼があり、その多くは教育DX（デジタルトランスフォーメーション）や英語教育改革に関わるものであった。以下で述べる展望と課題は、こうした対応の中で筆者が繰り返し述べてきたこと

の再録である。

まず展望として、本学を含め全国の大学でPEPのようなCILL型英語教育が採用され実践されていくと思われる。18歳人口の減少にともない大学の生き残りが喫緊の課題となっている現在、「選ばれる大学」となるためのアピール要素として英語教育は重要な役割を担っている。関西でもすでに多くの大学が特徴ある英語プログラムを打ち出しているが、探究型学習を経験してきた世代が入学してくる2025年度以降、プロジェクト型学習や探究教育と親和性の高いCILLを採用する大学は少なくないだろう。教育DXという文脈もこの流れを後押しすると思われる。

ただし、CILLを実践するには課題も多い。それは主に予算と人的資源という2種類に大別される。

まず予算についてだが、何か新しいサービスやソフトを学部全体のように大規模に導入するには当然ながら予算が必要となる。2022年度から2023年度にかけてPEPが数々のウェブサービスやツールを次々に導入・開発できたのは、前述のとおり、学内競争予算獲得に拠るところが大きい。これ以前にもPEPは複数の学内競争予算に採択されてきたほか、教員の多くが科研費など学外の競争予算にも積極的に申請している。2022年度からはR-GIROのように異分野の研究者らとのプロジェクトにも参加し予算配分を受けられるようになった。

こうした体制を構築するには、次の課題である人的資源が大きく関わる。

大学教員は教員であると同時に研究者でもあり、多くの場合ひとりひとり異なる研究テーマを持っている。PEPも例外ではなく、筆者の専門は本章で述べたように英語教育におけるICT活用だが、その他の教員は言語論やライティング、コーパス言語学、神経言語学、言語心理学など多様である。個々人の専門は違えども、共通して取り組むプログラムの充実や改善のためには力を合わせるという伝統的なチームワークがPEPにはある[27]。

英語教員間だけでなく、学部全体や横断的な試みを行う際には各学部の執行部をはじめとする専門科目の教員、事務室との連携も欠かせない。学部所属の英

語専任教員はその教学や研究の充実と発展に努める重要な成員だからである[28]。

　研究者個人として研鑽に励む一方で、チームのメンバーとしてプログラムの充実に努め、時にはチーム全体で力を合わせて予算獲得などのプロジェクトで成果を出す。端的にいえば個人とチームという2つの次元を往還して仕事に取り組む研究者像である。これは自然科学系では一般的に思われるかもしれないが、人文科学系、特に語学ではこれからこそ強く求められる人材になると思われる。

　生成AI以上のインパクトを持つ、まだ見ぬ驚くべきテクノロジーが今後も登場するだろう。その都度、教育や教師という職業が脅かされると喧伝されるだろうが、決してそんなことは起こらないと断言しよう。どちらも新しいテクノロジーを取り込み、今後も必要とされるだろう。起こるのは、対応できない人間や組織や制度が取り残され、見限られ、衰亡する、ただそれだけのことである。

注

[1] **p.105** R2030については https://www.ritsumei.ac.jp/features/r2030/ を参照。

[2] **p.105** PEPの授業について詳しくは山中ほか（2021）およびPEPのウェブサイト http://pep-rg.jp/ を参照。

[3] **p.106** PEP Naviについては https://navi.pep-rg.jp/ を参照。

[4] **p.106** 優秀プロジェクトの発表動画やペーパーなどは毎年『The PEP Journal』として編集し、印刷配布およびウェブ上（https://journal.pep-rg.jp/）で一般公開されている。

[5] **p.110** Warschauerの分類への批判については山中ほか（2021, pp.151–153）を参照。

[6] **p.114** AIが研究や話題の対象として盛り上がった時期はこれまでにも複数回あった。第1次は1950年代半ば〜1974年前後、第2次は1980年〜1990年代半ばであり、現在は2000年前後から続く第3次AIブームであるとされる（総務省, 2016）。

[7] **p.114** ChatGPTについては https://chat.openai.com/ を参照。

[8] **p.115** Mirai Translatorについては https://miraitranslate.com/service/miraitranslator/ を参照。

[9] **p.115** PEPのMirai Translator導入については立命館大学の2022年10月3日付のプレスリリース「大学の英語授業にAI自動翻訳サービスを試験導入　学生・院生約5,000人を対象に、翻訳ツールを用いて新しい英語教育の可能性を検証」（https://www.ritsumei.ac.jp/profile/pressrelease_detail/?id=719）を参照。

[10] **p.116** PEPによる動画教材「英語学習のパートナーとしての機械翻訳」については https://www.youtube.com/watch?v=YQDm8qLpIzc を参照。

[11] **p.116** MTユーザーガイドについては https://www.aamt.info/act/MTuserguide を参照。

[12] **p.116** PEP Navi内のNMTガイダンスについては https://navi.pep-rg.jp/ict-tips/miraitranslate を参照。

[13] **p.117** R-GIRO「記号創発システム科学創成：実世界人工知能と次世代共生社会の学術融合研究拠点」については https://www.ritsumei.ac.jp/rgiro/project/fourth/taniguchi/ を参照。

[14] **p.117** Transableについては https://transable.net/ を参照。

[15] **p.117** DeepLについては https://www.deepl.com/ja/translator を参照。

[16] **p.117** Grammerly については https://www.grammarly.com/ を参照。

[17] **p.117** PEP の Transable 導入については立命館大学の2023年3月31日付のプレスリリース「大学の英語授業に機械翻訳とChatGPTを組み合わせたサービスを試験導入」(https://www.ritsumei.ac.jp/news/detail/?id=3103) を参照。

[18] **p.118** 本書の主目的ではないため注記にとどめるが、生成AIは誤字・脱字のチェックという文章校正にも利用できる。特に日本語の校正としてWord以外の選択肢をもたらしたという点で画期的である。

[19] **p.118** Turnitin については https://www.turnitin.com/ja を参照。

[20] **p.118** GPTZero については https://gptzero.me/ を参照。

[21] **p.118** 岡野原 (2023) は大規模言語モデルと深層学習が文章を生成する仕組みについて簡潔にまとめている。

[22] **p.119** 国内企業では日清食品HDが2023年4月に「NISSIN-GPT」の導入を発表した。また、大学では東北大学が同年5月にChatGPTの導入を発表、立命館大学も同年8月に独自の生成AIの開発を発表した。

[23] **p.120** ELSA Speak については https://elsaspeak.com/ja/ を参照。

[24] **p.120** ELSA Voice の詳細は同社が2023年4月4日にウェブにアップした「Introducing ELSA Voice AI Tutor featuring generative AI」(https://blog.elsaspeak.com/en/elsa-voice-ai-tutor-generative-ai/) を参照。

[25] **p.120** リアルタイム音声翻訳の一例として、Meta 社の Universal Speech Translator プロジェクト (https://ai.meta.com/blog/teaching-ai-to-translate-100s-of-spoken-and-written-languages-in-real-time) がある。

[26] **p.122** Transable の取材記事やメディア露出については前述の R-GIRO の報告書でまとめられる予定なので、そちらを参照されたい。

[27] **p.123** 教員間チームワークの強化と効率化のため、PEP では独自に Google Workspace for Education を契約し、有料版 Slack を教育プランで導入している。

[28] **p.124** 薬学部の大学院である薬学研究科では、大学院生が取り組む研究内容をプロジェクトのコンテンツとして捉え、国際学会を想定した英語による発信や表現を磨くという大学院授業を英語教員が担当するといった事例も存在する (近藤, 2022)。

参考文献

Felten, E., Raj, M. and Seamans, R. (2023). How Will Language Modelers like ChatGPT Affect Occupations and Industries? https://arxiv.org/pdf/2303.01157.pdf

木村修平 (2020)「CALL から CILL へ：SFC 英語から生まれたプロジェクト発信型英語プログラムを例に」『KEIO SFC JOURNAL』19(2), 208-226

木村修平 (2022)「プロジェクト発信型英語プログラムが見出す新たな4技能―次世代研究大学の基盤としての英語教育―」『大学教育と情報』176, 29-32 https://www.juce.jp/LINK/journal/2202/03_01.html

木村修平 (2024a)「AI時代の英語教育を考える―機械翻訳などを正課授業に導入してみて―」『e-Learning 教育研究』18, 出版準備中

木村修平 (2024b)「AIは大学教育を不要にするのか？―英語教育に見るテクノロジーの役割変化から考える―」『立命館高等教育』24, 出版準備中

近藤雪絵 (2022)「大学院におけるメディアを活用した英語発信力育成の一考察：R2030と新時代を見据えて」『立命館高等教育研究』22, 55-68

近藤雪絵・木村修平・坂場大道・豊島知穂・中南美穂・山下美朋・山中司 (2023)「AI機械翻訳の英語正課授業への大規模導入とその課題―英語発信力向上のための機械翻訳活用にむけて―」『CIEC春季カンファレンス論文集』14, 41-44

近藤雪絵・阪上潤・木村修平 (2023)「大学英語教育における発音矯正アプリ『ELSA Speak』の導入と学生の意識調査」LET（外国語教育メディア学会）第62回全国研究大会, 口頭発表, 2023年8月8日

Liang, W., Yuksekgonul, M., Mao, Y., Wu, E. and Zou, J. (2023). GPT Detectors Are Biased against Non-native English Writers. https://arxiv.org/pdf/2304.02819.pdf

Mahendra College of Engineering (no date). Language Lab. https://www.mahendracollege.com/language_lab. php?activities&language_lab (Accessed 30/8/2023)

McCarthy, J., Minsky, M. L., Rochester, N. and Shannon, C. E. (2006). A Proposal for the Dartmouth Summer Research Project on Artificial Intelligence, August 31, 1955. *AI Magazine*, 27(4), 12.

岡野原大輔 (2023)『大規模言語モデルは新たな知能か：ChatGPTが変えた世界』岩波書店

立命館大学教学部 (2023)「生成AI (人工知能) の利用にあたって」https://www.ritsumei.ac.jp/news/detail/?id=3153

立命館大学教育開発推進機構 (2021)『学びと成長レポート』第2特別号 https://www.ritsumei.ac.jp/file. jsp?id=495194

総務省 (2016)「第4章 ICTの進化と未来の仕事」『平成28年度版情報通信白書』p.235

Turing, A. M. (1995). Lecture to the London Mathematical Society on 20 February 1947. *MD Computing*, 12, 390–390

Warschauer, Mark. (2000). Language Teaching in the Information Technology Society. *TESOL Quarterly*, 34(3), 134–141.

山中司・木村修平・山下美朋・近藤雪絵 (2021)『プロジェクト発信型英語プログラム：自分軸を鍛える「教えない」教育』北大路書房

Yamashita, M., Kondo, Y., Yamanaka, T. and Kimura, S. (2023). Pedagogical Impacts of Automated Writing Evaluation System on Both Students and Teachers in English Learning Environments in Japan [Oral presentation]. 20th AILA World Congress. 2023-07-21. Lyon, France.

Part II

機械翻訳や生成AIの上手な英語学習への活用の仕方

最新の取り組みが示唆するいくつかの視点

06

機械翻訳の英語学習的使い方と ChatGPTへの展開

山中　司 ［立命館大学生命科学部生物工学科教授］

杉山滉平 ［立命館大学大学院理工学研究科博士課程］

6-1. はじめに

　PART II 以降は、機械翻訳や生成 AI などのテクノロジーを現実的にどう生かすかという点について、より具体的な詳細を検討することにフォーカスしたい。まずは本章の前半を使って、その前提について少し議論しておきたい。

　現在、教育分野における機械翻訳や生成 AI の使用に関して、賛否両論拮抗しているように思われる。産業界やパブリックセクターでは比較的導入に前向きな声も多い中、教育における活用については二の足を踏む現場も少なくないようである。2023 年前半のニュースを振り返っても、一部の大学における否定的な反応[1]や、小中学校における読書感想文コンクールにおける生成 AI の活用の禁止[2]などはその最たる例であると思われる。そこでなぜこうした現象が生じてしまうのかについて、その背景も含め少し議論しておきたい。

　第 1 章でも指摘したとおり、AI テクノロジーを教育分野で活用することにおいて、一般のビジネスなどとは異なって一癖あるのが、単に最終的なアウトプットの質が高まればそれで終わりなのではなく、AI を使わなかった場合に比べて、それを使用した個人の自力での能力が何らか向上すること、つまり、一定の教育効果がなければ期待に沿うものとはならないということがある。そしてその効果とは、単に

使い方を覚えるであるとか、最新の使用法を学んだといった、マニュアル的、ノウハウ的な表面上の知識の習得ではなく、たとえば英語であれば自力の（機械翻訳などに頼らない）英語力の向上が見られるといったような、より本質的な教育効果こそ期待されている。

　ある意味これは当然で、教育機関なのであるから、教育がなされなければならない。つまり学習者の能力が育たなければならない。だからこそ、AIツールを活用することで、個々人が持つ能力がこれまで以上に伸びなければ、わざわざ導入する必要はないのである。それに単に知識や実技を学びたいだけなら、専門学校の方がよほど効率的で体系的なカリキュラムを組んでくれるし、高校や大学の教員全員が、そうした最新の知識のアップデートに常に対応できているかといえば全くそんなことはない。餅は餅屋に任せた方がよいことはいうまでもないのである。

　教育においてAIを活用する際、固有に生じる難点として大きく2つあるように思われる。ひとつは、先行事例に乏しいことである。AIを教育に活用し、それを実証的に論じた研究は世界的に少なく、これから徐々に増えていくことは間違いないにせよ、一定の評価が定まるまでかなりの時間を要するだろう。筆者らの実践は、そんな中でのいわば「フライング事例」であり、むしろ自分たちが率先してたたき台となることを覚悟しての取り組みである。すでに一定の手応えは感じているものの、筆者らの実践はあくまで大学英語教育を中心とするものであり、これが直ちに中学や高校でもそのまま使えるかといったらそれは分からない。だからこそ筆者らは、批判を恐れず、その批判の矢面に立つ覚悟で今後も事例を重ね、実証を継続する予定である。本書で示した様々な結果は、あくまで現時点での報告であり、それはまだ始まったばかりであるとともに、ごく一部分しか実践も検証もできていない。

　もうひとつは、AIを使って「ズル」をする使い方をした場合、それは教育的には何の意味もなく、むしろ悪影響が出る点である。実に当たり前で誰にも分かりやすい点であると思われるが、実はここがAIにおける教育活用のネックになっていると考えており、少々議論してみたい。

英語教育の事例で考えてみよう。たとえば英作文の宿題が出たとして、英語学習に何のモチベーションも湧かず、ただ単位さえ取れればよい学生は、これ見よがしに機械翻訳やChatGPTを右から左に使って課題を終わらせるであろう。課題は瞬時に終わり、自力で挑戦するよりもはるかに完成度の高い内容を提出することができる。英文の難易度の調整もChatGPTに頼めば朝飯前で、そこそこのレベル、たとえばCEFR B1レベルぐらいで書いてと頼めば悪目立ちもしない。以前とは異なり、機械翻訳やChatGPTで書いたのかどうかを英語の教員が的確に見分けることは実質不可能であり、ChatGPTの使用の有無を見分けるサービスもあるにはあるが、技術的にはイタチごっこで、100％信頼できるわけではない。仮に「AI使って課題やっただろ」と教員に詰め寄られても、「自分で一生懸命やりました。そんな言いがかりはアカデミックハラスメントとして訴えますよ」と言い返してやれば教員もイチコロである。AIテクノロジーはこうしたズルをも、いとも簡単に支援してくれる。

　こうしたズルは、今もおそらく日本各地、世界各地で頻発していることだろう。とんでもないことをAIがするようになってしまったと頭を抱えている教員も少なからずいるのかもしれない。そして予想される帰結は、AIに対する極端にネガティブな価値づけであり、その先にある「使用禁止」というルール制定である。こうした動きに一定の理解はできるものの、そうすることによって失われている機会とは、AIの可能性を最大限引き出した学習的・教育的な使い方による学習者自身が持つ能力の成長であり、第1章で議論したようなAIによる革命的変化がもたらす恩恵を一切受けられないという残念な結果である。

　現場レベルでの話を加えれば、事態はより一層深刻である。ズルするAIの使い方はどうしても目立ち、時にあたかもそれがAIの標準的な使い方であるかのような錯覚さえ人々に抱かせる。大学の教育現場ではその典型がレポート課題であり、ズルしてレポートを作成する学生が大量発生することに大学は手をこまねいている。そうなると次に被害を受けるのが、AIを正しく利活用している学生への影響である。

AIは、時に人間を軽く凌駕する出力性能を誇るゆえにそこから学ぶことが可能で、個別最適化されたAIによる学習環境は新たな教育の可能性を準備してくれている。そうした学習者は、全く善意でAIを活用しようと考えるが、悪ノリする学生たちによって一緒くたに扱われてしまうリスクを孕む。「どうせズルするために使っているんだろ」「労力を惜しんだな」と色眼鏡で見られてしまうことで、真面目にAIを活用して学習しようとする彼らのモチベーションが削がれ、あたかも「申し訳なさそうに」、そして「コソコソ」AIを使うようになってしまうのである。筆者らからすれば、こうした罪悪感を抱きながらのAI活用は認識違いも甚だしいと思うが、しかしこれが、現在進行形で教育現場に発生している紛れもない実態の一側面である。

　今なおこうして悪役としてたたかれかねないAI活用であるが、少し考えてみれば分かるように、悪いのはAIではない。もっといえば学習者に責められるいわれはない。問題はそうした教育しか提供できない教員の側にあり、やりたくもない学習を無理強いさせているカリキュラムや制度の方にある。くしくもAIは、これまで何となく「臭い物にふたをしてきた」厄介な問題を、徹底的に明るみに出してくれたともいえるのである。

　宿題を友達にさせたり、親御さんが手伝ったり、インターネット上にあるものを巧妙に加工して自分のものとする「ズル」はこれまでも無数にあったはずで、そうした経験のひとつやふたつは誰しもが持っているだろう。昨今のAIはそれを廉価に、極限まで合理化したに過ぎず、構図そのものは決して変わっていないのである。どうでもよい課題や学習内容ならば、学習者が最低限の労力でそれをこなそうとすることは実に理に適った行為であり、ある種の必然性すら感じられる。つまり、非がAIにあるのではない。実際、筆者らの英語教育の実践では、学習者らがグループで長い時間かけて取り組んだプロジェクトの成果を英語で発表する際、ChatGPTを使ってよいといくら指示をしても、多くのグループはその出力結果をそのまま採用することはしなかった。自分たちのアウトプットに誇りや自信、愛着や独自性がある場合、どんな便利なテクノロジーがあったとしても学習者は必ず「使

い分け」をする。詳細はPART IIIにて論じるが、学習者は、すべての課題でクリックするだけのズルをして終わりではないのである。学生たちを、生徒たちを舐めてはいけない。彼らは有意味な学習機会とそうでないものに敏感なだけなのだ。

6-2. 教育的なAIとはどうあるべきか?

お分かりいただけると思うが、筆者らの研究グループは、そして本書は、こうした袋小路に陥っているAIと教育の関係にひとつのポジティブな見方を示し、建設的なAIテクノロジーと教育や学習のあり方を模索したいと考えている。そして、何といってもこれから先にAIによる影響をもろに受け、それでもプラグマティックに、逞しくやっていかなければならない若者、子どもたちの足を引っ張るようなことをしたくないのである。

先に、教育分野におけるAI活用は賛否両論が拮抗していると述べたが、明るい兆しも見えつつある。ひとつの事例を紹介しよう[3]。ChatGPTが世に出て間もない2023年の1月、ニューヨーク市の公立学校は早々と利用禁止を宣言し、この知らせは全米を駆け巡った。事実、バージニア州のフェアファックス郡公立学校やシアトル公立学校、ロサンゼルス統一学区など、他の多くの大規模学区がChatGPTの使用禁止へと動いたのである。当時は筆者も、それは教育の文脈では理解できなくもない保守的な反応だと思った。ところが一転、同年5月にはニューヨーク市がその禁止措置をあっさりと撤回したのだ。政策の失敗は堂々と認め、機動的に方針転換をするアメリカ合衆国はさすがだとも思ったが、その理由として、同市の教育局長は「学生が生成AIを理解することが将来重要になるという現実を見逃していた」と釈明したのである[4]。

つまりポイントはこうである。ChatGPTがもたらす懸念やリスクは今でも完全に払拭されているわけではなく、今後もズルすることへの対応は必要であるし、本来であればすべて自力で行っていたことがChatGPTに置き換わることで生じかねない様々な成長機会の喪失にも依然として対処していかなければならない。その

意味ではChatGPTが教育にもたらす価値について、現時点で定まった見解があるわけではない。だからこそ慎重論が噴出し、ニューヨーク市はいったん禁止したのである。しかしAIの活用については、おそらく誰もが否定できず、どれだけ懐疑的な反対派であってもある程度は同意せざるをえない点がひとつある。それは、これからの若い世代はこうしたAIツールとの共存が不可避となるだろう、という点だ。つまり、ニューヨーク市の子どもたちだけがChatGPTを使いこなすことができないまま社会に送り出され、その利活用の面で大きく遅れを取ることに責任が取れるのかと批判されたら、当局としてはひとたまりもないないのである。軌を同じくして、日本の文部科学省も「大学・高専における生成AIの教学面の取り扱いについて」という周知文書を出し、国としての一定のガイドラインを定めているが、そこでも「生成AIは、今後さらに発展し社会で当たり前に使われるようになることが想定されるという視座に立ち、……（中略）……生成AIを使いこなすという観点を教育活動に取り入れることも考えられる」[5]とはっきり述べている。AIテクノロジーには功罪があるにせよ、教育機関としてそれに全く触れず、スルーしたまま若者を社会に送り出すことは、やはり無責任の誇りを免れないというコンセンサスが形成されつつある。そのような自覚が、教育関係者に芽生え始めているといってもよいかもしれない。これは筆者らの立場からしたら、実に「追い風」である。

　こうした文脈が形成されたのはつい最近であるが、筆者らは2022年9月の時点でこうした世論作りに加担してきた自負がある。同年9月は、筆者らが立命館大学の複数学部において、有料の機械翻訳サービスを無制限に使うことを公式にアナウンスした時である。これは、申し訳なさそうに機械翻訳を学習目的で使う学生たちに向け、教員が積極的に認め、使うことを奨励することで、学生が無意識に持つ機械翻訳に対する負のイメージや価値観を大きく変えることを意図して行った。

　さて、本節の最後に、教育的なAIとはどのようなものかについて、筆者らの議論の結果をお伝えすることで次節以降のソフトウェア開発の報告へとつなげたい。

本章ではこれまで、ビジネスシーンで機械翻訳や生成AIが使えても、それがそのまま教育現場に持ち込めるわけではないことを述べてきた。それは現時点での機械翻訳や生成AIが、教育ツールとしてはいまだ不十分であると考えているからである。すなわち、教育でこれらのAIツールを活用するにはこのままではダメで、少なくともひと工夫加える必要があるというのが筆者らの結論である。具体的に説明しよう。

　代表的な機械翻訳サービスとしてGoogle翻訳やDeepL、みらい翻訳などが挙げられると思うが、どれもユーザーインタフェースは似ている。ChatGPTと、Googleによる生成AIであるBardも似ている。したがって特定のソフトウェアや会社を非難するつもりは全くない。これらは共通して、もともと教育現場で活用されることを第一義として開発したものではないだろうし、その意味では仕方ないのかもしれない。しかし筆者らは、その最大の欠点は、これらが見た目に「答え」を出力しているかのような作りになっていることだと考えている。こうした問題意識を展望的に述べた初めての論文は、筆者らの知る限りUrlaub and Dessein (2022)であると思われるが、ここにも教育的であるためには、AIによる回答が複数通り出てくるようなソフトウェア開発の必要性が議論されている。DeepLもChatGPTも使ってみれば分かるが、出力の結果は決して一通りではない。いくらでも変えることができるし、しっくりくる回答になるまで何度でも手直しが可能で、またそうするべきである。ところが現時点でのインターフェースを見る限り、あたかも入力に対応する「解答」が出力されているように見える。世の中の実態を長年の経験を通して理解している大人ならまだしも、特に子どもや学生であれば、これが唯一無二の答えだと錯覚してしまいかねない。AIが出力する回答は数多存在するパターンのひとつに過ぎず、いくつも存在する回答の中から最終的な選択と判断を行い、責任を持って意思決定するのは人間の側である。本来、この最終決定の過程では、様々に存在する複数の選択肢の中から取捨選択し、時に結合したり編集したりすることで内容そのもののレベルや質を高めていくことが期待されている。これからは人間がゼロか

ら回答を作り上げる代わりに、AIが出した回答のいくつかを比較したり編集したり、吟味したりオリジナリティを付け加えたりするなど、それらの行為やプロセスを通して別の形での学習効果があると筆者らは考えている。これらは、これまでとは全く質の異なる新しい形での学びであると思われ、今後ひとつの方法論として整理されていく可能性がある。筆者らの研究グループはこの可能性を信じており、その確立にも貢献したいと考えている。

それゆえ、AIテクノロジーの教育インターフェースは、学習者に対し、あたかもAIが唯一の正しい答えを教えてくれるかのような錯覚を抱かせるものであってはならない。AIは選択肢を与えてくれることはあっても、それに考えや判断までをも委ねてしまうことは、人間が自律性を放棄し、他律的な存在になってしまうことを意味する。ネオサイバネティクスの考えに従うなら、人が生物システムとして存在する限りにおいて、存在の自律性は生命の最大の拠りどころである。そこまで大げさに述べることでもないかもしれないが、あくまで人が決め、判断し、選ぶなどといった生存や生活のための行為は、これからも尊重されなければいけないし、そのためにもAIによる出力を鵜呑みにしてしまわないための工夫は重要である。その具体的な指摘のひとつが、AIによる回答を複数にし、あくまで人が選択し決定しているという実感を伴った教育を、少なくとも学校教育の段階では施すことが有意義であると思われる。

次節より取り上げる筆者らが開発したウェブアプリケーションは、不完全ではあるかもしれないが、こうした教育的配慮を伴ったものであることを強調して、前置きとしたい。

6-3. 機械翻訳や生成AIを活用した英語教育事例

本節では、機械翻訳や生成AIを用いた、日本人英語学習者のための新しい英語教育手法を紹介する。はじめに機械翻訳と生成AIについて紹介し、続いてこれらを活用した英語教育方法を紹介する。その後、実際に作成したブラウザア

プリとそれを英語授業に導入した結果について述べる。

6-3-1. 機械翻訳と生成AI

ここで改めて機械翻訳と生成AIの紹介をする。

機械翻訳（machine translation）とは、コンピューターやソフトウェアを使用して、ひとつの言語で書かれた文章を別の言語に自動的に変換する技術の総称を指す。AI分野の専門家・有識者には少々語弊のある表現と思われるかもしれないが、本節における機械翻訳とは、与えられた文章を可能な限り同じ意味を維持したまま任意の言語に変換することが得意なAIと考えてよい。機械翻訳を使ったサービスには、たとえばGoogle翻訳やDeepL、みらい翻訳などがある。

一方で、生成AI（generative AI）とは、人間の入力情報を基に、新たな情報やコンテンツを創造的に生成するAIを指す。生成AIを使ったサービスの代表的なものとして、対話型生成AIのChatGPTがある。これは、OpenAI社が開発した、チャット形式でコンテンツを生成するAIである。ChatGPTに取り組んでほしいタスクを指示する文章（プロンプトと呼ばれる）を投げかけると、その指示に対してChatGPTから文章ベースで回答を得ることができる。たとえば、「小説を書いて」や「祝辞を作って」という指示をChatGPTにすると、ユーザーはそれらしい文章を手に入れることができる。

そのほかの生成AIを使ったサービスとして、MusicGen（メタ社が開発した作曲が得意なAIで、人間が指定した曲の雰囲気やテンポを基に作曲する）や、Midjourney（ミッドジャーニー社が開発した作画が得意なAIで、人間が指定した文章を基に絵を描く）がある。

様々なAIが出現していることから分かるように、AIに関する技術の発達は目覚ましい。特に機械翻訳においては高い精度で翻訳が行われるようになってきた。これまでは、日本語と英語の文法が異なり、単語の順番や文の構造に違いが大きいため、意図しない意味を持つ文章に翻訳が出力されることがあった。たとえば、

「ご飯」という単語は英語で「cooked rice」と訳されることが多い。そのため、翻訳精度の低い機械翻訳では、食事をするという意味を持つ「ご飯を食べる」という日本語文を、「eat cooked rice（炊いた米を食べる）」という元々の日本語文の意味と異なる意味の英文を出力することがあった。しかし、高精度翻訳サービスのDeepLやみらい翻訳では、この文章を「eat a meal（食事をする）」と訳す。DeepLはさらにその他の候補文章として「eat dinner（夕食を食べる）」などと、最初に用意した日本語文と近い意味の英文を複数提案してくれる。

　ChatGPTのような対話型生成AIの台頭に関しては、大きく2つの着目すべき点がある。1点目は、ChatGPTの返す文章が非常に自然である点である。ChatGPTは、文法的な誤りがなく、人間が話すような、意味の通った文章を生成できる。2点目は、人間の様々な指示に対して様々な答えを返すことができる点である。ChatGPTに「次の文章を英語に訳してください。ご飯を食べる。」と指示をすると、ChatGPTより「Eating a meal.」という出力結果を得られる。つまり、ChatGPTは高精度の翻訳能力を持っていることが分かる。

6-3-2. AIを活用した英語学習モデル

　高精度機械翻訳と対話型生成AIの登場を受けて提案する、AIを活用した日本人のための学校教育における英語教育モデルを紹介する。

　まず、学校教育における従来の英語教育の学習モデルや関係は次のものである（図1）。

[図1] 従来の英語教育モデル

英語を教える「英語の先生」と、英語を学ぶ「学習者」が存在する。学習者は、英語の先生に質問し、英語の先生からの回答を得る。そして学習者は、その回答から知識のアップデート（学習）を行う。

従来の英語教育モデルは、教科書や参考書に掲載されている内容を中心に、学習者は英語の先生に質問し、不明点を解決することができる。しかし英語を学ぼうとしている学習者にとっては、英語の先生がいる機会にしか質問できないという点が課題である。

従来の英語教育モデルに対して、AIを活用した英語教育モデルは、英語の先生がAIに置き換わったものとなる（**図2**）。すなわち機械翻訳やChatGPTなどのAIとの対話を通して学習を行うことができる。

このモデルは、インターネットとパソコンやスマートフォンなどの電子端末があれば、常に英語の先生がいるような環境となり、学習者は時間や場所を問わずに英語学習ができる。

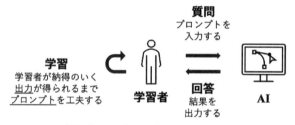

［**図2**］AIを使った英語教育モデル

6-3-3. AIを活用した英語学習モデルを実現するツール

AIを使った英語教育モデルを体験するために、機械翻訳とChatGPTを組み合わせたウェブサービスを筆者の杉山が2023年3月に開発した。開発したウェブサービスはTransable（トランサブル[6]）という。Transableはブラウザ上で動作する英語教育用ツールであり、複数のAPI[7]を活用して様々な機能を持っている。

2023年8月時点で、Transableが利用しているAPIは、DeepL API（DeepL社）、Grammarly API（Grammarly社）、GPT-3.5（OpenAI社）の3つである。ここで、

DeepL APIは、DeepLの精度で文章の翻訳を可能にする。Grammarlyは、入力された英文の校正を行えるようにする。GPT-3.5は、ChatGPTのように、質問すればその質問の回答が得られるようになる。

　Transableの主要な機能を次に紹介する（これらは2023年8月時点の機能だが、利用者からの様々なフィードバックを経て機能の追加や変更が度々発生している）。

a. 翻訳機能

　Transableのひとつ目の主要な機能は、日本語から英語への翻訳と英語から日本語への翻訳が1画面でできる機能である（**図3**）。

　多くの機械翻訳サービスは、ある言語Aから別の言語Bに訳すことができるが、同時に一方向の翻訳のみである。一方でTransableは、1つの画面で、日本語から英語への翻訳に加え、英語から日本語へもう一度翻訳できる（この翻訳操作を逆翻訳という）。これは、機械翻訳が出力した英文が、自分が表現したい意味の文章となっているかを効率的に確認するためである。

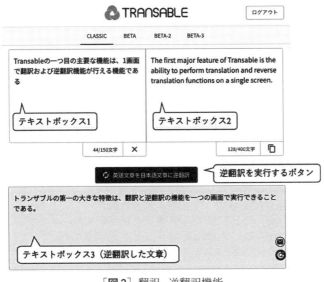

［**図3**］翻訳−逆翻訳機能

この機能の実現のために、画面に3つのテキストボックスがある。便宜上、それぞれを「テキストボックス1」「テキストボックス2」「テキストボックス3」と呼ぶこととし、学習者は次のような使い方をする。

1. 学習者は英語で表現したい日本語文を考え、その日本語文をテキストボックス1に入力する。
2. テキストボックス1に入力された日本語文が自動的に英語に翻訳される。その翻訳結果（英文）はテキストボックス2に出力される。
3. 続けて、テキストボックス2に出力された英文を日本語に逆翻訳する。逆翻訳で得た結果（日本語文）はテキストボックス3に出力される。ただし、この逆翻訳は画面中央の逆翻訳を実行するボタンをクリックすることで行われるものであり、自動的には翻訳されない。
4. 学習者は、テキストボックス1とテキストボックス3の日本語を見比べる。2つの日本語文が同じもしくは近い意味となっているか確認する。

> **Transableの一つ目の大きな機能は、1つの画面で翻訳および逆翻訳機能が行える機能を持っていることだ**
>
> 52/150文字　✕
>
> **The first major feature of Transable is the ability to perform translation and reverse translation functions on a single screen.**
>
> 128/400文字　📋
>
> ↻ 英語文章を日本語文章に逆翻訳
>
> **トランザブルの第一の大きな特徴は、翻訳と逆翻訳の機能を一つの画面で実行できることである。**
>
> 「機能」は英語で「feature」と訳され、
> 「feature」は日本語で「特徴」と訳されている
> 「feature」という単語を使うことが適切なのか、
> そのほかの単語はないのかを調べるきっかけができる

［図4］翻訳−逆翻訳機能を使った学習の仕方

5. 2つの日本語文が同じもしくは近い意味となっていない時は、テキストボックス1の日本語文を、たとえば別の表現にして書き直す。あるいは、テキストボックス2の英文の文章を書き換える（**図4**）。

6. ステップ2から5の作業を繰り返し、2つの日本語文が同じもしくは近い意味となっていることを確認すれば、テキストボックス1の日本語文を英語に翻訳した時の文章がテキストボックス2の文章と分かる[8]。

　1つの画面で翻訳と逆翻訳ができることにより、学習者は、英語に翻訳した文章が最初に入力した日本語文と非常に近い意味を持つ英語になっているか日本語で判断することができる。これにより、学習者は正確性の高い英文を得られるため、他人とコミュニケーションをする時に自信を持ってコミュニケーションを行える。

　なお、図4の例では翻訳と逆翻訳を通して「feature」という単語の使い方について考える機会が生まれている。

b. 簡易質問機能

　Transableのふたつ目の主要な機能は、「簡易質問機能」である（**図5**）。これは、ChatGPTのAPIを使用し、対話形式で質問し回答が得られる機能である。

　ChatGPTは様々な知識を持っているため、幅広く質問することができる。そのため英語学習に関わる質問をすることもできる。その一方で、自由に質問できるがゆえに欲しい回答を得ることが難しいこともある。実際、ChatGPTから欲しい回答を得るために、細かく・丁寧に・段階的に複数の質問をする作業が必要となることがある。そこでTransableは学習者の利便性を高めるために、ボタン1つで回答が得られるように、あらかじめ質問文を用意している。これより学習者は、用意された質問文を選択するという作業だけで、ChatGPTと細かく対話をすることなく瞬時に回答を得られる。実際にTransableで用意している質問は**表1**に示した。

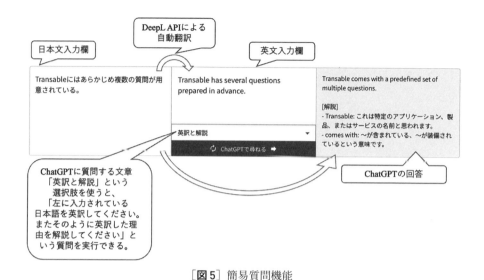

［図5］簡易質問機能

［表1］Transable に用意している質問

用意している質問	ChatGPT から得る回答
英訳と解説	・学習者が用意した日本語文を英語に翻訳した文章 ・その英文に翻訳した理由の解説
英訳と基本5文型の分析	・学習者が用意した日本語文を英語に翻訳した文章 ・その英文の型の解説
他の言い回しは?	・学習者が用意した日本語文を英語に翻訳した文章 ・その英文を別の言い方をした時の3種類の文章
［英文入力時］英文の修正はありますか?	・学習者が英文入力欄に入力した文章が正しい英文かチェックした結果
［英文入力時］他の英語表現はありますか?	・学習者が英文入力欄に入力した英文から他の言い回しをした3種類の英文

　ここで、簡易質問機能について図5を用いて解説する。

　Transable の画面には、図5のような ChatGPT に質問を行う入力欄がある。学習者はその入力欄を使って ChatGPT に質問ができる。

　今回は、学習者が日本語文の英訳とその英訳を行った解説が欲しいものとし、表1の用意されている質問から、「英訳と解説」という質問を選択するものとする。学習者は、一番左側の入力欄に日本語文を入力する。すると、DeepL の翻訳結果が自動的に中央の入力欄に表示される。しかし、今回はそのような英訳にした

理由の解説が欲しいため、中央にある選択肢から「英訳と解説」を選択し、中央下の「ChatGPTで尋ねる」のボタンを押す。

ボタンが押されると、ChatGPTは、学習者が最初に入力した日本語文を英語に翻訳し、そのように翻訳した理由を一番右側の枠に出力する。特にここでは「質問が用意されている」という部分について、DeepLは「has questions prepared」と出力している。一方、ChatGPTは「comes with ~ questions」という英文と、その解説として「come with: 〜が含まれている、〜が装備されている」と回答を出力している。この2種類のAIの回答から、学習者は、自分の表現したい内容はどのような英単語を使うことが適切かと考えるきっかけとなり、新しい言語の表現や文法の理解を深めることができる。

c. エッセイ作成支援と評価機能

Transableのみっつ目の主要な機能は、エッセイ作成支援とその評価機能[9]である。これは、上記の翻訳機能と簡易質問機能を組み合わせたものであり、学習者がAIを活用しながら高品質のエッセイを作成できるように支援する目的の機能である。この機能は、大きく3つのパートから構成される（**図6**）。

第1のパートは、「エッセイを書く」というパートで、ここには英文エッセイを作成するために英語で文章を入力するテキストボックスと、入力されたその英文をDeepL APIによって日本語に翻訳したものが表示されるテキストボックスがある。学習者は英文を入力するテキストボックスでエッセイを作成するが、このテキストボックスには英文を校正するGrammarly APIが組み込まれており、エッセイ作成中にスペルミスや冠詞の書き忘れなどを防ぐことができる。

第2のパートは、「表現を調べる」というパートで、前述した簡易質問機能によりAIに質問ができるようになっている。学習者は、このパートで日本語の文章を英語に翻訳したり、他の表現の文章案を得たりすることができる。すなわち、AIとの対話を通して、文章のクオリティを向上させるためのアドバイスを得られる。

第3のパートは、「評価する」というパートで、完成したエッセイの評価を行う。ここで、学習者が作成したエッセイは様々なルーブリック（rubric; 評価基準）に沿って評価されることになる。これは、ChatGPT に様々なルーブリックを記憶させ、

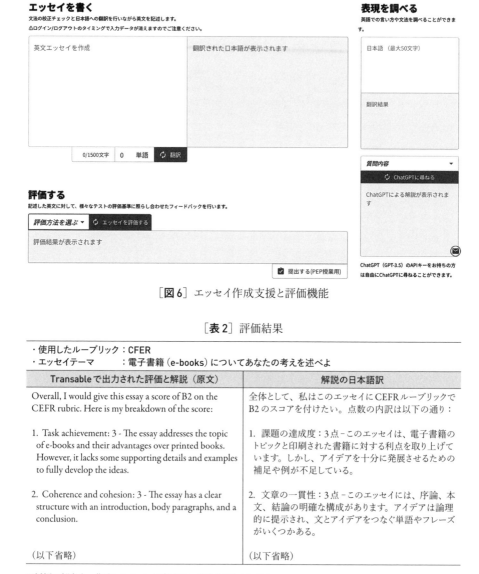

［図6］エッセイ作成支援と評価機能

［表2］評価結果

・使用したルーブリック：CFER
・エッセイテーマ　　　　：電子書籍（e-books）についてあなたの考えを述べよ

Transable で出力された評価と解説（原文）	解説の日本語訳
Overall, I would give this essay a score of B2 on the CEFR rubric. Here is my breakdown of the score:	全体として、私はこのエッセイに CEFR ルーブリックで B2 のスコアを付けたい。点数の内訳は以下の通り：
1. Task achievement: 3 - The essay addresses the topic of e-books and their advantages over printed books. However, it lacks some supporting details and examples to fully develop the ideas.	1. 課題の達成度：3点 - このエッセイは、電子書籍のトピックと印刷された書籍に対する利点を取り上げています。しかし、アイデアを十分に発展させるための補足や例が不足している。
2. Coherence and cohesion: 3 - The essay has a clear structure with an introduction, body paragraphs, and a conclusion.	2. 文章の一貫性：3点 - このエッセイには、序論、本文、結論の明確な構成があります。アイデアは論理的に提示され、文とアイデアをつなぐ単語やフレーズがいくつかある。
（以下省略）	（以下省略）

※紙幅の都合上、作成したエッセイと解説の一部を省略しています。

その内容に従って評価するプロンプト（指示）を用意したことで実現した。2023年8月現在、Transableに実装しているルーブリックはTOEFL iBT、GTEC、CEFR、IELTSの4つである。この評価パートでは、ルーブリックに点数を出力するのみならず、そのような結果となった背景の解説も得られる（表2）。したがって学習者は、評価を受け、改善点を明確にしながら、加えて日英両方の観点から様々な表現を検討しつつ、質の高いエッセイの作成を効率的かつシームレスにできる。

6-3-4. 英語授業への試験導入とその成果

改めてまとめると、2023年8月時点のTransableは、学習者がテキストベースで情報を入力し、AIがテキストベースで情報を出力するシステムである。そのため、TransableはWritingとReadingの学習に有効な手法であろうと考えられる。

そこで、図2で提案したAIを使った英語教育モデルの妥当性や効果を明らかにすることと、WritingとReadingの技能向上の検討とを目標に、2023年4月より、日本の大学の英語授業の中でTransableの試験的な導入を開始した。TransableがWritingとReadingの技能向上に期待できると考えている理由は、人がプログラム言語を学ぶ時の構図のアナロジーとなっているからである（図7）。プログラム言語を勉強しようとしている人は、コンパイラ（プログラムが文法的に正しいかチェックするもの）によって、自らが作成したプログラムコードが文法に則ったプログラムになっているかチェックされる。コンパイルエラーの時には、正しいプログラムの書き方を学び、修正の作業を繰り返す。これがやがて、プログラム言語という外国

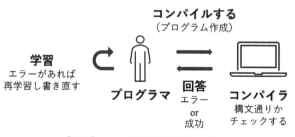

［図7］プログラム言語教育モデル

語の一種を書いたり読めたりできる人（プログラマー）を生み出している。

　複数の先生のご協力の下、立命館大学の一部の学部の英語授業をはじめ、複数の大学の英語授業で試験導入されている。先生によってTransable活用の目的やタイミングが若干異なるが、共通しているのは、学生が表現したい内容を齟齬《そ ご》なく英語で発信するための一手段としてTransableは有効か、英語学習者のための教育ツールとしてTransableは意義のあるものか、といったことを調査する点である。筆者らも、近年の日本人学習者の英語能力が低い課題[10]に対してAIを使った英語教育が有効なものかを調査している。統計的な結果を得るためには長期的な調査が必要であり、まだ十分なデータがそろっていないため、その研究の詳細は省略する。ここでは、Transableを活用しながら英作文を行った時に、その作業が学習者の英語教育に有効なものかどうかを調査した結果を報告する。

[日本人英語学習者へのインタビュー]

　Transableを使用した日本人英語学習者20名にインタビューを行った。なお、対象者は全員、大学入学レベルの英語能力を有している。このインタビューの目的は、Transableを使用して英作文をした時の感想を明らかにすることである。

　インタビューは次の流れで行った。初めに対象者にTransableの使い方を説明し、理解してもらう。その次に、Transableの「簡易質問機能」を使いながら、自由なテーマで10単語程度の短い英作文を数回行ってもらう。その後、対象者に匿名でインタビューを行う。

内容：インタビューの質問文は、「Transableを使用して作文した時のあなたが感じた、メリットとデメリットを教えてください」であった。

結果：インタビュー調査では、対象者からTransableに比較的好意的な感想が得られた。実際のインタビュー結果を整理したものを**表3**に示す。メリットとして、他の表現を表示する機能により自分の知らない単語や表現を知ることができること、日本語による解説機能があるため理解が深まったこと、自分が伝えたいことが正確

に伝えられることなどが挙がった。一方、デメリットとしては、他の日本人に伝わりにくい遠回しな文章を提案されることがあったこと、馴染みのない単語を提案されることがあったことが挙がった。

［**表3**］インタビュー結果

メリット	・他の表現を出力する機能を使うことで、自分の知らない単語や表現を知ることができる ・日本語で書かれた解説を読んだことで、表示されたイディオムへの理解が深まる ・自分が伝えたいことが正確に伝えられる ・自分の語学レベルがどの程度か把握できる
デメリット	・他の日本人に伝わりにくい遠回しな文章を提案された ・馴染みのない単語を提案され、作文に使いにくい

考察：これらの結果は、日本人英語学習者にとって目新しい表現がAIによって常に与えられることから、英語のボキャブラリーの増加や英語による多様な表現力が得られる可能性があることを示唆している。その反面、英語を母国語としない日本人同士で馴染みのない単語を使用することはコミュニケーションを難しくすると予想され、それが新しい単語を使う機会を減らす恐れがあることも示唆された。 なお、Transableを使った英作文ではAIによって様々な表現を知ることができるにしても、その中のどの表現を使うべきかは、相手と自分の英語レベルや前後の文脈などから学習者自身が判断する必要性があるということを、対象者らが暗黙的に理解している様子が見られた。

6-4. 機械翻訳や生成AIを活用した英語教育の展望

先の調査より、AIを活用した教育モデルは学習者の英語による表現の幅を広げる可能性を持っていることが分かった。学習者は、同じ意味の複数の表現を尋ねる質問を通して、様々な単語を知ることができたり、ニュアンスが微妙に異なる文章を得たりすることができる。これはAIが学習者にもたらす効果のひとつだろう。異なる表現を複数個、瞬時に思いつくことは、人間にとっては難しい。たとえば、

日本人が1つの日本語文に対して異なる言い回しを3つ、瞬時に挙げろと言われても、なかなかできるものではない。それは英語ネイティブの先生が英文に対して行っても同じことだろう。

　AIがボキャブラリー豊富なことがコミュニケーションを難しくすることは、AIを活用する時の注意点のひとつであるが、学習者のレベルに合わせて利用可能な単語を制限すればその課題は解決するものと考えられる。たとえば、中学生が高校受験のための英語の勉強の中で活用する時はネイティブでもなかなか使わない表現は出力しないように制限することが好ましいと考え、一方で小説執筆や作詩を行う時はそのような制限を設けることは好ましくないと考えるのが一般的ではないだろうか。このことから、どのような目的のためにAIを英語教育に活用していくのかを明確にしていくことが求められる。

　ところで、複数のAIの活用が教育効果を一層上げる可能性がある。DeepLとChatGPTという複数のAIを活用することで、DeepLの翻訳だけでは表現しきれなかったニュアンスを考慮した翻訳について考えられる機会が生まれていた。あるAIがAという回答を出力し、別のAIがBと出力することで、学習者はそれらの複数の回答を基に、最終的に自分自身で根拠を持って判断する必要性に迫られる。ここに主体的に英語学習を行う機会が生まれている。今後は、たとえばレポートなどで英作文を行った時になぜ自分はその表現をしたのか、作文のプロセスを述べることを主体とした課題を設けることで、表面的ではない英語教育が実現できるものと考えられる。

　そのほか、AIによって個々人に最適化された教育（アダプティブラーニング）が実現する可能性もある。ChatGPTに何でも質問でき、それに応じた回答が得られるということは、どのようなレベルの質問者であってもChatGPTから回答を得られる可能性があるからだ。たとえば現時点のTransableでも、英語の基本5文型の解説という高校生レベルの質問から、作成した英語エッセイに不足している要素の解説という大学レベルの質問まで対応できる。まだまだ改良の余地はあるが、エ

ッセイを書く時に重要な要素やエッセイの書き方をあらかじめ ChatGPT に学習させておけば、学習者のエッセイ作成の経験に応じた解説を挟みながら、エッセイ作成を支援できるだろう。学習者のニーズと英語レベルに合わせたカリキュラムを提供して、授業を進行できる可能性もある。

このような可能性から、人間の英語の先生の仕事を AI が奪うのではないかという意見もある。それは正しいと思う。ただし、それは実際には前向きな意味で捉えてよいものと思われる。Transable の活用を人間の英語の先生側から考えると、1 クラス 20〜30 人の学生・生徒のエッセイ採点業務を Transable がほぼすべて担ってくれる。エッセイの評価の精度については現在研究が行われているが、少なくとも誤字脱字を中心とした基本的な文の添削は極めて高い精度で行われ、人間より圧倒的に信頼できる。つまり、英語の先生の業務の一部の自動化と、より効果的な英語教育の実現が期待される。

それでは英語の先生はどのような業務を行うのか。それは、教育現場に携わってきた経験を活かした、学生・生徒ひとりひとりに個別最適化した指導である。宿題の採点や成績管理という業務はほとんど AI に任せることで、英語の先生は空いた時間を指導に充てることができる。先の例でいえば、学習者は、高い質のエッセイを AI と先生の指導の下に作成することが可能となる。2023 年 8 月現在の AI によるエッセイ評価の解説文は、画一的なものというか、同じ分野の同じレベルの審査員 10 人のうち 8 人が感じた感想を並べたようなものである。つまり、学習者の個々の事業や本人の背景を踏まえた評価をすることはない。I love you. を「月が綺麗ですね」としたり、My wife says... を「うちのカミさんがね」と意訳したりと、学習者に独自の表現を選択させる可能性を生み出すことは現在の AI にとっては難しい。「吾輩は猫である」を I am a cat. と訳すのが多数だから、で終わることはどこか物足りなさを感じる。意訳のテクニックに限らず、読み手が読みやすい文章構成、聞き手が聞き取りやすい単語選択や強調の仕方などを評価することも AI が苦手とすることである。したがって、学習者にオリジナリティを出す、味のある作

品を作るという目的がある時は、教員経験豊富な先生がいることが望ましいだろう。先進の技術と従来の英語教育手法の融合により英語教育の質と効率を向上・改善し、ひいては英語能力の高い日本人の増加と質の高い英語の先生の増加を目指せる。

　Transableは発展途上のツールであり、まだまだ多くの研究が必要である。たとえば、対話型AIを使用したエッセイの評価の妥当性に関する研究データが乏しく、機械翻訳や対話型AIの出力の正確度を高める必要がある。さらに、今回は特にReadingとWritingに注目して効果的な英語学習・指導のインタビュー調査を紹介したが、ListeningやSpeakingに関する能力を伸ばすための機能の研究・実践も不可欠である。そのほか、英語学習のモチベーションを上げる授業設計の検討も必要と考えられる。馴染みのない単語をAIから提案される可能性があるが、学習者がそうした単語を避けることなく、文脈などに応じて積極的に使用する仕組みを設ける必要もある。現在それらの課題を解決するための開発と研究を進めているところである。

注

[1] **p.128** たとえば上智大学の対応がそうである。上智大学「ChatGPT 等の AI チャットボット（生成AI）への対応について」2023年3月27日 https://piloti.sophia.ac.jp/assets/uploads/2023/03/27162222/23f430e7f216cbe188652f8a6855c493.pdf

[2] **p.128** 共同通信「生成AI利用、小学生は慎重に 学校指針、感想文作成は「不正」（Yahooニュース転載）」2023年7月4日 https://news.yahoo.co.jp/articles/54331efe3565062d711ea2453ffc2adbc0a7a024

[3] **p.132** Ana Faguy「NYの公立学校がChatGPT禁止を撤廃、AIの教育活用を模索」Fobes Japan（2023年5月19日）https://forbesjapan.com/articles/detail/63290

[4] **p.132** 共同通信／静岡新聞「生成AI指針案　新技術の功罪、割れる賛否 児童生徒利用には懸念も【表層深層】」2023年6月23日 https://www.at-s.com/news/article/national/1263979.html

[5] **p.135** 文部科学省「大学・高専における生成 AI の教学面の取扱いについて」2023年7月13日 https://www.mext.go.jp/content/20230714-mxt_senmon01-000030762_1.pdf

[6] **p.138** Transable は https://transable.net より利用可能。

[7] **p.138** APIとは、Application Programming Interface の略であり、他社のウェブサービスの機能を、自分のウェブサイトで利用できるようにする仕組みのこと。たとえば、DeepL API（DeepL社提供）を使えば、「ボタンを押すと高精度で文章を翻訳する機能」を自分のサイトに実装できる。

[8] **p.141** つまり、「日本語1」→「英語」と「英語」→「日本語2」があるとき、「日本語1」＝「日本語2」を満たすときは、「日本語1」＝「英語」＝「日本語2」を満たすため、誤訳の可能性が低い英文を得られる。

[9] **p.143** 2023年8月までは、便宜上「BETA 3」と呼ばれることもあった。

[10] p.146 国際教育事業のリーディングカンパニーであるイー・エフ・エデュケーション・ファーストが、2023年版EF EPI（English Proficiency Index: 英語能力指数）を発表した。これは英語を母国語としない国・地域の人の英語能力を高い順にランキングしたものである。113カ国・地域の中で、日本は87位と、「低い英語能力」の国と評価された。

参考文献 ───

Mizumoto, A. and Eguchi, M.（2023）. Exploring the Potential of Using an AI Language Model for Automated Essay Scoring. *Research Methods in Applied Linguistics*, 2(2), 100050. https://doi.org/10.1016/j.rmal.2023.100050

Urlaub, P. and Dessein, E.（2022）. Machine Translation and Foreign Language Education. *Frontiers in Artificial Intelligence*, 5, 936111. https://doi.org/10.3389/frai.2022.936111

機械翻訳を活用した
ライフサイエンス系大学院科目での実践
―― 科学的基礎と英語力がなければ
機械翻訳ツールは使いこなせない

西澤幹雄 ［立命館大学生命科学部生命医科学科教授］

7-1. 大学院において英語翻訳をする機会とは？

　現代の科学においては、英語が共通語である。そして、最新の科学的知見は英語で世界中に共有される。国際学会の発表においても、英語の発表が基本である。英語で書かれた自然科学の論文のほとんどは、その書誌情報がdigital object identifier (DOI) [1]としてナンバリングされて、誰でもその概要を知ることができる。さらに、論文の英文要旨はPubMedなどのデータベースにも蓄積されて、世界中の研究者が無料で閲覧することができる[2]。さらに、DOIやPubMedのホームページから出版社のデータベースにリンクして、実際の科学論文をダウンロードすることもできる。科学で使われる英語は名詞などの語彙が豊富であるが、文法的には単純であり、これらが共通語として使われる素地となっている。

　ライフサイエンス系の大学院において翻訳をする機会は、大まかに分けると、情報の収集（実用的翻訳）と情報の発信（創造的翻訳）の2つに分けられる（**図1**）。

（1）英語論文の日本語への翻訳（情報収集）

　科学に関わる研究者は世界中におり、日本では日本語を母語とする人が大部

```
      ┌─────────────┐  実用的翻訳  ┌──────────────┐
      │  英語の論文  │ ──────────▶ │ 日本語の論文 │
      │             │ ◀────────── │              │
      └─────────────┘  創造的翻訳  └──────────────┘
```

英語の論文	日本語の論文
原著論文や総説などで 情報を発信 最新の科学的内容 世界中の人々が読む	総説などで最新情報 を伝達 新しい科学的内容 日本人だけが読む

[図1] 英語論文と日本語論文による情報の収集（実用的翻訳）と発信（創造的翻訳）

分である。考えやアイデアは母語で形づくられるのが普通なので、母語が日本語であれば、考えやアイデアを表現した日本語を英語に変換する過程、すなわち翻訳が必要となる。つまりバイリンガルでない限り、あるいはよほど英語の読解力がない限り、英語で書かれた論文より、日本語に翻訳されたものの方がはるかに早く理解することができる。最新の英語論文も、日本語に正確に翻訳されたものがあればすぐに読めて便利である。日本人はなぜか英語などの外国語に対して苦手意識を持つ人が多く、英語論文を読み慣れている大学院生でも「英語はちょっと」と言う人が少なくない。書店の店頭に外国語からの翻訳書が山ほど並んでいるが、このような光景も日本でしか見られない。一方、ヨーロッパでは母語さえ使えればよいと思う人は多いものの、イギリス以外の多くの国では母語と英語は近いため、英語が普通に話せる研究者はたくさんいる。このような状況であるため、英語論文の日本語への翻訳は実用に徹した翻訳である。

（2）発表要旨や英語論文の作成（情報発信）

　頭の中で生まれる考えやアイデアは、イメージや数式であっても、それを母語で表現して説明する必要がある。研究者の新しいアイデアは作業仮説として実験などで検証され、その結果は学会発表され、最後には学術雑誌に投稿して論文が掲載される。国内学会で発表する際の要旨は日本語で書くことが多いが、国際学会ではもちろん英語である。オリジナルな研究成果は最終的に原著論文として学

術雑誌に投稿する。日本語の原著論文は日本人しか読めないので、学位論文などを除けばほとんど書く意義はない。原著論文は世界に通じる英語で作成することが必須であり、日本語から英語への翻訳が必要となる。つまり、発表要旨やポスター原稿、英語論文の作成には時間がかかるが、創造活動に関わる翻訳であって重要性が極めて高い。したがって、翻訳された英文では科学的なアイデアと主張が正確に表現されていなければならない。別の言い方をすると、研究者にとって英語で書く力も必須であり、研究者は自分の研究について勉強するだけでなく、論文を読み書きする力をつけていくべきである。

　上記の場合以外でも、学会会場では「音声翻訳ソフト」が同時通訳として役に立つかもしれない。対面で英語の質問をされてもすぐに答えられないときに、スマートフォンに内蔵されている音声翻訳ソフトで日本語に翻訳してもらうことも可能である。ただし、多くの研究者は直接、英語で答えない発表者にイライラするのは必定である。

　以下7-2節と7-3節では英語からの日本語への実用的な翻訳について、7-4節以降では日本語から英語の要旨や論文などを作成する創造的な翻訳について、機械翻訳の可能性と限界を含めて述べる。7-8節でこの章のまとめを述べる。

7-2. 英語から日本語への翻訳

　言語の構造や文法が知られていない言語の翻訳は、暗号解読と同じで極めて困難である。表意文字か表音文字か分からなければさらに難しい。たとえば、フランスの言語学者シャンポリオンは、同じ内容の文章が3言語（古代エジプトのヒエログリフとデモティック（民衆文字）および古代ギリシャ語）の対訳の形で彫られているロゼッタストーンを参考にして、ヒエログリフを解読した。文法が分かれば大丈夫そうに見えるが、そうでもない。異なる言語からの翻訳の必要性は、コンピューターによる機械翻訳が生まれた動機のひとつになっている。2001年にアメリカ同時多発テロが発生して、テロリストが使うアラビア語から英語への機械翻訳の

開発が急務となった[3]。

　文法には様々で複雑な規則が盛り込まれており、例外だらけである。また英語には多くの外来語があるため、英単語の発音はつづりと一致しない場合が多い。人間は母語を使う際、無意識にそれらの規則を使いこなしているが、コンピューター[4]は複雑な文法を知らないので、単語や句（フレーズ）を個々に翻訳するフレーズベース機械翻訳で単語や句の逐語訳はできても、語順をどうしたらよいかまでは決まらない。欧米語間での翻訳はなんとかなるものの、語順も文法も異なる日本語と英語の翻訳ではフレーズベース機械翻訳はうまくいかなかった。

　そこで、言語の文法や構造という観点ではなく、多くの文例を参照して、「ある語句の次にどのような語句が続く可能性が高いか」を考えて、機械翻訳[5]の方法が開発されるようになった。この方法はソフトウェアの発展とコンピューターのハードウェアの発達により大きく進み、日本語翻訳の精度が非常に向上した。ソフトウェアの発展には人工知能（artificial intelligence）の発展が重要な役割を果たしている。人工知能は単にAIといわれることも多く、人工頭脳とも呼ばれることがある。

　人が言語を正しく習得し、適切に使えるようになるためには長い時間をかけた学習が必要である。また言語のように大規模だが文法に沿った多量のデータを扱うためには、人手だけでは限度がある。その中で、人工知能の研究から機械学習が派生し、さらに機械学習の研究からディープラーニング（deep learning; 深層学習ともいう）が派生した。つまり、ディープラーニングは機械学習の一分野であり、人間が自然に行うタスクをコンピューターに学習させる方法を利用して、ヒトの神経系を模倣している。

　典型的な階層構造の例であるヒト視覚神経系において、網膜の視細胞にある光受容体で受けた視覚刺激は3種の神経細胞を介して神経節細胞に伝えられるが、これらの細胞は網膜内でそれぞれ層を形成して互いにシナプスでつながっている。神経節細胞の刺激は、視神経と視床の外側膝状体を経由して大脳の後頭葉にある視覚野に投射されて像として認識される。さらに、視覚の完成には生後

の発達期において物を見る体験が必須であり、この特定の時期（臨界期（critical period）と呼ばれる）には外界刺激の影響を受けて神経回路が再編成される。

　個々の細胞レベルで見てみると、神経細胞（ニューロン、たとえば神経節細胞）は多数の神経細胞から入力を受け、それを1本の軸索から活動電位として出力する。機械学習では、関数（モデル）を用いて、多数の入力（データセットという）から1つの出力を導き出す情報処理アルゴリズムを人工のニューロンと定義している。ニューロンの出力はパラメーター（重み）によって変化し、データセットによりパラメーターが最適化される。この過程がいわゆる「学習」であるが、ヒト視覚系においては神経回路の再編成に相当する。データセットからモデルを経て出力に至る計算には行列演算が必要である[6]。

　一方、視覚神経系、特に網膜の層構造を模倣したニューラルネットワークは複数のニューロンから構成される層が2つ以上あることから、ディープ（deep）であるといわれる。したがって、「ディープラーニングネットワーク」とは、多数のニューロンから成る層を複数持つニューラルネットワークのことをいう。画像や言語はそれ自身が大きなデータセットであり、ディープラーニングネットワークを用いて画像認識や言語翻訳を行うことはディープラーニングが最も得意とする分野である。ディープラーニングには高速の行列演算が必要であり、その際にはコンピューターゲームでも使われる画像処理装置（graphics processing unit: GPU）が、ディープラーニングの高速行列演算用ハードウェアとして利用される。

　代表的な機械翻訳のひとつであるGoogle翻訳では、2016年にディープラーニングネットワークを用いた機械翻訳システムを取り入れた[7]。これにより、多くの文章データの中から自動的に翻訳のためのモデルを作成して、文脈に沿った自然な翻訳ができるようになり、英語から日本語への翻訳精度が非常に高くなった。この結果、機械翻訳の利用が急速に進み、言語間の垣根を下げることになった。

7-3. ライフサイエンス系の英文の機械翻訳

　大学院生は、ジャーナルクラブ（抄読会）などで学術雑誌の英語論文を紹介するときや論文内容を実験の参考とする際に、どうしても日本語に翻訳する必要が出てくる。筆者自身を含めて、昔の大学院生はまず図書館に行き、製本した雑誌から目的の論文を探してコピーし、辞書を引きながら一文一文を訳していくしかなかった。そのため、辞書はボロボロになった。現代の学生はすでにAIによる機械翻訳ソフト[8]を日常的に使っており、今さら「英語論文を機械翻訳するな」と言っても始まらない。機械翻訳のスピードは断然速いが、翻訳文の正確さと翻訳された内容の正確さの点では大きな問題点がある。

　まず機械翻訳には以下の3つの指標で評価される。

①翻訳の速さ：日本語から英語への翻訳は圧倒的に早く、機械翻訳の優れた点のひとつである。

②翻訳の正確さ：日本語の文章の情報をどれだけ正しく反映しているかということで、翻訳精度あるいは忠実度ともいう。機械翻訳は、翻訳対象の分野や文書によって翻訳精度が異なる。たとえば、スイスのスーパーマーケットで売られている商品にはドイツ語、フランス語、イタリア語、時に英語で表示される。単純な商品説明は機械翻訳でも十分である。

③論理の正確さ：機械翻訳による訳文がどれだけ自然かということで、理解容易性とも呼ばれる。科学分野ではロジックが正しく変換されているかも大切なファクターである。比較的簡単な文章であればほぼ正しく翻訳は可能であり、機器の取扱説明書、契約書、特許明細書などでは正しくかつ早く翻訳してくれる。

　機械翻訳の良否の評価にはBLEU（ブルー）スコアがよく使用される。BLEUとはbilingual evaluation understudyの略で、このスコアは機械翻訳の評価方法として最も一般的に使われている[9]。機械翻訳の精度は専門翻訳者に及ばないため、専門翻訳者の訳と近いほどその機械翻訳の精度は高いとみなしている。正しい翻訳は1つだけではないので、BLEUスコアでの評価では正解となる訳（人間が訳したもの、

参照訳）を複数用意し、機械翻訳した文と比較して類似度を算出する。計算式[10]に従って計算するとBLEUスコアは0～1の間の値を取る。参照訳と文字数が近く、隣り合う連続した文字数が多いほど1に近づき、高評価となる。BLEUスコアがおおむね0.3～0.4以上であれば高品質であり、人間が翻訳するよりも機械翻訳の訳文を修正した方が早いといわれている。

BLEUスコアによる機械翻訳の評価には、いくつかの問題点が指摘されている[9]。機械翻訳文が参照訳と近ければBLEUスコアは高くなるが、意味が同じ表現や類語が使われたときには参照訳と異なるとみなされてスコアは下がる。ところが、文章中にnotが入ってしまうと意味は真逆になるが、その他が一致していればスコアは上がる。語順が少し変わるだけでも文章が不自然な印象になることがあり、場合によっては内容が変わったり他の解釈もできるようになったりするが、BLEUスコアでは語順をあまり問題としない。つまり、BLEUスコアでは忠実度（翻訳の正確さ）の評価はできても、理解容易性（論理の正確さ）の評価は不十分である。BLEUスコアで出した評価が人間の評価と大きく異なるのは、これが原因である。とりわけ、文法構造が異なる言語同士（たとえば英語と日本語）では、BLEUスコアと人間の評価に差が生まれやすいことが分かっている。

ライフサイエンス分野において、英語を機械翻訳した日本語は「ぎこちない」「しっくりこない」と感じることが多い。その原因は機械翻訳の特性に基づくものであるが、以下のような問題点がある。裏を返せば、これらは人間による英文校正やポストエディットに期待されるポイントでもある。

（1）専門用語や日本語表現が適切でない

機械翻訳ソフトの発展と学習により、かなり難しい専門用語についても正しく訳出できるようになってきた。しかし、実験データの強さに基づく英語表現の違いや、実験結果や主張の強さの程度のニュアンスはうまく訳出できない。理系の基本動詞（例：appear, suggest, demonstrate, concludeなど）の使い分けは実験データの

内容により適切な動詞を選ぶ必要があり、機械翻訳では訳出するのが難しい[11]。そのため、機械翻訳された訳文を読んでいるだけだと、それらの動詞の科学的な文脈での違いは分からず、英語力もほとんどつかない。実用に徹した機械翻訳は、英語力の涵養とは別の世界である。また、科学論文でよく使う英語表現には思い至らないし、頻用される略号を覚えることもない。

（2）長い文が正しく訳出されていない

　一般に科学論文の1文の長さは長いが、機械翻訳では長い主語などが正しく訳出されないことが多い。自然科学でよく出てくる関係代名詞を含む長い節（関係節）も正しく訳出されず、翻訳により意味が変わったりすることがある。そのため、BLEUスコアでは長い文章の評価は難しい。

（3）科学的内容が正確に訳出されていない

　翻訳内容が正しいかどうかの検証は大切で、科学的知識のバックグラウンドがなければ内容の正誤を判断できない。科学的思考力には科学的な基礎知識が必須であり、教科書を読んだり、論文を読んだりすることで少しずつ身についていく。英語論文の日本語訳を読んで、しっかり理解できるかどうかは、科学的な基礎知識と科学的思考力の有無による。知らない分野であれば日本語で書いてあっても英語で書いてあっても、十分には理解しがたい。別の言い方をすると、科学的思考力の醸成については研究を進めながら身につけていくものであり、機械翻訳ツールを使っても使わなくても大差はないと思われる。

　論文を読む際に、学生が英語論文の機械翻訳を使っても問題はなく、科学的理解が進むのであれば積極的に機械翻訳を使ってもかまわない。ただし、その内容を鵜呑みにしてしまうことは避けるべきである。なぜなら、機械翻訳には誤訳がつきものであるからである。筆者は、研究室セミナーにおける文献紹介の際に、明らかな誤訳がある場合あるいは不自然な日本語訳が出てきた場合には必ずその場

で指摘している。そして、原文の英語論文では何と書いてあるか確認している[12]。分野が異なれば、専門翻訳家が訳した文章でも誤訳が含まれることは普通に起こる。いずれにせよ、日本語訳を読む場合には、「書いてある内容が正しいかどうか」、必ず教科書などを参照して裏を取ることが大切である。

（4）正確な機械翻訳は有料である

『Nature』『Science』『Cell』などの著名な自然科学系の学術誌では、掲載論文の要旨の日本語訳を読むことができるが、それは雑誌の購読者に限られる。目次など要旨の一部などのコンテンツは誰でも読めるが、要旨の全体あるいは姉妹誌の要旨の閲覧は大学などで購読している場合に限られる。また学生個人で購読しようとすると、相応の購読料が必要となる。これらの雑誌社が使っているディープラーニングネットワークを用いた機械翻訳システムは簡単にできるものではなく、多額の資金が投入されている。その影響もあり、学術誌の購読料は年々高くなっており、大学にとっては大きな負担となっている。つまり、機械翻訳された日本語を読むためにはかなりのお金がかかっているのである。DeepLなどの機械翻訳ソフトにしても短い文章は無料だが、長い英文を日本語に翻訳したり日本語文を英語に翻訳したりするためには、有料サービスを使わなければならない。

7-4. 英語の文章を書き上げるまでのプロセス

ライフサイエンス系の大学院では、学会発表の要旨やポスター原稿、あるいは学術雑誌に投稿する論文原稿などを英文で執筆する機会が多い。以降では、日本語で生み出された創造的なアイデアを、どのように英語に変換していくのかについて述べる。まず、どのように科学的内容を英語に翻訳するのか、そのプロセスを考えてみたい。

科学的なアイデアと主張を盛り込んだ「あらすじ」、つまり原稿案[13]から英文の完成稿に仕上げていくまでには、いくつかのステップがある。原稿案には、<u>あ</u>

る「研究の問い」に対して、実験結果を含む科学データを基にして、自分のアイデア（作業仮説）を検証し、問いに対する「答え」を見つけ出すことが含まれる。つまり、原稿案が研究の核心であり、これを主張して多くの人に知らせようとする意志が英文作成に欠かせない。原稿案はふつう母語で表され、大部分の日本人は日本語で考える。

　原稿案から「草稿」を作成するのが執筆である。このステップは人手で行う。母語を使って草稿を書く方がスムーズなので、日本語の草稿を作成することがほとんどである。次は、日本語から英語に変換する翻訳である。人手で行うが、機械翻訳の利用も可能である。英文草稿はその表現をチェックされ、内容を科学的にチェックされる校閲のステップを経て、「完成稿」に引き上げられる。これはブラッシュアップとも呼ばれる。英語の原稿の場合には、英文草稿の語句、つづりや文法の間違いを訂正して、文章を読みやすく、分かりやすくする校正（copy-editing）のステップが含まれるが、校閲と校正は重複する部分も多い。一方、機械翻訳した英語の文章を元の日本語と比較して人間が修正および編集を行うことをポストエディット（post-edit）[14]と呼ぶ。

　原稿案から執筆、ブラッシュアップを経て英語の完成稿を作成する方法を大まかに分類すると、以下のようなやり方がある（**図2**）。

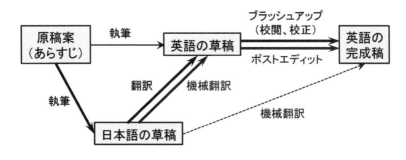

［**図2**］原稿案から英語の完成稿までのプロセス

方法①：原稿案 → 英語の草稿 → 英文の完成稿

　人手で原稿案から「英文の草稿」を執筆し、それを校閲して完成させる方法である。よほど英語に堪能な人でなければ、直接、英語の草稿を書くのは難しいし、時間がかかる。時々これを実施している研究者もいるが、大学院生ではここまでの英語力を持った学生は非常にわずかである。ChatGPTにより英語の草稿を作成し、完成稿を作ることも可能ではあるが、大きな問題を孕んでいるので、後述する。

方法②：原稿案 → 日本語の草稿 → 英語の草稿 → 英文の完成稿

　自分で原稿案から「日本語の草稿」を執筆し、それを自分で翻訳して「英語の草稿」を作り、ブラッシュアップして完成させる方法で、最も一般的である。英語のネイティブ専門家[15]による英文校正サービス（後述）を使うことが普通である。多くの大学院生はこのような過程で「英語の完成稿」を作成する。

方法③：原稿案 → 日本語の草稿 → 英語への機械翻訳 → 英文の完成稿

　原稿案から「日本語の草稿」を執筆するところまでは同じであるが、その後は機械翻訳により「英語の草稿」を作成する。人手によるポストエディットを行って、「英語の完成稿」を作成する。今後、この方法が広がると思われる。

方法④：原稿案 → 日本語の草稿 → 英文の完成稿

　原稿案から「日本語の草稿」を執筆するところまでは同じであるが、その後は機械翻訳により直接、「英語の完成稿」を作成する。現状では、人間が翻訳した場合に比べてAIツールによる機械翻訳は正確とはいえないため、訳文のポストエディットが必須である。したがって、現段階では実用となっていない。

［ChatGPTによる英語の草稿作成について］

　自動応答チャット生成AIであるChatGPT[16]に関しては世界中で議論が進行中である。胃カメラなどによる画像解析や病気の鑑別診断ではその補助や支援として役に立つ可能性があるが、人間のように新しい範疇の病気を見いだすことはできない。ChatGPTを使えば「論文案」から「英語の草稿」を作成すること（方法①）も可能ではあるが、大きな問題がある。

　ChatGPTはそれなりに英語の草稿を書いてはくれるが、現状では、ディープラーニングに用いた出典を示すことはない。科学は先行研究の上に成り立っており、アイザック・ニュートンが言うように「巨人の肩の上に乗る（standing on the shoulders of giants）」ことがその基本である。そのため、先行研究については原典の書誌情報を示すことが大前提であり、ChatGPTが作成した論文に先行研究を明示しないのであれば剽窃・盗用という研究不正となる。

　さらに、ChatGPTは嘘の情報を述べる。ChatGPTでは言語を統計的に処理して「正しさ」を推測しているだけであるので、膨大なデータを学習しても、学習したデータそのものが誤っていたり偏ったりしている場合には正しい結論を導き出せない。そもそも科学論文のすべてがオープンアクセスではなく、大手出版社は自社の抱える論文全体の公開に制限を付けている[17]。また「仮説に沿ったストーリーで論文を作成せよ」と指示した場合、ありもしない（しかし、あってほしい）データを示して結論に導く可能性もある。これはれっきとした捏造である。実験データを基に洞察して判断し、結論を導き出すのは人間である。

7-5. 自分自身で文章を書くことの意味とは？

　日本語から英語に翻訳する過程について具体的に述べる前に、自分自身で文章を書くことの意味を考えてみよう。

　日本語でも英語でも、自分で文章を書くことは大切である。なぜなら、他人に分かるように、科学的な推論をしながら自分のアイデアを説明するプロセスが含ま

れるためである。もちろん目の前には読者も聴衆もいないが、他人に自分の考えをどのように表現し、伝えたらよいか考えなければならない。学会の発表要旨や投稿論文など科学的な内容の場合には、まず言いたいことのストーリーを考えてから執筆を開始する。

　京都大学の湊長博総長は、2023年4月に行われた学部入学式の式辞で、研究（research）とは、検索（search）して得た情報を繰り返し（reは「繰り返し」の意の接頭辞）検証するという意味があることを言った後、以下のように述べている。

> 「文章を書く」ということは、時間をかけてじっくりとこれら（引用者注：「サーチして得た情報」のこと）を検証しながら、できる限り正確な知識に基づいて、最も自分らしい思考や感性を作り上げ表現していくプロセスであると言えるでしょう。それこそが研究（リサーチ）への第一歩であり、それこそが皆さんの自己実現へつながる道であると私は確信します。
>
> （出典：https://www.kyoto-u.ac.jp/ja/about/president/speech/2023/230407-1）

　ここに述べられているように、学問における「検証」には、正確な知識と論理的な推論（考察）が必須である。これらがなければ、他人に自分の考えを説明することは不可能で、ましてや他人を説得することなどできない。本来、科学的なアイデアや発見は、学会発表や論文で他人に理解してもらうことに意味がある。インターネット検索の便利さを否定する必要はないが、単にネット検索して得られただけのWikipediaなどの内容を、真偽を確かめずに鵜呑みにしてしまうのは、大学生にありがちな問題行動である。Wikipediaはあくまで二次資料であり、引用の塊である。検索した内容について「間違っていないか」「偏った考え方ではないか」とまず疑い、別の教科書や原著論文などの一次資料で検証するのは、科学を志す者の基本的な態度である。科学であれ報道であれ、公正さを求めるのであれば真偽の裏付けをすることが肝要である。

ところで、研究のプロセスには以下の思考過程を含む。これらは母語でなされる。

（1）今までの実験結果を確認して、「研究の問い」を明確にする

「今までの実験結果が信じられるものか、再現性のあるものか」を検証する。文献調査や背景調査とも呼ばれるが、具体的には今まで報告されているデータを逐一吟味して、その内容の信憑性や再現性を確認し、問題点や欠けている点を見つけていく。そして、研究の問い、すなわち研究テーマを明確にする。

（2）自分の研究で得られた実験結果を解釈して、意義づけをする

実際に実験をしてみて、その結果が自分の作業仮説に沿ったものかどうか、あるいは仮説そのものに矛盾はないか考察する。もちろん自分の実験データに誤りがないかもひとつひとつ確認し、その上で実験データと仮説について考察する。

（3）思考過程を確認して、「研究の問い」に対する「答え」を示す

どのような論理・ロジックを組み立てて、研究の問いから答えに導くかを考える。実験データを推論に沿って、矛盾なく並べていく。他人に理解してもらうためには、問いから答えに至る科学的推論が非常に大切である。科学的思考の結果、新しい発見や仮説を提示することが研究の核心であり、研究者としての醍醐味を感じる部分である。

これらをまとめたものが論文案であり、文章を書くあらすじになる。思考過程のしっかりした論文案がなければ、日本語でも英語でも、まともな科学的文章を書くことは困難である。逆に、実際の英語の論文作成の過程では、論文を書きながら根拠の弱いデータや再現性の低いデータ、不足している実験を見つけることもできる。

思考過程を適切に表現するためには、日本語の文章作成能力は当然必要である。つまり、説得力がある科学的な文章を作成するためには、国語力も重要であ

ることを意味する。「理系では国語は不要だ」という人もいるが、国語力がなけれ
ば、まともな日本語論文も英語論文も書くことは能わない。ましてや、思考過程が
適切に表現されていない文章は翻訳に値しない。

7-6. 英語に翻訳する

日本語の原稿を英語に翻訳する具体的な方法には、以下の3つがある（**表1**）。

［**表1**］英文への翻訳方法

	（1）自分で翻訳	（2）英文作成サービス	（3）AIによる機械翻訳
翻訳者	人間（日本語が母語）	人間（英語が母語）	AI
かかる時間	数日〜数週間	数日〜1週間	数分以内
経費	無料	非常に高額	無料〜有料
精度	間違いが見られる（翻訳者の英語力と科学的知識により異なる）	ほぼ正確（科学的知識により異なる）	間違いが多い（科学的知識のディープラーニングにより異なる）
翻訳後の英文校正	英文作成サービスが必要	ほぼ不要	必須（ポストエディット）
科学的内容のチェック	必要	必要	必要

（1）自分で翻訳する

日本語の文章に沿った英文あるいは似通った英文を、他人の論文から見つけ出
して抜き書きして参考にし、自分の文に当てはめて翻訳する。時には、適切な表
現を探すため、シソーラス（類語辞典）で調べてみる。これは最も古典的な方法
ではあるが、ほとんどすべての研究者が実践してきたやり方である。あるいは自
分の過去の英文を参考にするのもよい。多くの論文例を基にしたコーパス分析[18]
で、よく使われる単語や表現をまとめた辞典もある[19]ので、これも翻訳の際に便
利である。適切な表現が思いつかない時は、機械翻訳の訳文を参考にすることも
可能である。何回か自分自身で論文を書く経験をすると、自ずと速く翻訳できるよ
うになる。

（2）英文作成サービスで翻訳する

　人手で行う有料サービスで、英語のネイティブ専門家によって翻訳してもらう。数日から1週間程度はかかり、極めて高額である。ネイティブ専門家が論文の科学的内容を理解できれば翻訳の質が上がるが、そうでなければ誤訳も起こる。

（3）AIによる機械翻訳

　人手の代わりに、ディープラーニングネットワークを用いた自動翻訳ツール[20]を用いて翻訳する。非常に早く翻訳できる点が特徴である。前述のとおり、欧米系の言語間では翻訳の精度は高いが、日本語と英語の間では精度は低い。現在では、AIとディープラーニングの発達により読めるレベルになったものの、人手による修正、すなわちポストエディットは必須である。すでに大学院生の英語論文作成の補助として、機械翻訳ソフトを取り入れる大学も出てきている。機械翻訳は、人手による英文作成の「サポート」と割り切って考えることも可能である[21]。

　大きな問題点としては、無料の自動翻訳サービスでは機密保持が保証されていない。つまり、無料サービスを利用すると、入力した文章を二次利用される可能性がある。特に、特許に関係するような論文原稿[22]を無料の機械翻訳サービスを使って翻訳すると、流出する可能性があるので注意が必要である。一方、有料の自動翻訳サービスでは機密保持が保証されことにはなるが、用いるデータセットは少なくなる可能性はあり、翻訳の正確さが下がる可能性がある。

　2021年、シュプリンガー・ネイチャーは、論文を執筆する日本の著者に自動翻訳サービスの提供を開始すると発表し、話題となった[23]。その最初の事例として紹介されたのはオープンアクセス書籍『Japan Nutrition』だが、これは自動翻訳サービスを活用して日本語から英語に翻訳された書籍である。具体的には、著者が執筆した原稿を基に、シュプリンガー・ネイチャーの自動翻訳チームがDeepLプログラムをベースにしたSN Translatorを使用して英語に翻訳する。著者は翻訳原稿を確認し、ポストエディットを行って適切な内容に修正する。DeepLを用いた自

動翻訳によって生成された原稿であることは出版時に開示される。現在、英語への自動翻訳の対象となっている言語は日本語のみならず、中国語、ドイツ語、スペイン語、ポルトガル語である。このような試みは次第に広がっていくであろう。

7-7. 英文をブラッシュアップする際の3つのポイント

　英文の草稿を完成稿に仕上げる校閲・校正（ブラッシュアップ）のステップは、自ら校閲する「推敲」、他人に校閲してもらう「添削」と言い分けることもある。

a. ブラッシュアップの方法

　翻訳した英文の校閲・校正には、以下の3つの方法がある（**表2**）。

[**表2**] 英文の校閲方法

	(1) ワードソフトのエディター	(2) 英文校正サービス	(3) AI英文法チェック
校閲者	ワードソフト	人間（英語が母語）	AI
かかる時間	1分以内	数日〜1週間	数分以内
経費	ワードソフトを持っていれば無料	有料（字数によるが、数万円程度）	有料（字数によるが、1万円以下）
利点	ミススペルと文法の間違いをチェックできる	英語表現と文法の間違いを改善できる	大きな文法の間違いをチェックできる
実用性	高い（かならず実行すべき）	高い（論文投稿前には必ず実行した方がよい）	普通

(1) ワードソフトのエディター

　マイクロソフト（MS）ワードなどのソフトウェアに付属しているエディター機能を用いて、英単語のつづりを修正し、明らかな単数複数のミスや構文の英文法ミスなどを修正することができる。問題となる部分は赤の下線で表示されるので、ひとつひとつ修正していく。スペルチェック機能は重宝するが、英文法チェックは簡便なものである。

（2）英文校正サービス

　もちろん自分自身でもできるし、外国人の同僚などに頼むこともあるが、英語がネイティブな専門家による英文校正サービスを使うことが一般的である。学術誌への投稿規定にも英文校閲が必要であることが書いてある。これらはもちろん有料で、様々な会社の校正サービス[24]が利用可能である。ネイティブのエディターが数日から1週間程度で校閲してくれる。ただし、エディターが必ずしも当該科学分野に明るいとは限らないため、修正した表現が正しいかどうか、逆にエディターから尋ねられることがある。

（3）AI英文法チェック

　AIによるディープラーニングを利用した英文のAI校閲も提供されるようになった。たとえば、エナゴ社のAI英文法と盗用・剽窃チェックチェックサービス[25]では、ホームページ上で英文ファイルを送れば、ものの5分ほどでAI英文法チェックによって校正されたファイルが返ってくる。分かりにくい文章はまずチェックされるが、校正は一般的な英文法の間違いの訂正に限られる。さらに、ウェブ上で検索可能な文章と比較して盗用・剽窃チェック（plagiarism check）を行った結果も同時に送ってくるので、意図しない自己盗用[26]を避けることもでき、大変役に立つ。このサービスも有料であるが、上記の英文校閲サービスと比較すると、値段がひと桁ほど安価である。

b. ライフサイエンス系の英文添削のポイント

　英文の原稿を読みやすい文章にするブラッシュアップの目標は、<u>日本語のストーリーやロジックが、英語に正しく変換されているか</u>の一点に尽きる。ブラッシュアップは、学生の英文原稿を添削する際、教員に期待されることである。さらに、機械翻訳した文章のポストエディットでも大切なプロセスである。

　ライフサイエンス系の文章（学会発表の要旨、ポスター原稿、投稿論文など）

を添削する際には、以下の3つのポイントを確認して文章をブラッシュアップすることが一般的である。これら3つのポイントは、自然科学分野に限らず他の分野でも、どのような文章でも共通することであるが、特にライフサイエンス系の英文ブラッシュアップについては、拙著『理系 国際学会ビギナーズガイド』で、学生の学会要旨を先生が添削した例を具体的に示している。

（1）科学的な間違いの修正

　科学的表現の正確さを向上させ、論文内の構造や流れを改善することをいう。たとえば、専門用語（terminology）の名詞や動詞などの用法、実験操作法の間違いなどを修正する。機械翻訳では、ディープラーニングで学習しなかった生物の学名や専門用語などの翻訳は難しい。

（2）意味が分かりにくい英語表現の修正

　英語表現や文法を改善し、より明瞭で簡潔な論旨とし、文脈により適した表現に修正することをいう。曖昧な表現や、英語表現の間違いを修正するだけでなく、結論が間違っていないか確認も行う。論文データを基にしたコーパス分析で、よく使われる単語や表現を参考にする。『ライフサイエンス英語表現使い分け辞典 第2版』（ライフサイエンス辞書プロジェクト監修）や『英文校正会社が教える 英語論文のミス 100』（エディテージ著）などの書籍が参考になる。

（3）表現・用語の統一と形式・体裁の修正

　投稿する学会や雑誌のガイドラインに準拠したスタイルやフォーマットに修正する。具体的には表現や用語を統一し、投稿規定に沿う形式と体裁に直す。ブラッシュアップにおいて、教員は、科学的内容に関して学生にフィードバックや提案を行う。多くの人が理解しやすく、明瞭な主張ができるように文章を改善するのが目標である。

7-8. 機械翻訳を使いこなすために

　科学における最新の知見は英語論文でしか得られないため、英語論文を日本語に翻訳して読む際には機械翻訳は絶大な効果がある。学生の英語に対する苦手意識や抵抗感を減らすことにも貢献し、その結果、余った時間をさらなる研究に使うこともできる。

　ただし、英語訳文を読んでみて「変だな」と思ったら、まず誤訳があると思ってよい。逆も真なりで、元の日本語がおかしければ英語への翻訳もできない。ところが、「変だな」と思うか思わないかは、科学的なバックグラウンドと国語力（英語力）に大きく依存する。

　英語論文の執筆についてはどうだろうか。AIによる機械翻訳は、あくまで英文に翻訳するための「ツール」である。現状では、人手による翻訳の方が正確であり、機械翻訳された文章をそのまま使うのは本来の使い方ではなく、人手によるポストエディットが必要不可欠である。英文執筆に機械翻訳を使うこと自体は問題ないが、手間がかかるからといってポストエディットを省略してはならない。

　機械翻訳の間違いを直し、使いこなすために必要な利用者の能力（つまりポストエディットの能力）としては、使う人の①科学的知識と科学的思考力、②英語力と国語力（語学的センス）の2つに依存する。大学院生でも、機械翻訳ツールを使って翻訳した文章を、修正せずにそのまま使ってしまう場合がよく見られる。機械翻訳された文章の中には、日本語の原文と論旨が異なっていることも多い。このようなとき、文章の内容の理解や科学的なバックグラウンドを持っていなければ、正しく機械翻訳の文章を修正することができない。別の言い方をすると、専門領域の科学的知識が高く、英語力もある学生でないと機械翻訳は使いこなせない。そのため、研究を行う人にとっては、自身の英語力や国語力を涵養し、自身の科学的思考力を醸成していくことが極めて重要である。

　機械翻訳ソフトは日々進歩して、日英と英日の翻訳における正確さも増している。数年も経たないうちに、人間よりも正確に日本語と英語の相互翻訳が瞬時にできる

ようになるかもしれない。その後に問われるのは、翻訳された文章を用いる人の科学的知識の深さと科学的思考力である。さらには個人個人の実力、すなわち科学的アイデアやセンスの良し悪しが問われるようになるであろう。

注

[1] **p.152** URL は https://doi.org/ で始まる（例：https://doi.org/10.1002/hep.22036）。普通、学術誌のホームページにリンクしており、要旨が閲覧可能である。論文全体が無料でダウンロード可能かどうかは雑誌により異なる。

[2] **p.152** 英語以外の言語、たとえば日本語で書かれた雑誌であっても、その英文要旨が PubMed に掲載されるものがある。

[3] **p.155** 長内洋介（2023）「連載 テクノロジーと人類（23）機械翻訳」『産経新聞』2023 年 4 月 29 日

[4] **p.155** イギリスの数学者アラン・チューリングはアルゴリズムを考えてコンピューターの発展に寄与した。そして、第二次世界大戦のとき、ドイツ軍のエニグマ暗号の解読に大きな貢献をした。さらに、ハンガリー出身の科学者ジョン・フォン・ノイマンが、現代のコンピューターの基本構造であるプログラム内蔵式のコンピューターの原理を考案し、電子計算機 ENIAC の実現に貢献した。

[5] **p.155** 人間に代わってコンピューターが、ある言語から別の言語に翻訳することを機械翻訳（machine translation: MT）という。自動翻訳、AI 翻訳ともいう。

[6] **p.156** 詳しくは、以下に示した文献などを参照すること。
ケレハー、ジョン・D［著］柴田千尋［監訳］・久島聡子［訳］（2021）『基礎からわかるディープラーニング』ニュートンプレス

[7] **p.156** Google Neural Machine Translation（GNMT）のこと。以下の資料でも解説されている。
ヒューマンサイエンス（2023）「機械翻訳の最新動向と「DeepL」と「Google 翻訳」の比較」https://www.science.co.jp/nmt/blog/32334/（2024 年 1 月 22 日閲覧）

[8] **p.157** 代表的な機械翻訳サービスには Google、DeepL、Microsoft、Amazon による翻訳がある。

[9] **p.157** 十印（2020）「機械翻訳の評価に最もよく用いられる「BLEU スコア」とは」2020-03-02 https://to-in.com/blog/102282（2024 年 1 月 22 日閲覧）

[10] **p.158** Papineni, K., Roukos, S., Ward, T. and Zhu, W. J. (2002). BLEU: A Method for Automatic Evaluation of Machine Translation. *Proceedings of the 40th Annual Meeting of the Association for Computational Linguistics.* pp. 311–318. Philadelphia: Association for Computational Linguistics.

[11] **p.159** 西澤幹雄（2017）「付録 発表に役立つ! 理系の基本動詞 40」『ぜったい成功する! はじめての学会発表 ── たしかな研究成果をわかりやすく伝えるために』化学同人

[12] **p.160** 一例であるが、investigate は機械翻訳では「調べる」「探る」などと翻訳される。科学分野では「詳しく研究する」という意味があるため、「精査する」という訳語が最もふさわしく、「研究する」や「検討する」が一般的に用いられる。フィールドワークなどでは「調査する」が用いられることもあり、分野と文脈により使い分けられる。

[13] **p.160** 原稿案はアウトラインやストーリーとも呼ばれ、「研究の問い」に対する答えを導く過程を示す。先行研究や実験データに裏付けられた科学的思考の道筋を表したものである。

[14] **p.161** post-editing ともいい、日本語では後編集ともいう。

[15] **p.162** 母語を使う人をネイティブスピーカー（native speaker）、あるいは単にネイティブという。たとえば、大部分の日本人は日本語が母語であるので、日本語のネイティブスピーカーである。

[16] **p.163** Chat Generative Pre-trained Transformer の略で、2015 年に設立された OpenAI 社が開発した。日本語、英語、ドイツ語、フランス語、スペイン語、イタリア語、ポルトガル語に対応している。ChatGPT に関した情報は、日本語によるまとめサイト https://openai-chatgpt.jp/ も見やすい。

[17] **p.163** オープンアクセスとはインターネット上で自由に論文を公開することで、誰でも無料で制約なしに、要旨だけでなく論

文全体を閲覧できることをいう。掲載から一定期間経過するとオープンアクセスとなる論文もある。著者である研究者が、article processing charge（APC）と呼ばれる出版費用をまかなう形式が多い。

[18] p.166 コーパス（corpus）とは、科学雑誌の論文に書かれている文章を大量に集めて分類し、コンピューターで検索したり分析したりできるようにしたデータベースのことをいう。各表現が使われる頻度も分かるので便利である。

[19] p.166 ライフサイエンス辞書プロジェクトによる『ライフサイエンス英語表現使い分け辞典』（羊土社）など。

[20] p.167 Google 翻訳、DeepL、Microsoft、Amazon などウェブで利用できるものや、MiraiTranslator®（株式会社みらい翻訳）などの有料自動翻訳サービスが多数ある。

[21] p.167 Katsnelson, A. (2022). Poor English Skills? There's an AI for That. Machine-learning tools can correct grammar and advise on the style and tone of presentations — but they must be used with caution. *Nature*, 609, 208-209.

[22] p.167 研究内容によっては特許の申請が可能な内容が含まれることがある。その論文化の際には、無料の機械翻訳サービスを使ってはならない。また、特許申請前に学会発表をすると公知となり、特許申請ができなくことがあるので、特許に関連する核心部分は発表しない。これらについては、大学の知財関係部署と発表前に相談するのがよい。

[23] p.167 Springer Nature Japan（2021）「シュプリンガー・ネイチャー、書籍を執筆する日本の著者に自動翻訳サービスの提供を開始」2021年11月29日 https://www.natureasia.com/ja-jp/info/press-releases/detail/8874（2024年1月22日閲覧）

[24] p.169 エダンズ、エディテージ、エナゴ、シュプリンガー・ネイチャーなど多くの会社が提供している。

[25] p.169 エナゴ「エナゴの盗用・剽窃チェッカー＆AI英文校正サービス」https://www.enago.jp/plagiarism-checker/

[26] p.169 自分が過去に書いた文章であっても、それをそっくりそのまま引用すると、自己盗用という不正行為とみなされる。コピー＆ペーストするのではなく、表現や言葉遣いを変えなければならない。

参考文献

エディテージ［著］, 熊沢美穂子［翻訳］(2016)『英文校正会社が教える 英語論文のミス100』ジャパンタイムズ

ケレハー, ジョン・D［著］・柴田千尋［監訳］・久島聡子［訳］(2021)『基礎からわかるディープラーニング』ニュートンプレス

ライフサイエンス辞書プロジェクト［監修］・河本健・大武博［編集］(2016)『ライフサイエンス英語表現使い分け辞典 第2版』羊土社

西澤幹雄（2017）『ぜったい成功する！ はじめての学会発表 —— たしかな研究成果をわかりやすく伝えるために』化学同人

Papineni, K., Roukos, S., Ward, T. and Zhu, W. J. (2002). BLEU: A Method for Automatic Evaluation of Machine Translation. *Proceedings of the 40th Annual Meeting of the Association for Computational Linguistics*. pp. 311–318. Philadelphia: Association for Computational Linguistics.

山中司・西澤幹雄・山下美朋（2019)『理系 国際学会ビギナーズガイド』裳華房

08

実際の機械翻訳の使われ方を見る
── パターン化と傾向

中南美穂［立命館大学授業担当講師］

8-1. はじめに

　機械翻訳が進化する中で、「もう英語の勉強は必要なくなる」などの意見をよく聞くようになってきた。インターネットで検索する方法を知っている人であれば、分からない単語に出合うと、紙の辞書に頼ることなく、すぐにネット検索する人がほとんどだろう。インターネットで検索するだけでなく、生成AIや機械翻訳に簡単にアクセスできるようになった今日では、単語の意味だけでなく文章の意味も、さらには英文の構成やアイデアまで得ることができる。その上、生成AIや機械翻訳の性能も日々向上しており、使える環境にいるのであれば誰もが使おうとするだろう。機械翻訳が発達するにつれ、そのほかにも様々な意見を耳にすることがあるが、多くの人は実際どれだけ機械翻訳に関して理解しているのだろうか。かなりの割合の人が切り取られた情報や伝聞やうわさを信じて「〜らしい」という感覚で話しているように筆者は感じている。過去に数回使用した中で「思っていた結果と違う」と感じた経験から、その後どれだけ機械翻訳が発達しているかも知らず、「機械翻訳は使えない」と決めつけていないだろうか。実際に現段階の機械翻訳を使用して、どれほどの正確さや機能があるか分かっている人はほとんどいないだろう。

　では、冒頭で述べたような、われわれ人間が英語を勉強する必要がなくなる日

が本当に来るのだろうか。機械翻訳に頼り切ることができれば、日本の英語教育や教授法などをすべて見直していく必要もあるだろう。「英語」を教えるのではなく、「機械翻訳」の使い方の授業を取り入れる必要があるのかもしれない。そのような風潮になっていけば、英語学習者は「楽」を求め、教師はさじを投げてしまうだろう。しかし英語学習者は、どんな手段でも英語で内容を「伝える」ことができさえすれば、それで満足するのだろうか。筆者自身は、英語を話す者として、そして英語を教える立場として、そのような状況は少しも望んでいない。世界中の人とコミュニケーションを取るための言語であり言葉であることを、英語学習者には忘れないでいてもらいたいからだ。しかし、現状はどうなのだろうか。制限なく自由に使用することができるのであれば、英語学習者は日本語をそのまま機械翻訳にコピー＆ペーストし、翻訳された英文をそのまま使用するのだろうか。それとも英文を読む時に必要な単語のみを抜き出し、文脈に合わせた意味を考えるのだろうか。現段階の機械翻訳を使用する際に、英語学習者はどのようにして機械翻訳を活用しているのだろうか。本章では、英語学習者である大学生が実際どのように機械翻訳を使用しているのかを、立命館大学の2023年春学期に行ったアイトラッキングの実験結果を基に様々な視点から考察する。

8-2. 機械翻訳の使われ方の研究

　今回、大学1・2回生の英語学習者22名を対象に、読解タスクをしている際の目の動向を調査し、どのように機械翻訳を使用しているのか実態を把握した。学生は、アイトラッキング装置[1]が作動している中で、パソコンに表示された英語の読解タスクに取り組んだ。アイトラッキング装置は、被験者の前方に配置されたカメラによって被験者の眼球を撮影し、その目の動きを画像処理することにより視線がどこに向かっているかを求めることができる[2]。**図1**のように、コンピューターのスクリーン上におけるその動線が録画されるため、キーボードを打っていない時間やマウスを動かしていない時間も含めて、学生がタスクを進める際にスクリーンの

［図1］アイトラッキング装置を使用した際に録画された画面

どこを見ているかを考察することができる。今回は、英語で書かれた本文[3]とその本文に関する問題文をスクリーンの左側に示し、右側には機械翻訳[4]のページを開いた状態でスタートした。

　本文に関する問題文は、(1) 本文のメイントピックを問うもの、(2) 本文中の単語が文脈上どういう意味で使われているかを問うもの（英語と日本語の両方で解答）、(3) 指示に該当する箇所を本文中から抜き出させるものの3問から成っており、すべて英語で出題した。実験前の説明時に、機械翻訳が必要な時はどのような使い方をしてもよいことを学生に伝え、使用方法や時間の制限を設けなかった。また、タスク終了後には、①今回の読解問題の難易度、②全体を通して最も難しかった箇所、③意味が分からなかった単語とその単語の意味をどのようにして理解したか、④文脈の中での単語の正しい訳語が分からなかった箇所とその箇所をどのようにしたか、⑤自分の正答率は何％だと思うか、⑥機械翻訳の使用で自分の解答に対しての自信が上がったか（10段階で回答）、というアンケートにも答えてもらった。

　では、学生は実際どのように機械翻訳を使用していたのだろうか。アイトラッキングの結果からは、大きく分けて以下の3つのパターンを見て取ることができた。

パターン1：本文と問題文に目を通してから、全文を機械翻訳にかけた

パターン2：読み進めながら、段落ごとに機械翻訳にかけた

パターン3：必要な箇所のみ、そのつど機械翻訳にかけた

　今回の実験に参加した学生は全員TOEIC Listening & Reading IPテストを受験済みであり、そのスコア（以下、TOEICスコア）を基に3つのグループに分け、グループごとに上記パターンそれぞれに属する学生の数を見てみたところ、**表1**のようになった。

［**表1**］TOEIC L&R IPテストのスコア別に見た機械翻訳使用パターン（人）

TOEICスコア	機械翻訳の使用の仕方			計
	パターン1	パターン2	パターン3	
(a)　0〜399	3	1	1	5
(b) 400〜599	4	1	6	11
(c) 600〜990	5	1	0	6
合計	12	3	7	22

　得られたデータからは、TOEICスコアでは同じグループに分類される学生であっても、読解タスクにおける機械翻訳の使用パターンは一様でないことが分かる。以降では、3つのパターンそれぞれにどのような傾向が見られるのか紹介していこう。

8-2-1. パターン1の傾向と考察

　最初からすべての英文を機械翻訳にかけた学生は22名中1人もいなかったが、12名は本文と問題文に一度目を通した後で全文を機械翻訳にかけていた。機械翻訳が出力した日本語訳を一読後、その訳文の一部をコピーしてそのまま解答とする学生は1人もいなかった。全員が本文、問題文、日本語訳のそれぞれに交互に視線を動かしながら——つまり、本文と問題文に再度目を通し、日本語訳を参考にしながら——読み進めていた。また、このパターンで多く見られたのが、全

文を機械翻訳にかけた後、段落ごとに再度機械翻訳にかけ、さらに文章ごと、単語ごとと細かく機械翻訳にかけるやり方であった。

　全文を機械翻訳にかけるということには学生の元の英語力が影響しているのではないかという疑問が浮かぶが、先の表1のデータはそれに否定的である。TOEICスコア別に見ると、全文を機械翻訳にかけた学生は低スコアのグループ（a）で5名中3名、中位のグループ（b）で11名中4名、上位のグループ（c）で6名中5名であった。このことから、元の英語力が低い学生だけが機械翻訳に頼るというわけではなく、元の英語力が高い学生の多くも機械翻訳に全文を入れて使用していたことが分かる。正答率を見ても、グループ（c）の学生1名は、他の学生より時間をかけて何度も見直していたにもかかわらず、正答は（1）のメイントピックに関する問題のみであった。今回のタスクの平均解答時間は20分ほどであるが、この学生はそれよりも15分ほど長く、35分かけて解答していた。一方、グループ（a）の3名は全問正解であった。このことからも、機械翻訳を上手に活用することができれば、元の英語力に関係なく、英語の文章を理解し、正答することができることが分かる。

　全問正解者のうちの1名は、タスク後のアンケートで、⑤の「自分の正答率は何％だと思うか」という質問に対して最も低い20％と回答する一方で、④の「文脈の中での単語の正しい訳語が分からなかった箇所とその箇所をどのようにしたか」という質問に対しては「分からない箇所がなかった」としていた。質問⑤に対するパターン1の学生12名の回答は20％から70％まで幅広く分かれ、平均は55.8％であった。⑥の「機械翻訳の使用で自分の解答に対しての自信が上がったか（10段階で回答）」という質問に対する回答は平均7.9で、ほとんどの学生が6〜10の間で答えていたが、1名だけ3と回答した。この学生はTOEICスコアではグループ（a）に属し、本文と問題文に一度目を通してから全文を機械翻訳にかけていたが、出力された日本語訳から必要箇所をコピー＆ペーストするようなことはせず、すべての問題に自分で言葉を入力して解答していた。また、単語が

文脈上どういう意味で使われているかを日英両方で説明する問題（2）に関しては、先に日本語を解答欄に入力後、英語での解答も自力で記入し始めたが、途中から機械翻訳に日本語を入力して翻訳にかけることを始めた。そして出力された英語を見ながら、少しずつ機械翻訳に入力した日本語に手を加え、訳出される英語の改善を図り、その成果を解答とした。この学生に関しては、次節で他の学生の結果と共にもう少し深く触れたい。

8-2-2. パターン2の傾向と考察

　パターン2の学生は、英文を読み進めながら、段落ごとに機械翻訳にかけた。人数は22名中3名で、3つのパターンの中で最も少なく、TOEICスコアで見ると各グループ1名ずつの割合であった。3名とも全文を一読した後に問題文に関係する段落のみを機械翻訳にかけながら問題を解き進めた。しかし、こちらもパターン1と同じく、機械翻訳が出力した日本語訳の一部をそのまま切り取って解答する学生は1人もいなかった。アイトラックが記録した視線の動きを見ると、全員が本文と問題文に再度目を通し、機械翻訳の日本語訳を参考にしながら読み進めていた。また、パターン1の学生と同じく、その後は文章や単語を機械翻訳にかけながら解き進めた。

　パターン2の学生のうちTOEICスコアが上位のグループ（c）に属する1名は、タスク後のアンケートで、⑤の「自分の正答率は何％だと思うか」という質問に対しては25％、⑥の「機械翻訳の使用で自分の解答に対しての自信が上がったか」という質問に対しては10段階中の3と回答した[5]。パターン2の3名の中でこの学生のみ、タスクの3問中1問が不正解だった。また、③の「意味が分からなかった単語とその単語の意味をどのようにして理解したか」という質問への回答では「分からない単語は機械翻訳を使用した」と述べているが、④の「文脈の中での単語の正しい訳語が分からなかった箇所とその箇所をどのようにしたか」に対しては「なんとなくの意味は分かっていたので、そこまで重要じゃないかなと思って

機械翻訳にかけず、周りの文章から推測した」と答えていた。この学生は、2022年4月に行われた「プロジェクト発信型英語における機械翻訳の利用に関する調査」[6]では、「AI翻訳を活用して作成した英文を自信を持って発信できるか」という質問に「どちらでもない」とし、その理由は「翻訳された英文が自分の意図を反映しているか分からないから」と回答していた。TOEICスコアは上位のグループ（c）に属する学生であることを考慮すると、元の英語力ではなく、機械翻訳をどう上手に使用するかで機械翻訳への信頼度が変わるとも考えられるのではないだろうか。

8-2-3. パターン3の傾向と考察

　タスクに取り組む中で必要な箇所のみ、そのつど機械翻訳にかけたのが、パターン3の学生である。TOEICスコアで見ると、グループ（a）の学生が1名、グループ（b）の学生が6名の、計7名であった。両グループの1名ずつに誤解答があったのに対し、グループ（b）の残り5名は全問正解していた。このパターンの学生は全員、英語で書かれた本文や問題文を理解するのに必要な文章や単語のみを機械翻訳にかけ、自分の解答も機械翻訳で訳しながら解答していた。**図2**のよ

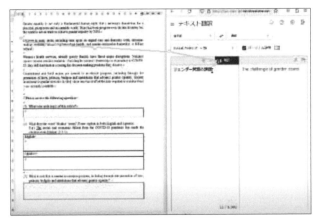

［**図2**］パターン2の学生がタスク中のアイトラッキング記録の動線

うに、ほとんどの学生の視線は機械翻訳が出力した日本語訳とタスクの本文、問題文の間を何度も往復し、訳されたものが文脈に一致するかを見ているようだった。

　興味深いことに、アンケートの⑤「自分の正答率は何%だと思うか」という質問に対するパターン3の学生の回答は平均61.4%で、**表2**が示すように他のパターンよりも高い結果となった。⑥の「機械翻訳の使用で自分の解答に対しての自信が上がったか（10段階で回答）」という質問に対しては平均6.9という回答だったが、これは他の2パターンの中間に位置している。

［**表2**］アンケート結果のパターン別平均

アンケート項目（抜粋）	機械翻訳の使用の仕方			全体平均
	パターン1	パターン2	パターン3	
⑤自分の正答率は何%だと思うか	55.8%	48.3%	61.4%	56.6%
⑥機械翻訳の使用で自分の解答に対しての自信が上がったか（10段階で回答）	7.6	5.3	6.9	7

　また、パターンごとの人数に差はあるが、パターン3が最も正答率が高い結果となった[7]。このパターン3の学生の中から3名をピックアップして見ていくが、ひとり目はアンケートの⑤の正答率を問う項目で最も低い25%と回答した学生である。実際にはこの学生は全問正解していたのだが、アンケートの⑥「機械翻訳の使用で自分の解答に対しての自信が上がったか」という質問には10段階中の7と回答していた。この学生は2022年4月に行われた機械翻訳の利用に関する調査においても、「機械翻訳を使用することで、より自分の表現したい意図に近づいた」「伝えたい内容を適切に反映した英文になったから、機械翻訳で作った英文を気に入っている」と回答している。このことから、この学生は機械翻訳を使用することでより良い解答になったという満足感を強めてはいるものの、それが問題に対する答えとして正しいという確信にはつながっていない、ということがいえそうだ。

　ふたり目は、全被験者の中でTOEICスコアが最も低く、パターン3の学生の中で唯一、グループ（a）に属する学生である。この学生は、⑥の自信に関する項目

で10段階中の10と回答しており、英語のタスクに取り組む中で機械翻訳がこれ以上ない助けになったことが分かる。タスクに取り組む時間は約7分30秒と最も短く、視線の動きからも見直しをしている様子が全くなかった。このことから、英語力が乏しい学生であっても、機械翻訳を使用することで自分の解答への自信が高まることが分かる。

最後のひとりは、アンケートに「機械翻訳を使用していない」と回答した学生である。その理由は「自分で読みたいから」「なんとなく意味が分かったから」などとしていた。確かに、タスクの問題に解答する際に、他の学生のように機械翻訳に自分で考えた文章をかけることはしなかったようだ。しかし、アイトラッキングの記録から、この学生が例文（問題文に付記された解答例）を機械翻訳にかけている様子が見て取れた。この学生の中では、そうしたことは「機械翻訳を使用した」「機械翻訳に頼った」ということにならないものと思われる。機械翻訳を使用しなかった理由として述べたことと併せて考えると、この学生の感覚としては、機械翻訳を使用するということは「自分の言葉で解答しない」「本文や問題文を自力で読まない」ということであり、それ以外の部分での機械翻訳の使用は使用のうちに入らないのかもしれない。ここで、この学生は機械翻訳の使用に抵抗があるのではないかという疑問も生じる。しかし2022年4月に行われた調査では、全学生が機械翻訳を使用するタスクに関連した質問の中の「授業外で英文を読み書きするときにAI翻訳をどの程度活用しているか」という項目では、読み書き両方に関して80%と回答しており、日頃は機械翻訳を使用していることが分かる。

8-2-4. 各パターンから見えた傾向と考察

これまで3つのパターンそれぞれを順に見てきたが、共通する点が3つ見られた。

ひとつ目は、学生の英語力と機械翻訳の使用方法は関係ないということである。全文を機械翻訳にかけた学生12名のうち5名はTOEICスコアが高いグループに

属していたことや、TOEICスコアが全被験者の中で最も低い学生は必要な箇所のみ機械翻訳にかける方法で全問正解していることから、このようにいえるのではないだろうか。

　ふたつ目は、どのパターンで機械翻訳を使用した学生であっても、機械翻訳が出力した英訳をそのまま解答とすることはなく、その英訳と本文や問題文などを何度も読み直しながら解答を調整しているということである。アイトラッキングの結果がそれを裏づけているが、アイトラッキングでは視線の動きは計測できるものの、その明確な目的までも計測することはできない。しかし今回の実験に参加した学生は、2022年4月に行われた調査で、「AI翻訳を使って日本語文から英文に翻訳した際、特に注意深く修正した点は?」という選択式の質問に対し、**表3**のように回答している。すなわち、8名が①の「翻訳された英文の内容がもともと意図していたことを反映しているか確認する」を、2名が②の「翻訳された英文の文法の正確性を確認する」を選択しているが、これらの回答はアイトラッキングで示された視線の動きの目的をある程度示唆しているといえるだろう。

[**表3**] AI翻訳を使って日本語文から英文に翻訳した際、特に注意深く修正した点

選択肢	人数
①翻訳された英文の内容がもともと意図していたことを反映しているか確認する	8
②翻訳された英文の文法の正確性を確認する	2
③日本語文を作成するときに、伝えたい内容を明確にする	7
④簡潔な日本語文を作成する	3
⑤特になし	1

　また、同じ2022年4月の調査で、「機械翻訳を活用して英文を作る際に取る行動」を尋ねた。学生には、①表現したい文章を日本語で作成する、②日本語文を英文に翻訳する、③文法面で英文の確認をする（人称が合っているか、時制が合っているかなどを文法書などで確認する）、④自分の意図どおりの英文ができなかった場合、文法的な面で英文の修正をする（人称や時制など）、⑤もう一度

日本語文を作って英文に翻訳する、⑥表現的な面で英文の修正をする（より適切
な単語に置き換えるなど）の6つの選択肢（複数選択可）から回答してもらった。
その結果を**表4**に示す。

[**表4**] 機械翻訳を活用して英文を作る際に取る行動

選択肢（複数選択可）	人数
①表現したい文章を日本語で作成する	16
②日本語文を英文に翻訳する	15
③文法面で英文の確認をする（人称が合っているか、時制が合っているかなどを文法書などで確認する）	11
④自分の意図どおりの英文ができなかった場合、文法的な面で英文の修正をする（人称や時制など）	10
⑤もう一度日本語文を作って英文に翻訳する	10
⑥表現的な面で英文の修正をする（より適切な単語に置き換えるなど）	9

　人数が多かった回答のうち、15名が選んだ②の「日本語文を英文に翻訳する」、
11名が選んだ③の「文法面で英文の確認をする」は、今回のアイトラッキング実
験で機械翻訳が出力した訳文と本文や問題文の間を視線が往復していることに
ついて、その意図を教えてくれるものになっているのではないだろうか。また、パ
ターン1の学生の中には、機械翻訳に入力する日本語を少しずつ手直しすること
で機械翻訳が出力する英語を調整した者がいたが、これは表3で見た「日本語
文を作成するときに、伝えたい内容を明確にする」や「簡潔な日本語の文を作成
する」という回答ともつながるように思われる。

　なお、2022年度にも、今回のアイトラッキング実験を行ったのと同じ学部の学
生を対象に、機械翻訳の使用に関する調査が行われている（近藤ほか, 2023）。
その中には「機械翻訳を活用して英文を作成する際に行ったこと」を11の選択肢
（複数選択可）から回答する項目もあり、22.4%の学生が「機械翻訳でより適切
な英語を作るため日本語を修正した」と回答していた。これは、日本語と英語の
文法構造には違いがあり、普段使用している日本語をそのまま機械翻訳にかけて
もなかなか思いどおりの翻訳結果が出力されないということを、経験的に理解して

いるからだと考えられる。ちなみに、今回のアイトラッキング実験で見られた機械翻訳の使用方法の3パターンは、2022年4月に行われた調査でも近藤ほか（2023）の調査でも見ることができた。

みっつ目は、タスク後のアンケートの「全体を通して最も難しかった箇所」を尋ねた質問に対し、全被験者の過半数である13名の学生が、単語が文脈上どういう意味で使われているかを日英両方で説明する問題（2）に関連した回答をしていることである。この問題はbleakerという単語の本文中での意味を日英両方で答えさせるものだが、機械翻訳にその英単語を入力しても「ブリーカー」というカタカナ語が出力されるだけである。パターン3の学生のうちの1名は、この質問に対して、「単語が分からないところがあった。→機械翻訳にかけたら多くが解決。ただ、外来語として日本語に入っている単語は、機械翻訳にかけても英語がカタカナになるだけで説明は表示されないので、その意味が分からないことがあった」と回答していた。このことから、この学生が問題（2）に解答するためには、「bleaker / ブリーカー」という単語の意味を文脈から推測する必要があったことが分かる。そのため、この単語が使用されている段落や周りの文章を機械翻訳にかけ、どのような使い方がされているか把握しようとしている様子が、この学生のアイトラッキングの記録からも観測された。

8-2-5. 英訳タスクの結果と考察

今回のアイトラッキング実験は英文読解のタスクが中心であったが、2022年4月の調査ではグラフから情報を読み取り、読み取った情報とそのグラフに関する自分の意見を英語で書くタスクを行った。このタスクの場合、自分の意見を含んだ文章を一から作成する必要があったが、①自分の力だけで作成した英文、②AI翻訳を活用して作成した英文のそれぞれに対する学生の自己評価は**表5**のようであった。

[表5] 作成した英文に対する学生の自己評価の平均値（100点満点中）

	情報	自分の意見
①自分の力だけで作成した英文	44.3	38.9
②AI翻訳を活用して作成した英文	82.5	87.3

　読み取った情報を英語で表現するにあたり、自分の力で英文を作成した場合は平均44.3点であったが、AI翻訳を活用した場合、内容的には同様の英文であっても自己評価は平均82.5点とかなり高くなっている。また、自分の意見を英語で表現する場合も、自分の力で作成した英文の38.9点に対してAI翻訳を活用して作成した英文は87.3点と、自己評価の平均値が2倍以上高いことが分かる。さらに、このタスクにおいて「AI翻訳を活用して最終的にできた英文を気に入っているか」という質問に対する回答を見ると、「気に入っている」が8名、「やや気に入っている」が12名、「どちらでもない」と「あまり気に入っていない」がそれぞれ1名ずつであった。その理由を尋ねた結果を表6に示すが、ほとんどの学生が「文法」ではなく、「内容」や「自分の意図」を伝えることにフォーカスしているように見える。

[表6] AI翻訳を活用して最終的にできた英文を「気に入った／気に入っていない」理由

理　由	人数
①伝えたい内容を適切に反映した英文になったから	7
②意図が伝わりやすい英文になったから	6
③正確な文法の英文になったから	4
④翻訳された英文を自分で手直しして、自分の意図を反映した文章を作れたから	2
⑤翻訳された英文が自分の意図を反映しているか分からないから	2
⑥翻訳された英文が自分の意図を反映していないから	1

　なお、「AI翻訳を活用して最終的にできた英文を気に入っているか」という質問に「どちらでもない」「あまり気に入っていない」と回答した2名の学生は、その理由を「翻訳された英文が自分の意図を反映していないから」「翻訳された英文が

自分の意図を反映しているか分からないから」としており、やはり「自分の意図」を重視しているようだ。もう1名、「やや気に入っている」と回答した上で「翻訳された英文が自分の意図を反映しているか分からないから」を理由とした学生がいるが、その後の「AI翻訳を活用して作成した英文を自信を持って発信できるか」という質問に対しては「どちらでもない」と回答し、その理由を「翻訳された英文が自分の意図を反映しているか分からないから」としていた。この自信に関する質問に対し、先の質問で「どちらでもない」「あまり気に入っていない」と回答した2名の学生は、両名とも「あまり自信を持って発信できない」とし、理由としては両名とも「翻訳された英文が文法的に正しいか分からないから」を選んでいた。このことから、英語の文法知識がないと自信を持ちにくいと考えられる。

　自信に関わる傾向は、今回のタスクの解答とタスク後のアンケート結果を見ていく中でもうかがい知ることができる。**表7**は、タスクの解答者22名全員を対象に実施したアンケートの結果を、全問正解者とそれ以外（不正解が1問以上あった学生）とに分けて比較したものである。

[**表7**] アンケート結果の平均値（全問正解者とその他の被験者の比較）

アンケート項目	全問正解者	その他 （全問正解者以外）	全体
⑤自分の正答率は何%だと思うか	55.7%	58.1%	56.6%
⑥機械翻訳の使用で自分の解答に対しての 　自信が上がったか（10段階で回答）	7 (*)	8	7
人数	14	8	22

(*) 1名が「機械翻訳を使用していない」と回答したため、14名ではなく13名の平均値。

　表を見ると全問正解した学生の数字が予想外に低く、不正解のあった学生よりも自信がないような結果となった。しかし、「機械翻訳の使用で自分の解答に対しての自信が上がったか」という質問に対する回答の全体平均は10段階中の7であり、多くの学生は機械翻訳を使用することで自信を強めたことが分かる。

　一方、2022年4月の調査では、「AI翻訳サービスを使って最も自分の英語力

向上に有効だったことは何か」という質問[8]に対し、「新たな表現を獲得した」と回答した学生が10名、「自分の表現したいニュアンスを発信できるようになった」と「正確な文法を習得した」を選んだ学生がそれぞれ5名いた。このことから、機械翻訳の使用は英語学習にもプラスの影響を与えることができるといえるのではないだろうか。

8-3. 質的分析から示唆されること

　今回、学生22名の機械翻訳の使い方について実験を行ってみて、筆者はひとりの指導者として少し安心した。それは、学生がしっかりと「判断」して機械翻訳を使用しているように感じることができたからである。楽をするためだけに機械翻訳を使用し、出力された訳文を見返すことをしなかったり、さっと見返しただけで解答したりする学生もいるのではないかと、少しばかり心配していたのが本音である。しかし、やり方に多少の違いはあるにせよ、どの学生も自分なりに本文を理解した上で問題に解答しており、自分にとって必要な場面や必要な方法を判断しながら機械翻訳を使用しているのだと知ることができた。

　8-2-1項で述べたように、本文と問題文に一度目を通してから全文を機械翻訳にかけたパターン1の学生のうちの1名は、出力された日本語訳の一部をコピーして解答に用いるようなことはせず、日本語訳に目を通した後、自分自身の言葉を直接入力する形ですべての問題に解答しようとし始めた。最初に英語の本文を一読して大体のテーマや内容を把握し、それらと機械翻訳の日本語訳の内容とが合っているか判断した後、解答の入力を始めたのだろう。しかし、単語の意味を日英両方で説明する問題 (2) のところで、先に日本語を解答欄に入力した後、この学生は注目すべき行動に出た。当初は英語での解答も自分の力で行おうとしたが、途中で方針変更し、機械翻訳に日本語を入力して翻訳にかけることを始めたのだ。そして、機械翻訳が出力する英語を確認しては入力する日本語に手を加え、少しずつ機械翻訳が出力する英語を調整していった。これは、8-2-4項でアンケートの

回答選択肢として紹介した、「自分の意図どおりの英文ができなかった場合、文法的な面で英文の修正をする」と一致するやり方といえる。ただ、この学生の場合、①日本語の解答は機械翻訳を使用せずに自力で行った、②少しずつ機械翻訳に入力する日本語に手を加えた、という2点において独自性が強い。問題（2）のところで、日本語の解答を行った後、英語の解答に機械翻訳を使用する学生はほかにもいたが、その学生たちは日本語の解答をそのままコピーして機械翻訳にかけて英語にしていた。一方、このパターン1の学生は解答した日本語を少し変えて機械翻訳に入力し、出力された英訳を確認した上で入力する日本語の修正を行い、そこで出力された英訳を確認した上でさらに入力する日本語の修正を行う、ということを繰り返していた。こうした行動から、日本語≠英語ということが、この学生にはしっかりと理解されているのではないかと筆者は感じた。この学生がこれまで機械翻訳を使用した経験の中で手法を学んだ面もあるのかもしれないが、それだけでなく、英語の基礎知識や英語のニュアンスをくみ取る力などもあるからこそ可能になった手法なのではないだろうか。

　こうしたことから、「もう英語の勉強は必要なくなる」という考えに対して、筆者はさらに疑問を抱くようになった。もちろんAIの機能も今後まだまだ進化し続けていくが、それを使用する人が「伝えたいニュアンス」を判断できるかもポイントになってくるからだ。たとえば、「どうして日本に来たのですか」と機械翻訳に入力すると、Why did you come to Japan? と英訳される。確かにこれは文法的にも間違っていない表現だが、Why......? の形で尋ねると理由をストレートに聞く質問になるため、言い方や声のトーンによってはミスコミュニケーションを生む可能性もある。そのため、今は What brought you to Japan? と表現されることが一般的になってきた。この英文は、直訳すると「何が日本にあなたを連れてきたのですか」という意味だが、英語のニュアンスが分かるからこそこの表現を理解できるのではないだろうか。また、What brought you to Japan? を機械翻訳にかけると「日本に来たきっかけは何ですか」という訳が出力され、それを機械翻訳の逆翻訳機能にかけても元

の英文と一致する。こうしたことから、伝えたい内容が同じであってもその表現の仕方が変わると、そのニュアンスに応じて機械翻訳に入力する言葉も変更すべきであることが分かる。

　もちろん、すべてのニュアンスを母語話者と同じレベルで把握していくことは難しい。筆者自身、5歳から10歳までの5年間をアメリカで過ごしたが、同年代の母語話者と同じレベルで英語を話せるかと聞かれると、できないと断言できる。しかし、一般的な英語学習者よりはニュアンスやフィーリングがずっと残っているといえるだろう。これは「母語話者の直感（native intuition）」[9] に近いものなのかもしれない。先日、「あなたにそれをもたらしたことは何ですか」という質問をされたのだが、その質問の内容から「もたらした」という言葉が筆者にはピンとこなかった。そこで機械翻訳にかけてみたところ、What brought that to you? と英訳された。「もたらす」という日本語の場合、「Aが何かをBまで持っていく」というように、AからBへ向かう矢印をAの視点から見ているように感じる。しかし、英語でbroughtと言えば、「BまでAが何かを持ってきた」というように、Aから来る矢印をBの視点で見ている感覚になる。このことを相手に話すと、その感覚を概念的には理解してもらえたが、英語学習者としてそういう感覚は持ち合わせていないということだった。確かにこの感覚には「臨界期（critical period）」[10] といわれる時期を海外で過ごしたことが大きく関係しているのかもしれないが、英語学習者でもこの感覚に近いものを習得することは可能なように思われる。そしてそのためには、英語のニュアンスを経験や体験の中でつかむ必要があるのではないだろうか。机に向かった学習だけでなく、英語の実践的使用経験も必要不可欠になってくる。

8-4. 機械翻訳をうまく使うには?

　学生がさらにうまく機械翻訳を活用するには、どうすればよいのだろうか。どのように機械翻訳を使用すれば、学生はもっと自信を持って発信できるようになるのだろうか。タスクの正答率が高い学生たちのアイトラッキングの記録からは、「細分

化と一元化」「判断力」というキーワードが見えてくる。

　どのパターンの学生も、最終的には文章や単語レベルで機械翻訳を使用していた。パターン1の学生は、最初にタスクの本文に目を通した後、全文を機械翻訳にかけていたが、大体の意味を把握した後は段落や文章、単語など、より細かいレベルで機械翻訳にかけていた。パターン2の学生は全文を機械翻訳にかけることはせずに段落ごとにかけ、パターン3の学生は必要な時にかけていたが、これは「大体の意味の把握」が最初の段階でできていたからなのだろう。しかし、各パターンで人数の違いはあるにしても、正答率はパターン3が最も高く、タスク後のアンケートの「自分の正答率は何％だと思うか」という質問への回答もパターン3が他のパターンより高かったことは、とても気になる点である。

　正答率は英文を細分化して機械翻訳にかけた学生の方が高い傾向にあるとしたら、単語だけを機械翻訳にかければよいのかというと、それも違うだろう。8-2-4項で述べたbleakerの例のように単語を機械翻訳にかけても意味内容が表示されないこともあるし、意味が出力されてもそれが文脈と合致しない場合もありうる。そしてそうした場合には、結局、その単語がどんな文脈で使われているかを把握する必要があるのだ。分からない単語が出てきた際には、その単語の周りの文章を機械翻訳にかけて文脈を把握するというのも、機械翻訳の上手な使用法のひとつといえる。これは、逆に日本語を英訳する際も同じである。単語ごとや一文ごとに機械翻訳に入力していくと、出力も細切れの単語や文章になってしまう。それをどのようにつなぎ合わせて整った文章にし段落にしていくかという「一元化」が問題になるため、文章の流れや指示語の一致などを再度見ていく必要がある。

　そこで重要になってくるのが、機械翻訳を利用する者の「判断力」である。日本語と英語のどちらを機械翻訳にかけた場合でも、出力された表現をそのまま使うかどうかは利用者の判断である。では、どのようにジャッジしていくかといえば、文法的におかしくないか、意味的に自分の伝えたい意図と一致しているかというような点を見ることになり、その判断を支えるのは機械翻訳を利用する人自身の英

語力ということになるのだろう。だが What brought you to Japan? の例で述べたように、たとえ文法的に正しくて一応の意図が伝わる英文に訳されたとしても、元の日本語文に込められた感情や思いまでも十分に伝えきることはできていない場合がある。言葉や表現の持つニュアンスと、その伝え方も重要なのだ。「悲しい」の訳語はsadだけではなく、unhappy、disappointed、gloomy、griefなども考えられるが、機械翻訳に「悲しい」と入力しただけで最適の訳語が得られるわけではない。表現に選択肢がある場合、その中のどれが最も適切かを判断するのは、表現したいことがある人自身である。すなわち、機械翻訳から出力された英訳を見て自分が表現したかったニュアンスが最適な形でそこに表現されているかどうかを判断することは、自分にしかできないのだ。また、表現の仕方にバリエーションがある中、機械翻訳で自分の意図どおりの英訳が出力されるようにするためには、どういう日本語文を入力するのが最もよいかという判断も自分で行う必要があるだろう。そして、そうした判断力をつけるには、機械翻訳の利用者自身が真の英語力を向上させることが必要不可欠なのではないだろうか。

　判断力をつけることは、「自信」にもつながってくると考えられる。今回の調査では、機械翻訳を自由に使用できたにもかかわらず、「自分の正答率は何％だと思うか」というアンケート項目への回答は全体平均で56.6％という結果であった。実際には正解しているのに自信が持てずにいた学生は、判断力が不足していたようにも見える。あるいは、表6にあった「翻訳された英文が自分の意図を反映しているか分からない」というようなことも不安要素になっているのかもしれない。そうした不安要素を取り除くには、「成功体験」を重ねることが最も必要なのではないだろうか。成功体験を重ねることで「自己効力感（self-efficacy）」[11]を育てることができることは英語教育学でもよく知られている。今回の場合であれば、機械翻訳を使用して作成した英文が伝わると実感することで、すなわち自分の考えや思いを英語でうまく表現できたと実感することで、機械翻訳の使用が「自信」につながるのではないだろうか。

8-5. おわりに

　筆者は、ひとりの帰国子女として、日英両言語と共に育ってきた。一般的な英語学習者とは少しスタートが違うかもしれないが、公立の中学・高校で日本の英語教育を受けてきた。学生時代、「どういう意味か教えて」と言われることもしばしばあったが、日本語から英語、英語から日本語に直訳できることは少なく、意味を聞かれても「どんな状況で?」「どんな場所で?」などと細かく聞き返すことが多かった。これは、日本語の単語より英語の単語の方が1つで多くの意味を持つことが多いため、仕方ないことだったのかもしれない。

　現在は、機械翻訳が発達していく中で、多くの人が自ら機械翻訳に簡単にアクセスし検索できる環境にある。しかし、機械翻訳を使用した人の多くは、「思っていたような訳が出てこない」と感じた経験が一度はあるのではないだろうか。もちろん、いまだ発達途上で未完成な要素も多いが、驚くべきスピードで進化し続けていることも事実であり、過去の経験から機械翻訳への信頼を失った状態が続いているとすれば、とても残念なことだ。利用者も機械翻訳が進歩していることを知り、その進歩にキャッチアップし続ける必要があるだろう。

　筆者は、今回の実験の結果として、機械翻訳を使用することで「表現の幅が広がる」と実感した学生が多かったことを、とてもうれしく受け止めている。このように、機械翻訳の力を借りることで、われわれの伝えたい内容をより繊細に英語で表現していくことができるようになるのだ。また、単に内容が伝わるだけでなく、自分が抱いたのと同じ空気感、同じ温度感までもが伝わるような表現を目指すことも大切であり、機械翻訳はその力強い味方になるのではないかと筆者は思っている。

　今回の学生に限らず、言語はコミュニケーションのためのものだと実感することは、言語学習をする上で必要不可欠である。機械翻訳を利用しようがしまいが、考えたことを実際に英語で人に伝え、それに対するリアルな反応を受け取り、お互いの存在を感じ取る経験こそが、英語を学習する真の目的なのではないだろうか。言葉や言語は、ひとりの人間が発信するだけでは機能しない。それを別のひとり

が、あるいは大勢の人たちがキャッチしてこそ、それは意味を持つのだ。お互いの思いや考えを発信し合い、より良い関係を築いていくためのひとつの手段であることは、言語を扱う者として忘れてはならない。そして、そのことは機械翻訳の使用に関しても同様だろう。われわれ自身の気持ちや意図と機械翻訳の能力をうまく融合させるためにも、自らが伝えたいことと翻訳結果を対照し、より良い言語表現はどういうものか判断する能力は今後も必要不可欠だ。今回の実験結果を通して、筆者はそう感じている。

注

[1] **p.175** 今回の実験では「TalkEye Free T.K.K 2952」を使用した。

[2] **p.175** 使用した装置の機能などは竹井機器工業株式会社のサイトhttps://www.takei-si.co.jp/products/1905/を参照。

[3] **p.176** 今回のタスクの英文は、国際連合のサイトhttps://www.un.org/sustainabledevelopment/gender-equality/から、SDGsの17の目標のうちのGoal 5: Achieve Gender Equality and Empower All Women and Girls（目標5 ジェンダー平等を実現しよう）の記事を引用した。

[4] **p.176** 今回のタスクでは株式会社みらい翻訳のAI自動翻訳サービス「Mirai Translator」（本書第10章参照）を使用した。

[5] **p.179** パターン2の学生の回答は、「今回の正答率は何%だと思うか」という質問に対しては平均48.3%、「翻訳を使用することで自分の回答に対しての自信が上がったか」という質問に対しては平均5.3（10段階中）であった。

[6] **p.180** みらい翻訳を導入した必修英語授業を受講する大学1・2回生、約900名を対象にアンケートを行った。

[7] **p.181** 各パターンの正答率の平均は、パターン1が54.5%、パターン2が66.7%、パターン3が83.3%だった。

[8] **p.188** 以下の6つの選択肢から回答する形式の質問。①新たな表現を獲得した、②自分の表現したいニュアンスを発信できるようになった、③正確な文法を習得した、④英語で発信する経験を得た、⑤何度も英文を修正する経験を得た、⑥特になし。

[9] **p.190** 母語に関して人間が持っている感覚。本書第1章を参照されたい。

[10] **p.190** Lenneberg (1967) が Biological Foundations of Language（言語の生物学的基礎）の中で提唱した説で、以下のようなことを述べている。①母語および第二言語の習得において、人間は臨界期と呼ばれる特定の時期を過ぎるとそれらの習得が困難になる。②臨界期は1歳前後から12歳前後までであり、その時期を過ぎると言語習得能力が徐々に失われる。そのため、母語と同じレベルでの第二言語の習得はできない。

[11] **p.192** アルバート・バンデューラが1977年に発表した説で、成果を出すために必要な行動を遂行する力が自分にはあると認知し、自分自身の可能性に対して信頼感や自信を持つことをいう。セルフエフィカシーなどとも呼ばれる。

参考文献

Bandura, A. (1995). *Self-Efficacy in Changing Societies*. Cambridge University Press. (バンデューラ, アルバート［著］, 本明寛・野口京子［監訳］(1997)『激動社会の中の自己効力』金子書房)

近藤雪絵・木村修平・坂場大道・豊島知穂・中南美穂・山下美朋・山中司 (2023)「AI機械翻訳の英語正課授業への大規模導入とその課題—英語発信力向上のための機械翻訳活用にむけて—」『CIEC春季カンファレンス論文集』Vol.14, 41-44

Lenneberg, E. H. (1967). *Biological Foundations of Language*. John Wiley & Sons.

09

翻訳学の知見を機械翻訳に生かす
—— 機械翻訳における指導法の模索

豊島知穂 ［神戸女学院大学非常勤講師］

9-1.「翻訳」とは?

　近年すさまじい勢いで進化を遂げている機械翻訳によって、より安価に誰でも簡単に「翻訳」をすることが可能となった。翻訳だけではなく、音声認識による自動通訳機の精度も格段に上がり、多言語でコミュニケーションを取ることのハードルが下がりつつある。AIに取って代わられる仕事の筆頭として、翻訳者や通訳者が挙げられるようになったが、果たして本当にそうなのだろうか。まずは「翻訳する」とはどういうことなのか、翻訳学で基本となる理論をもとに確認する。

(1) 翻訳の等価と目的

Traduttore, traditore.（翻訳者は裏切り者だ）

　一瞬どきっとしてしまう言葉だが、イタリア語の有名な警句で、英語の Translator, traitor. に相当する。つまり、完璧な翻訳など存在せず、どのような翻訳も原文を忠実に伝えることはできない。翻訳者は原著者の意を裏切ってしまう、という意味である。ある言語から他の言語に言葉を置き換える翻訳の等価性の可否については、長い歴史の中で様々な角度から検討されてきた。文構造や文法、それを表す文化そのものが異なるのだから、翻訳とは単純な言葉を置き換えるだけの作業

ではない。原文の言葉を他言語で表現した上で、そこに著者の意図や対象の読者、出版社の意向や字数制限など、様々な要素が加わる。そのため、プロの翻訳者であっても一度で満足のいく翻訳を書くことは難しく、何度も書き直しが必要であるという。

　等価については、翻訳学を語る上で基礎的かつ必要不可欠な側面であり、これまで多くの研究がなされてきた。なかでも、1960年代に提唱されたユージン・ナイダ（Eugene Nida）による「形式的等価（formal equivalence）」と「動的等価（dynamic equivalence）」の2つの分類は有名である。形式的等価とは原文に忠実な訳で、時には原文の言葉をそのままカタカナで残したり、原文の文法的構造をそのまま訳文に反映させたりして、「訳文らしさ」を残す。一方、動的等価とは読者が翻訳したものと気がつかないほどに自然な言語で訳されたもののことをいう。原文を読んだ時と、訳文を読んだ時で同じ印象を読者に与えるようにしなければならない。

　ナイダの主張から具体例を挙げると、スペイン語でMartes 13（13日の火曜日）と書かれていた場合、英語ではどのように訳すだろうか。そのまま訳すとTuesday the 13th（13日の火曜日）だが、実はスペイン語で13日の火曜日とは、縁起の悪い不吉な日として知られている[1]。一方、英語圏の多くにおいて縁起の悪い13日といえば金曜日を思い浮かべるので、スペイン語の原文が「ただの日にち」を表しているだけでなく、「良くない日」として書かれているのであれば、Friday the 13th（13日の金曜日）と訳した方が、読者に同じ印象を与えることができる。よって、Tuesday the 13thとそのまま訳すのが「形式等価」であり、Friday the 13thと訳すのが「動的等価」である。ナイダ自身は聖書翻訳者であったことから、翻訳の目的は布教であったので、動的等価によって翻訳から異質性を排除した。読者にとってより読みやすく、違和感のない文章を目指したのである。このように、翻訳の目的によってどちらを選ぶかは決定される。

　翻訳学習者であればこのようなことを十分念頭に置いた上で訳出することが必

要であり、少なくとも現時点で機械翻訳は文脈や言語外の意味を考慮して訳すことができない。よって、「機械翻訳の普及により、翻訳者がいらなくなる」といった極端な話には一部同意することができない。実際、機械翻訳の普及に伴い、安価に翻訳作業をすることも可能となり、今まではコスト面で翻訳を頼めなかった業界から翻訳会社への依頼も増えている。一方で、機械翻訳が今後も進化を続ける以上、AIができること以上のスキルを兼ね備えた翻訳者のみが必要な人材として生き残ることになるだろう。よって（当分の間は）完全にはなくなる仕事だとは思えないが、結果的に必要とされる人数が減ってしまうことはあるかもしれない。原文に対する訳文の正解が１つではないことこそが翻訳の難しさであり、奥深さ、面白さであるので、知識と柔軟性をもって機械にはできないことを人間が担っていく必要があるのではないだろうか。機械翻訳は驚くべきスピードで進歩を遂げ、われわれの生活を豊かにするツールであることは間違いないが、まず初めに万能ではないことを確認した上で、今後の使い方を模索した方が賢明だろう。

　機械翻訳にできないことがあるとはいえ、英語学習者が一般的に機械翻訳を使う際は、上記で述べたような文化的背景や言語外の状況すべてを考慮した翻訳を求めているわけではないように思う。海外の友人とメールや会話のやり取りをするために利用したいのか、自分の意思や考えを授業で発表するために使いたいのか、それとも学術論文を執筆する際に利用したいのか、など、利用の目的は様々であることが推測され、その用途に対して機械翻訳の得手不得手を認識した上での活用が適切だといえる。そのためにもまずは、翻訳における様々な側面を考慮した上で機械翻訳の特性を整理し、有効な使い方を検討した方がよいかもしれない。

（2）スコポス理論

　そもそも翻訳の必要性というのは「読者」や「聞き手」がいるから翻訳をするのであって、言葉を受け取る相手を十分に考えた上での訳文作成が非常に大切だといえる。翻訳とはコミュニケーションの一種であるので、コミュニケーションの

相手が変われば言葉が変わってくるのは当然のことと思える。翻訳に限らず、われわれは日常的に話す相手によって使う言葉を変えるし、話す内容によって使う言葉や話し方も変わってくるはずだ。この「目的」に応じて翻訳するという考え方は、「スコポス理論（Skopos Theory）」として1978年にドイツ機能主義という学派から生まれた。数ある翻訳理論の中でも基本的なもののひとつで、ドイツの言語学者であるハンス・フェアメーア（Hans Vermeer）とカタリーナ・レイス（Katharina Reiss）によって提唱された。「スコポス」とはギリシャ語で「目的」を意味し、翻訳をする際には目的を考え、どのような読者が読み、何のために翻訳をするのか決めておくことが大切であるという主張だ。読者が大人なのか子どもなのか、訳す文書のジャンルが専門書なのかビギナーズブックなのか、手紙なのかニュース記事なのかで訳文は大きく異なる。用語ひとつをとっても、目的に沿った正しい単語を使わないと、翻訳の品質がぐっと下がる結果になる。具体例として、以下にSnell and Crampton（1983）の訳文を『通訳翻訳訓練』（2012）より引用する。

「前frontと後ろback、左leftと右rightと訳してあれば誰でも理解できるとはいえ、ヨット関連のパンフレットで船首bowと船尾stern、左舷portと右舷starboardと訳せば印象がよく、馬具に関する文章で前肢foreと後肢hind、ニアnearとオフoffと訳せば、しかるべき専門用語の知識があると示すことができる」

このように訳文上で専門用語が正しく使われているだけで、対象の読者にとって読みやすい文章になるし、反対に、見当違いの用語が使われているだけで不信感が募り、そのほかが正しく訳出されていても、文全体の質が悪いと判断されるかもしれない。それを防ぐために人手翻訳の場合は、翻訳をする前に用語集（グローサリー）を作成し、それに沿って専門用語などは訳すことが一般的である。翻訳はプロジェクトとして複数人で取り組むことも多いため、その場合も用語集を事前に作成することによって、文全体の用語を統一することができる。機械翻訳を利

用する際も、同じようにまずは用語集の登録をすることによって、専門用語を正しく訳出するように前処理することにより、品質を上げることができるので、ぜひ使う前に検討したい。

2019年にOsaka Metro（大阪市高速電気軌道株式会社）のホームページで、自動翻訳を使った結果「堺筋線」がSakai muscle lineと表記され、やはり自動翻訳は使えないと話題になったこともあったが[2]、機械翻訳はもともと固有名詞の訳出を苦手とするので、用語集の登録や訳出後に用語の確認を徹底することによって、この種の誤りは防げるのではないだろうか。

（3）機械翻訳におけるプリエディットとポストエディットとは

前述のとおり、翻訳をする際は「どのような文章を」「何のために」訳しているのか意識することが重要である。学習者が機械翻訳を使う場合であっても、このことは変わらない。機械がすべての要素を考慮して適切な訳語を作成することはできないので、できないことを人間が補うことによって、より精度の高い「使える」英語を書いたり読んだりすることができるようになる。その際、用語集作成に加え、プリエディット（pre-edit）とポストエディット（post-edit）をしっかりと充実させることがポイントになってくる。プリエディットとは機械が訳しやすいように文体を事前に整えることで、ポストエディットとは機械が訳し終えた後、誤りがないかを確認し、必要に応じて文体を修正することである。この2つのステップは機械翻訳を使う上で欠かせない（**図1**）。

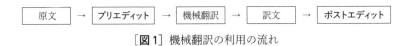

［**図1**］機械翻訳の利用の流れ

これは翻訳エンジンが進化しても同様である。機械翻訳を使わないで翻訳者が翻訳する人手翻訳（human translation: HT）の場合においても、翻訳品質を保証するための事項を定めたISO 17100という国際規格[3][4]がある。そのISO規格に

おいても以下のとおり、翻訳者が訳文を作成した後で、繰り返し確認の作業を踏むことが求められている。

[ISO 17100による確認のプロセス]
① 翻訳
② 自身の作った訳文のセルフチェック
③ バイリンガルチェック
④ 最終検品

　加えて、機械翻訳のポストエディットに関しては、すでにポストエディットのマニュアルを作成している翻訳会社もあり、翻訳スクールでも講座が開講されるなど、ポストエディットに長けた人材を育てることも翻訳業界における喫緊の課題となっている。

　たとえば、日本語から英語に機械翻訳を使って訳した場合、もちろんプリエディットは日本語を、ポストエディットは英語を修正するわけであるから、語学学習初心者にとってポストエディットの作業は難しいものになるだろう。「英語が得意な学習者こそが機械翻訳を使いこなせる」という言葉は最近よく耳にするし、確かに間違いではないが、機械翻訳の性能は驚くほど向上しているので、実はプリエディットのコツをつかみ、最低限のポストエディットを行うだけであってもずいぶん自然な英文に訳すことができる。英語が苦手な学習者にとって何もできない状態から、少しの工夫と機械翻訳の力を借りることによって伝わる英語を書けることは自信にもなるだろう。

9-2. 翻訳文書の質を評価する

　そもそも質の高い翻訳文書とはどのようなものなのだろうか。翻訳するスピードが重視されるのか。それとも、専門用語を正しく使っていたり、訳文が自然な言

葉で示されたりしていることなのだろうか。

　機械翻訳の品質が飛躍的に向上したといわれているのは2016年以降で、Google がニューラル機械翻訳（neural machine translation: NMT）と呼ばれる新しい技術 をGoogle翻訳に導入したことがきっかけである。ニューラル機械翻訳とは、人間 の脳の神経回路に類似した数式モデルのニューラルネットワークを使い、膨大な 対訳データを学習し、AIが自分自身で学習して進化していくディープラーニングを 導入した人工知能による翻訳システムのことだ。機械翻訳自体は、昔からある技 術だが、この技術を導入したことによって、より自然で「人間らしい」訳を作るこ とが可能になった。

　翻訳の質を判断する基準としてはすでに様々な項目が提案されており、まずは 以下に翻訳の質を評価する基準を異なる角度から紹介する。

（1）翻訳教育における誤りカテゴリー

　そもそも翻訳の「誤り」とはどのようなものがあるのだろうか。ただ単に原文の 意味を誤って訳すといっても、用語単位の誤りや、原文に書かれている要素の訳 抜け、逆に書かれていないことを追加で記述している場合や、つづりや漢字の変 換ミスまで様々なものがある。

　翻訳のエラーついては、翻訳業界においても様々なカテゴリーが提案されてい る。欧州のQuality Translation Launch Padで開発されたMultidimensional Quality Metrics（MQM）、Translation Automation User Society（TAUS）で開発された Dynamic Quality Framework（DQF）、MeLLANGE（Multilingual eLearning for Language Engineering）プロジェクトにおいて開発されたカテゴリーを単純化した MNH-TT（Minna no Hon'yaku for Translator Training）校閲カテゴリーなどがあ る。MNH-TT校閲カテゴリーは英日の翻訳において有用であることがすでに確 認されており、翻訳学習者向けに特化した誤りカテゴリーであるので、今回はこ のカテゴリーにそって豊島ほか（2016）の論文を参考にしながら、翻訳の「誤り」

について確認する。

　まず、MNH-TT校閲カテゴリーはX1からX16まで16種類のエラーに分類されている（**表1**）。この16種類のカテゴリーが、それぞれ誤りの重要度に応じてLv1～Lv5までに分けられている。

[**表1**] MNH-TT校閲カテゴリーの分類 (豊島ほか, 2016)

Lv 1	**未完成**	
	X4a	未翻訳
	X6	曖昧さ未解消
Lv 2	**誤訳**	
	X7	用語の訳出エラー
	X1	原文内容の欠落
	X2	原文にない要素の付加
	X3	原文内容の歪曲
Lv 3	**目標言語の文法的または統語的な問題**	
	X8	コロケーションのエラー
	X10	前置詞や助詞のエラー
	X11	活用のエラーや数・性などの不一致
	X12	つづりのエラー・誤変換
	X13	句読法に関するエラー
	X9	その他の文法的・統語的エラー
Lv 4	**目標言語文書の質の問題**	
	X16	結束性違反
	X4b	直訳調
	X15	表現のぎこちなさ
Lv 5	**納品・公表に際しての問題**	
	X14	レジスタ違反

　Lv1が最も重いエラーで、Lv5が最も軽いエラーとされる。Lv1のエラーには、原文に書かれていることが訳されないまま訳文に残っている［X4a 未翻訳］や、訳文で複数の訳候補が残っている場合に付与される［X6 曖昧さ未解消］が割り振られている。一方、Lv5に分類されている［X14 レジスタ違反］のエラーとは、文書のジャンルに不適切な言葉が使われているような誤りのことで、訳文自体は正しくても、納品や公表に際して問題となりえる誤りのことである。**表2**にこれらの例文を記す。

英日翻訳において下記の同じ原文を訳した場合に、それぞれ下線で間違えている点とその修正案を示す。

（原文）Machine translation has been dramatically improved in recent years.

X4a 未翻訳	近年、<u>マシーントランスレーション</u>は飛躍的に進歩している。
［修正案］	近年、<u>機械翻訳</u>は飛躍的に進歩している。
X6 曖昧さ未解消	近年、機械翻訳は<u>飛躍的 / 確実</u>に進歩している。
［修正案］	近年、機械翻訳は<u>飛躍的</u>に進歩している。
X14 レジスタ違反	近年、機械翻訳は<u>すっごく</u>進歩している。
［修正案］	近年、機械翻訳は<u>飛躍的</u>に進歩している。

　学習者における翻訳の誤りについては、複数の研究においてMNH-TT校閲カテゴリーを使った検証がすでに行われており[5]、［X3 原文内容の歪曲］、［X7 用語の訳出エラー］、［X8 コロケーションのエラー］が特に多いといわれている（豊島ら, 2015）。前述のとおり機械翻訳においては、一般的に［X7 用語の訳出エラー］にあたる固有名詞の訳出エラーが多いため、この誤りに注意すれば、人手翻訳よりもはるかに時間を短縮して訳文を作成できるようになるかもしれない。中でも、Lv 3 にあたる「目標言語の文法的または統語的な問題」については、機械翻訳の利用により、大幅に減らすことができると予測できる。

（2）機械翻訳の質に関する評価

　機械翻訳を評価する指標については BLEU（bilingual evaluation understudy）、NIST（National Institute of Standards and Technology; 米国標準技術研究所）、RIBES（rank-based intuitive bilingual evaluation score）など、様々なスコアが存在するが、中でもBLEUが最も一般的に使われている。BLEUスコアは、機械翻訳とプロが作成した複数の翻訳と比べた際の類似度に基づいて評価される仕組みだ（このことからも、機械翻訳と人手翻訳を比べた際、現在の技術においては人手翻訳の方が優れていることが分かる）。0から1の間で自動的にスコアを算出し、その数値を100倍し、値が高くなるほど品質が高いという評価になる。一般的に40以上の場合、品質の良い翻訳といわれている。BLEUスコアは自動で評価さ

れ、非常に便利なツールである一方、文脈や語順を考慮せず字面で翻訳の質を評価するため、使用の際は注意が必要だ。

このBLEUを使い、すでに多種多様な分野の翻訳文書が評価されているが、機械翻訳の品質については、ひと言で評価することはできず、機械翻訳の品質がかなり良い分野もあれば、現時点では全く使えない分野もある。われわれが一般的に無料で使っているオンライン上の機械翻訳は汎用システムで、幅広く様々な文章を訳せるようになっているが、技術的には分野に特化したシステムを作ることも可能である。汎用エンジンに専門分野の対訳データを搭載し、分野ごとの訓練を行うことで、翻訳の質が向上する。具体例として、『通訳翻訳ジャーナル』（2020 Summer）記載の隅田英一郎氏（情報通信研究機構）の言葉を以下に引用する。

「たとえばstudyの訳語は、勉強、書斎、研究、知見などいろいろありますが、製薬であれば、『勉強』と出たら『治験』にしなさい、と訓練することを繰り返す」

このように製薬や特許、金融や自動車などの分野に特化した機械翻訳もすでに研究、開発されており、同記事によると汎用の機械翻訳と分野ごとの専門の機械翻訳での質の違いをBLEUで比較した場合、データの多い製薬の翻訳については特に高品質であること示されたという。ただ、分野に特化した機械翻訳のエンジンを作ることは可能ではある一方、専門エンジンで一般的なセンテンスを訳そうとするとうまくいかなくなり、すべての分野において完璧な専門用語や言い回しを機械翻訳が訳出することは難しい。

何を求めているかによって機械翻訳の品質の評価は変わるであろうし、その目的を踏まえた上での検討が必要であるといえる。

9-3. 機械翻訳を使うメリットとデメリットについて

翻訳会社においても機械翻訳の利用率は確実に伸びている。一番の使用目的

は作業時間の短縮や下訳の作成、大まかな意味を把握するためだろう。従来の人手翻訳と機械翻訳を比較した際にどのようなメリットとデメリットがあるのだろうか。

[機械翻訳を使うメリットとデメリット]

（1）メリット

①**翻訳のスピードがあがる**：機械翻訳の一番のメリットといわれると、間違いなくそのスピードだろう。数秒で訳文を提案してくれることから、緊急性を要する場合には大いに役立つといえる。1995年に起きた阪神淡路大震災では、外国人の死亡率が日本人に比べて高い割合だったという。避難や生き延びるために必要な情報が英語と日本語でしか翻訳されていなかったため、他言語を話す外国人まで情報を届けることができなかったことが一因とされている。そのような緊急時には間違いなくこのような機械翻訳が有効で、今後も広い範囲で利用されることが予測される。加えて、緊急時のみではなく、要旨をざっと確認したい際にも便利であるし、プリエディットとポストエディットの手間を加えてもなお、人手翻訳ですべて訳した時よりも大幅な時間短縮になるだろう。

②**翻訳のコストを抑えることができる**：機械翻訳には無料のものが多く存在し、自力で機械翻訳を使った際はもちろん、翻訳会社に機械翻訳とポストエディットの作業で依頼した場合もなお、比較的安価で依頼できる傾向にある。

（2）デメリット

①**セキュリティが十分ではない**：翻訳会社が翻訳をする際にGoogleなどのオンライン型の無料機械翻訳サービスを使用することを、機密保持の観点から、クライアント側が禁止する場合も実際にある。翻訳業界内では、セキュリティ対策として、有料版を使うことが増えている。

②**人による確認が必要**：機械翻訳の精度が向上するにつれ、ひと昔前の機械っぽさがなくなり、人間が話すような自然な言語で翻訳ができるようになった。結果、

誤訳を見逃しやすくなったともいえるだろう。読んでいても一見違和感のない訳に仕上がるため、しっかりと確認の作業を行うことが必須である。

9-4. 学習者が機械翻訳を使う上でのメリット

　では、学習者が機械翻訳を使うメリットにはどのようなものがあるのだろうか。英語教育においてChatGPTや機械翻訳の扱いに関する議論が頻繁になされるようになり、その対応を表明している大学も増え続けている。機械翻訳の使用について、限定的に禁止することは可能であっても、全面的に禁止をすることは現実的に難しく、それであればいかに有効に活用していくかということを考えるべきではないだろうか。

　TOEIC Listening & Readingテストの2020年度の日本人平均スコアは620点だったのに対し、機械翻訳は2019年時点でTOEIC 960点程度といわれるまでに精度が上がっている[6]。そうした機械翻訳を活用すると、学習者は母語を使いながら英語に触れる機会が増えるので、そこには多くのメリットが存在するはずだ。英語を専門に学んでいる学生にはぜひ英語力を上げてほしいが、その手助けを機械翻訳がしてくれるかもしれない。英語専攻以外の学生にとっては、機械翻訳が語学ではなく専門分野に費やす時間を増やしてくれるかもしれないし、研究発表を英語でする場合の心強い味方にもなるかもしれない。機械翻訳の利用は語学力の低下を招くのではないかと懸念する声も聞くが、実のところ、使い方によっては英語力の向上に役立つ可能性もある。そこで、学習者が機械翻訳を使うメリットを下記にまとめたいと思う。

（1）母語を使って自分の表現したいことを表すことができる

　学習者が機械翻訳を使う一番のメリットといえば、母語を介して英語で発信をすることができるということだ。語学学習者にとって、「他言語でコミュニケーションを実際に取ることができた」ということは、それそのものが貴重な経験になるだろう。

英語に苦手意識がある学生は特に、機械翻訳の力を借りることによって、伝えてみようと挑戦するきっかけになるのではないだろうか。

（2）自分では思いつかなかった訳語を学ぶことができる

　学習者が英語で文章を作成する際には、多くの場合、まず初めに日本語で自分の言いたいことをまとめ、それを英語に翻訳するということを行っているように思う。従来の学習方法では、まとめた日本語文の中の英訳しにくい語を和英辞典で調べながら英語に訳していくという手順であるが、機械翻訳を使った場合はその作業が逆になる。つまり、まず日本語文を英文に翻訳し、その英文の中の分からない単語を英和辞典で調べることになる。機械翻訳が出力した訳に違和感を抱いた場合は、すぐに他の訳候補を表示させて選択することもできるので、新しい表現や単語の発見につながるのではないだろうか。

（3）英語で必要な「文構造の把握」「言い換え力」を磨くことができる

　プリエディットの際、機械が訳しやすいように「主語を補う」、誤った訳にならないように「日本語らしい表現を他の言い方に置き換える」、曖昧な訳にならないように「目的語をきちんと書く」——このような日本語の「言い換え」の作業は、語学学習者にとって非常に有効な訓練になる。日本語と英語の文化的な差異や文法構造の違いを把握する上でこの作業はとても大切であるし、この「言い換え力」は英語の話す練習をする上で非常に重要である。英語母語話者ではない場合、英語で話す際に、単語が見つからず焦ってどんどん言葉が出てこなくなる、という経験をしたことがある人も多いのではないだろうか。落ち着いて考えると自分が知っている簡単な単語でも表現できることだったりするのだが、ネイティブを前に焦って言葉が出なくなってしまう。たとえば、「静岡県は米の消費量ランキング1位」と突然言われると、「消費量?」と詰まってしまうかもしれない。だが、「静岡県の人が米を一番食べている」と言い換えても問題はないはずで、そうであれば英語に訳

せる人が増えるだろう。このようにプリエディットの練習を繰り返し、機械翻訳で表示される訳文を確認することによって、言いたいことを間違いなく伝えるためのコツをつかむ練習になるはずである。

（4）知らない言語の書籍や論文を読むきっかけになる

　本章では、英語と日本語という言語間における機械翻訳に限定して話を進めてきた。プリエディットとポストエディットを利用することによって得られる英語学習面でのメリットを上述したが、英語以外についても考えてみると、「知らない言語の文章を読める」ということは学習者にとって大きな強みになるのではないだろうか。機械翻訳は間違えることもあるし、逆の意味で訳してしまうことさえある。全面的に信頼してもよいというわけではないし、疑いながら読むことも必要である。しかし、自分が興味のある趣味や学問について英語や日本語以外の言語で書かれている書籍や論文、さらにはインターネット上の様々な記事を読んでみようというきっかけになるのは素晴らしいことであるし、様々な情報を簡単に入手できる今の時代だからこそ、機械翻訳というツールを使うことによって、世界は無限に広がるはずである。もちろん、内容が正しいかどうか判断するにはその分野における知識が必要だが、今後の機械翻訳のさらなる発展に期待したい。

　学習者が機械翻訳を取り入れるメリットとして以上のことが挙げられるが、「メリットがあるから何でも使ってよい」というのではなく、学習者が利用する際に機械翻訳にはどのような落とし穴があるのか、苦手とする作業はどのようなものなのか、より正確な訳文を訳出するにはどのようにしたらよいかなど、「機械翻訳の使い方」を指導した上での利用が必要不可欠であるといえる。

9-5. 機械翻訳の良さを最大限に引き出すために

　機械翻訳を利用する際、上述のようにプリエディットとポストエディットを充実させることによって、いわば人手翻訳と機械翻訳の「いいとこ取り」をするのが理

想だろう。ただ英語が得意でない場合、英語の文章を確認したり書き直したりすることは実際のところ困難だと思われる。そこで本節では、日本語から英語に翻訳する場合を前提として、機械翻訳を使う際に最低限気をつけたいことを以下にまとめる。

a. プリエディット

　まずは日本語から英語に訳す際、母語である日本語において気をつけるべき点について確認する。母語の修正なのでコツさえつかめば簡単だし、ここでしっかり形を整えておくことこそが、機械翻訳の力をまさに最大限発揮させるためのポイントとなる。

（1）人名・場所などの固有名詞

　機械翻訳は固有名詞の訳出を得意としないことから、必要に応じて用語集を登録して翻訳することが望ましい。用語集の登録が難しい場合、日英翻訳の際はプリエディットとして固有名詞などをローマ字表記で入力しておくのもひとつの対策になる。

（2）国による特有の表現、慣用表現、オノマトペ

①国による特有の表現：日本に限らないことだが、言語とはその国の文化を表すものである。日本語から英語に翻訳する際も、英語という窓を通して自国の文化を見ることにより、「日本らしさ」に気がつくことも少なくない。四季を大切にする日本では、「雨」ひとつをとっても、降り方や量、季節によって細かく呼び方が分けられており、その呼び方はなんと400種類以上もあるといわれている。ほかにも、たとえば「はんなり」や「わびさび」などは日本語らしい美しい言葉であるが、それぞれの言葉が表す微妙で絶妙な意味合いは日本語特有の言葉によって表現されるものであって、日本語母語話者が違う日本語で言い換えることすら難し

い。当然、それを翻訳するとなると、人であっても機械であっても難しい。言い換えが難しいセンテンスを訳したい場合は、できるだけかみ砕いて伝えることを意識すべきで、これは人間にしかできない作業として、プリエディットの際に済ませておきたい。

②慣用表現：機械翻訳は原文に書かれているそのままの意味で直訳してしまうため、国による特有の比喩や慣用表現を訳したいときは注意が必要である（**図2**）。

［**図2**］国による特有の慣用表現の使用

　機械翻訳の性能は日々進歩しており、英語から日本語の翻訳においても何ら問題なく翻訳されるものもある。たとえば It's a piece of cake. は「ひと切れのケーキ」ではなく「朝飯前だ」と問題なく訳されるし、正しく訳出される表現も増えてきた。ただ、基本的に慣用表現については「つまりはこういう意味だから」と意味を置き換えておく方が、安全で誤訳を減らす近道になる。

③**オノマトペ**：オノマトペは、擬態語と擬音語の総称とされており、日本語において多く使われる。腹痛を訴える子どもに「お腹がズキズキ痛いの？」「ムカムカするの？」と聞くこともあれば、「ガヤガヤした店だ」「バターンとドアを閉めた」など、日常的にわれわれの生活にあふれている。日本語のオノマトペは他言語の3倍から5倍あるともいわれているが、その理由としては日本語に動詞の種類が少ないことが原因だそうだ。動詞が表している内容を詳細に伝えようとするうちに、オノマトペが増えていったと考えられている。擬音語については他言語にも対応するものが多く存在する一方、擬態語についてはすべての言葉に対応する言葉が存在するとは限らない。そのため、機械翻訳を利用したい場合はできるだけ避けるのが無難だろう。

（3）文構造が長い複雑な文章

　機械翻訳を使う際は、何といっても「できるだけシンプルかつ分かりやすい文章を書く」のが鉄則である。主語と述語が明確でない文章や、1つの文章に動詞がたくさん含まれている長いセンテンスを一気に訳そうとすると、機械翻訳が誤って理解をしてしまったり、訳抜けが増えてしまったりするリスクが高まる。長い文章は短く区切り、分かりにくい表現を避け、「いつ」「誰が」「どこで」「何をした」ということをできる限り明確に示した上で翻訳すると、誤訳を減らすことができる。日英翻訳の場合は特に、英文を修正するよりも母語である日本語で言い換えを行う方がずいぶん楽に修正できるはずなので、ぜひこれは意識したい。

（4）曖昧な時制

　英語の学習者は「時制が苦手」という話はよく聞く。現在形や現在進行形だけならまだしも、未来完了形に未来完了進行形など、英語の時制については多くの規則がある。逆にいうと、いつ起こった出来事なのか明確に示したい言語なのだといえる。一方で、日本語は時制において曖昧に表現することが多く、「祖母の病院へお見舞いに行く」というセンテンスひとつをとっても、「習慣的に」行っているのか、「今から」行くのか、「明日」行くのか明確ではない。「明日、私は祖母の病院へお見舞いに行く」というふうに、必ず「いつ」を明記することによって、時制のズレを回避しなければならない。

（5）多義語と同音（同綴）異義語

　多義語については様々なものが存在する。minute は時間の「分」と「議事録」という全く異なる意味で使われ、race も競争の「レース」と「人種」、さらには「水路」など様々な意味で使われる。日本語に関しても、ひらがなで「はし」と書くと「橋」「箸」「端」のどの意味を示しているのか分からず、文脈で読み取るしかない。しかし、少なくとも現代の技術においては、機械翻訳は文脈から読み取る作業を苦

手とするため、日本語で書く場合は可能な限り漢字で表記する方が確実である。

b. ポストエディット

　プリエディットを行い、できるだけ機械が正しく訳出できるよう文体を整えた上で、機械翻訳で訳した英文を確認する作業だ。ポストエディットにはフルポストエディットとライトポストエディットの2種類がある。フルポストエディットは、機械翻訳の良さを生かしながら人の目によってしっかりと確認と修正の作業を行い、人手翻訳の訳文と比較してもほとんど質が変わらないレベルまで修正を行う。内容が正しく表現されているかだけではなく、自然な表現を使っているか、文書のジャンルに合った言葉が正しく使われているかなど、細かな点までチェックされる。一方、ライトポストエディットの場合は求められる品質が異なり、機械翻訳の結果にあまり手を加えないこともある。要するに「内容が分かればよい」というレベルのもので、訳文の利用目的によってその作業が異なる。フルポストエディットの場合は確かに高いレベルの語学力が必要とされるし、機械翻訳が出力する一見自然な英語を修正することは学習初心者にとって難しい。ただ、誤訳を減らして伝えるために、たとえ英語が苦手な人でも最低限、以下のことは試してほしいと思う。機械翻訳が間違えやすいポイントの確認とともに、実践しやすいものをいくつか紹介する。

（1）主語・述語などの係り受けの間違い

　主語と述語の関係や修飾語と被修飾語の関係が変わってしまうと、全く違う意味で伝わってしまうため、訳し終えた後に確認しておきたい。多くの場合、こうした誤訳は、プリエディットで文章をシンプルかつ明確にすることによって解決する。万一、意図していたセンテンスではなくなってしまったと気がついた場合は、プリエディットに戻って日本語から修正するとよいだろう。

（2）固有名詞および数関連の確認

　繰り返しになるが、翻訳において固有名詞は注意が必要だ。単一の固有名詞だけではなく、文全体で統一感のある単語が使われているかどうかも確認しておきたい。加えて確かめておきたいのが数に関する記述で、数そのものはもとより、お金や物理量などの単位、日付なども正しい英語になっているか、訳し終えた後に必ず再度確認したい。英数字の全角と半角が混在することもあるので、併せて見直すと安心だろう。

（3）分からない単語の確認

　知らない単語が出てきた際は、まずは辞書で調べることが必要だ。当たり前のことのようだが、機械翻訳が手軽であるがために、この作業をきちんと行わない学習者が多いのも事実だ。時に辞書で調べてもピンとこず、辞書が示す複数の訳語の中のどれを意味しているのか分からないことがあるかもしれない。その場合、Googleの画像検索が有効なことがある。分からない単語が名詞などであれば、画像で検索するとイメージがより明確になり、その単語が一般的にどのような意味で使われるのかすぐに分かるはずだ。辞書で調べた後でも「思っていたのと違う！」が見つかるかもしれない。

（4）ワイルドカード検索

　ワイルドカード検索とは「*」（アスタリスク）を使った検索で、曖昧なフレーズや前置詞で悩んだときに便利である。たとえば、「彼らは暑い天気の中、遊んでいた」という文章を機械翻訳にかけたら They played in the hot weather. という訳文が出力されたが、天気の際の前置詞は本当に in で正しいのか疑問を抱いたとする。その場合は「play * the hot weather」で検索すると、アスタリスクの位置に前置詞が入った様々なセンテンスが検索結果として表示されるので、それらを眺めれば in を使うことが正しいと確認できる。このように、一部に分からない言葉がある場合

は試してみてほしい。

（5）フレーズ検索（完全一致検索）

　機械翻訳が出力した英訳に知らないフレーズが出てきた場合、フレーズ検索（完全一致検索ともいう）が便利だ。これはフレーズを「" "」（ダブルクォーテーション）に入れて検索するもので、そのフレーズと完全に一致している結果が表示される。たとえば、「迷惑をかけたくない」という文章を機械翻訳にかけたら I don't want to bother you. と I hate to bother you. という2つの訳候補が出てきたとする。その場合、それぞれの訳候補をダブルクォーテーションに入れた「"I don't want to bother you."」「"I hate to bother you."」で検索すると、それらがどのくらい使われる表現か知ることができる。検索のヒット数が数百件程度しかないフレーズは一般的表現とはいいがたいが、今回は両方とも数十万件であり、どちらも十分に一般的な表現だと分かる。ただ、前者の I don't want to bother you. の方が後者の倍近いヒット数であるため、より広く使われている表現だということが確認できる。このように、単に正しい英文かどうかということだけでなく、より一般的な表現かどうかを知りたい場合にも使えるため、フレーズ検索はぜひ覚えておきたい。

（6）ドメイン制約検索

　特定の信頼できるドメイン下で検索をしたい場合は、調べたいワードの後に「site:（ドメイン名）」を入力して検索する。たとえば、文部科学省（https://www.mext.go.jp）のドメイン下で「英語教育」について検索したい場合は「"英語教育" site: www.mext.go.jp」を検索窓に入力することによって、文部科学省内のページだけから英語教育に関する記事を検索することが可能である。信頼度の高いサイトで検索したいときや分野ごとによく使う単語を調べたいときに備えて、知っておくとよいかもしれない。

このように、インターネット検索には様々な目的に応じた活用の仕方があり、どのような形で検索すればどういう検索結果が得られるのかを知っておくと大変便利である。手軽に使えるものばかりなので、ぜひ翻訳の精度を上げるひと手間として実践してほしい。

9-6. 機械翻訳を英語教育に取り入れる方がよいのか？

機械翻訳は飛躍的に進歩しているし、今後も対訳データの蓄積によって性能が上がることは間違いない。語学を完全に習得するのは難しいことだが、英語・日本語間のように大きく文構造の異なる言語においては特に時間がかかるといわれている。アメリカ国務省の外交官養成局（Foreign Service Institute: FSI）の資料によると、英語母語話者が日本語の知識がない状態から仕事ができるレベルまで日本語を習得するには、2200時間の学習が必要とされている。これはつまり、日本人が英語を習得するのにも同じだけの時間を要するということであるが、2200時間の勉強をすれば、われわれは本当に英語を流暢に使いこなせるようになるのだろうか。

日本の小学校から大学まで教育機関における英語授業時間の総数に、塾や予備校の時間を加算すると、平均して約1050時間であるという。**表3**に坂田ほか（2018）よりそれぞれの時間を引用する。これに課題や自習などの授業外学習の時間を加算すると、大学を卒業するまでに平均して約2200時間を英語学習に使っているとのことである。

［**表3**］日本の教育機関における英語授業時間数（坂田ほか, 2018）

学校種別	授業時数	時間換算
小学校	24	18
中学校	320	266.7
高校	434	361.7
塾・予備校	—	225.7
大学	8単位	180
小学校〜大学　合計		1052.1時間

では、大卒の日本人全員が「仕事で問題なく使えるレベルだ」と胸を張って言えるほど英語を話したり書いたりすることができるのかと問われると、イエスと答えるのはなかなか難しいのではないだろうか。本当に問題なく使えるようになるのであれば、毎日コツコツ勉強してもやり甲斐があるし、多大な時間と費用を使っても決して無駄ではないように思う。ただ、実際にはおそらく2200時間以上の時間がかかるだろうし、それだけかけても機械翻訳以上の英語力をつけるのは困難だ。従来は英語の学習に使わなければいけなかった膨大な時間を他の学問の研究や趣味にあて、時に機械翻訳の力を使いながらそれらについて発信することができるのであれば、より時間を有効に使えることになる。「機械翻訳は使えない」と一概に判断するのではなく、まず初めに機械翻訳のデメリットとメリットや性質を知った上で、語学学習を助ける選択肢のひとつに加えることにより、可能性をさらに広げることができるように思う。役立つテクノロジーになることは間違いなく、使い方次第で新たな英語学習法や英語指導法が見えてくるのではないだろうか。

9-7. おわりに

　通訳翻訳学を勉強してきた身として、機械翻訳の今後の動向は非常に興味深く、純粋に今後の進化が楽しみだというのが正直な気持ちである。「機械翻訳は使えないものだ」と決めつけていた学生時代、機械翻訳についての講義を聞き、実際に使ってみて、その進歩に衝撃を受けたことを今でも鮮明に覚えている。それから月日が経ち、機械翻訳はさらに驚くべき速さで研究と開発が進み、実際にわれわれの生活にも浸透してきた。機械翻訳にはデメリットも確かに存在するが、それを差し引いた上でも確実にわれわれの生活を豊かにする、なくてはならないツールであると信じている。

　形は違っても「翻訳」をしているわけなので、翻訳学の知見はこの分野においても役立てることができるのではないだろうか。先人が長い年月をかけて積み上げてきた翻訳学という遺産を、機械翻訳という新しい分野にも生かしていくことによっ

て、今後新たな道は確実に開けていくだろうし、共存していくことができると筆者自身は考えている。

注

[1] **p.196** スペインには「13日の火曜日には結婚式をあげるな、船にも乗るな」ということわざもあり、ラテンアメリカ諸国やギリシャでも同様に13日の火曜日は縁起の悪い日として知られている。『13日の金曜日』として知られているホラー映画については、スペイン本国では元のタイトルのまま公開されたものの、南米スペイン語諸国のいくつかでは『MARTES 13』(13日の火曜日)というタイトルで公開された。

[2] **p.199** Osaka Metro（大阪市高速電気軌道株式会社）の英語版公式サイトで、自動翻訳ツールによる翻訳をそのまま掲載したことが原因で起こった問題。ネットユーザーからの指摘で修正されたが、ほかにも多くの誤訳が見つかり問題となった。

[3] **p.199** ISO（International Organization for Standardization）とは、スイスのジュネーブに本部を置く非政府機関の略称で、国際的に通用する規格を制定している。ISOが制定した規格をISO規格といい、世界中で同じ品質のものを提供し、円滑に国際的な取引を進めるための国際基準になっている。規格の制定や改訂は日本を含む世界168カ国（2023年5月時点）の参加国の投票によって決まる。詳しくは、日本品質保証機構「ISOの基礎知識」、日本規格協会ソリューションズ審査登録事業部「審査サービス」などを参照のこと。

[4] **p.199** ISO 17100のほかに、翻訳の質を確保するために国際一致規格のJIS制定もされており、JISにおいても翻訳サービスのプロジェク管理において、①翻訳→②バイリンガルチェック→③モノリンガルチェック/プルーフリード（任意）→④最終検品、というステップを踏むことを求めている。詳しくは、経済産業省産業技術環境局国際標準課「翻訳サービスに関するJIS制定―翻訳の品質向上を目指して―」などを参照のこと。

[5] **p.203** 詳しくは、豊島・藤田ほか（2016）、山本ほか（2015）などを参照のこと。

[6] **p.206** 国際ビジネスコミュニケーション協会（2021）によると、2020年度におけるTOEIC Listening & Readingテストの公開テストの平均点は620点だった（その後、2021年度は611点、2022年度は608点と下がっている）。一方、みらい翻訳（2019）は、ニューラル機械翻訳サービスの和文英訳能力がTOEIC960点レベルを超え、英文和訳能力はTOEIC960点の日本人と同等レベルに達したとしている（みらい翻訳については本書第10章も参照されたい）。

参考文献

ジル, ダニエル［著］・田辺希久子・中村昌弘・松縄順子［訳］（2012）『通訳翻訳訓練 ―― 基本的概念とモデル』みすず書房, p.163

イカロス出版［編集］（2020）『通訳翻訳ジャーナル』2020 Summer, イカロス出版

川村インターナショナル（2021）「日本語のオノマトペについて考えてみる」2021-12-03 https://www.k-intl.co.jp/blog/B_200708A（2023年8月19日閲覧）

経済産業省産業技術環境局国際標準課「翻訳サービスに関するJIS制定―翻訳の品質向上を目指して―」2021-03-22 https://www.meti.go.jp/press/2020/03/20210322005/20210322005-4.pdf（2023年8月19日閲覧）

国際ビジネスコミュニケーション協会（2021）「TOEIC® Program Data & Analysis 2021 ― 2020年度 受験者数と平均スコア―」2021-07　https://www.iibcglobal.org/hubfs/library/default/toeic/official_data/pdf/daa_japanese_2021.pdf（2023年8月19日閲覧）

みらい翻訳（2019）「機械翻訳サービスの和文英訳がプロ翻訳者レベルに、英文和訳はTOEIC 960点レベルを達成」https://miraitranslate.com/uploads/2019/04/MiraiTranslate_JaEn_pressrelease_20190417.pdf（2023年8月19日閲覧）

日本品質保証機構「ISO の基礎知識」2020-03-02 https://www.jqa.jp/service_list/management/management_system/（2023 年 8 月 19 日閲覧）

日本規格協会ソリューションズ審査登録事業部「審査サービス」https://shinsaweb.jsa.or.jp/MS/Service/ISO17100（2023 年 8 月 19 日閲覧）

坂西優・山田優（2020）『自動翻訳大全』三才ブックス

坂田浩・福田スティーブ（2018）「日本人の英語学習時間について」『国際センター紀要』pp.11-27

十印（2020）「機械翻訳の評価に最もよく用いられる「BLEU スコア」とは」2020-03-02 https://to-in.com/blog/102282（2023 年 8 月 19 日閲覧）

豊島知穂・藤田篤・田辺希久子・影浦峡・Hartley, Anthony（2016）「校閲カテゴリ体系に基づく翻訳学習者の誤り傾向の分析」『通訳翻訳研究への招待』16, 47-65

豊島知穂・田辺希久子・藤田篤・影浦峡（2016）「翻訳教育での利用を意識した翻訳エラー分類体系の再構築」『言語処理学会第 22 回年次大会発表論文集』pp.861-864

山本真佑花・田辺希久子・藤田篤（2015）「エラーカテゴリーに基づく翻訳学習者の学習過程における習熟度の分析」『日本通訳翻訳学会第 16 回年次大会予稿集』

10

教育現場への提供を通して見えてきた AI翻訳の〈みらい〉

鳥居大祐［株式会社みらい翻訳代表取締役社長CEO兼CTO］

10-1. はじめに

2022年9月、立命館大学で約5000人の学生を対象に、みらい翻訳[1]のAI翻訳サービス「Mirai Translator®」[2]の提供が開始された[3]。国内の高等教育機関において、これだけの規模の学生によるAI翻訳の利用がオフィシャルに認められたのは初めてのことである。対象となったのは立命館大学の「プロジェクト発信型英語プログラム（project-based English program: PEP）」を履修する学生で、授業や課題での活用はもちろんのこと、その他の用途においても翻訳回数や翻訳量の制限なく自由に利用できるようになっている。

Mirai Translatorの日本語から英語への翻訳能力はTOEIC Listening & Readingテスト（以下、TOEICテスト）の960点レベル。つまり、24時間365日、いつでも高性能なAI翻訳アシスタントに相談できる環境が学生たちに与えられたことになる。

この事実は、何をもたらすのか。

「AI翻訳のようなツールは人を怠惰にし、英語力の低下につながる」——AI翻訳の社会実装を目指すわれわれにとっては非常に残念なことであるが、そのような考えを持つ人たちが存在する。教育界だけの話ではない。効率化や生産性の向上が求められるビジネスの世界でも、さほど状況は変わらない。多くの企業で、

「英語力」は組織が向き合うべき課題ではなく、個人の努力の問題に押し込められている。

みらい翻訳は、立命館大学のPEPチームと共に、AI翻訳の利用が学生たちに与える影響について調査研究を行うことにした。依然、中・長期的なモニタリングは必要だが、2022年度秋学期から2023年度春学期までの1年間弱で得られた成果について10-4節で発表したい。

成果発表の前提情報として、10-2節では、みらい翻訳が提供するAI翻訳サービス「Mirai Translator」の概要と、そのコア技術であるニューラル機械翻訳（neural machine translation: NMT）はどのようなものかについて説明する。併せて、急激に注目が高まっているChatGPTをはじめとする生成AIについて、そしてそのベースとなっている大規模言語モデル（large language model: LLM）がニューラル機械翻訳とどう異なるのかについても解説する。

続く10-3節では、みらい翻訳がなぜ立命館大学PEPチームとの共同研究を積極的に進めたいと考えるに至ったのか、その背景にあるビジネス界の状況について、独自調査の結果をベースにまとめる。最後の10-5節では、長くAIの研究・開発に携わってきた立場から、自動翻訳を含むAIの活用と社会実装について論じたい。

本稿を執筆している2023年8月は、大規模言語モデル・生成AIの衝撃を起点とした第4次AIブームの渦中にあり、新たな大規模言語モデルの構築やアプリケーション開発、法規制やガイドラインの制定、AIへの期待と失望が渦巻いている状況である。本稿の内容はあくまでも執筆当時の事実に基づく見解であることを、あらかじめご理解いただきたい。

10-2. AI翻訳サービス「Mirai Translator」とは？

（1）Mirai Translatorの概要

立命館大学の学生たちが使用しているMirai Translatorは、ニューラル機械翻

訳をコア技術として持つAI翻訳サービスだ。ベーシックなテキスト翻訳のほかに、PDFやパワーポイントなどのファイルを、元のレイアウトを維持したまま丸ごと翻訳する機能もある。Google翻訳などの無料の翻訳ツールと異なり、情報の漏えいや二次利用を防ぐセキュリティ対策がなされており、機密情報を多く扱う企業や研究機関においても広く使用されている。

　Mirai Translatorが対応する言語ペア（日本語⇔英語、日本語⇔中国語といったセット）は、現在25ペア[4]。日本語から英語への翻訳能力は前述のとおりTOEICテスト960点レベルに達しており、1000ワードの翻訳に要する時間はわずか5秒。人間には到底実現しえないスピードである。それだけ高性能なニューラル機械翻訳をどのように実現したのか、また、その仕組みについて簡単に解説しよう。

（2）機械翻訳の歴史とニューラル機械翻訳の仕組み

　機械翻訳（machine translation: MT）の歴史は約70年と案外長い。初期のコンピューターの誕生から間もない1950年代には、ルールベース機械翻訳（rule-based machine translation: RBMT）の開発がスタートしている。ルールベース機械翻訳とは、文字どおり「翻訳ルール」を定め、そのルールに基づく変換をコンピューターで行うものである。単語ごとの対訳（辞書データ）や言語によって異なる文法規則を情報として集め、それらを基に言語学者が翻訳ルールを作成。さらに翻訳ルールをプログラム言語化してコンピューターに入力することで翻訳エンジンを構築する。言語につきものの例外や文脈による重み付けの変化など、すべてをルール化・プログラム化するのは非常に難しく、ルールベース機械翻訳の進化には限界があった。

　1980年代後半になると機械学習が誕生し、機械翻訳の技術にも影響を与えるようになった。機械学習とは、コンピューターに求める処理をプログラムとしてひとつずつ覚えさせるのではなく、大量のデータを読み込ませ、そこからパターンやルー

ルをコンピューター自身に学習させるというものである。それを受けて、機械翻訳の世界では統計的機械翻訳（statistical machine translation: SMT）という技術が開発された。

統計的機械翻訳では、大量の対訳データを使って機械学習がなされ、翻訳データを統計的に分析し、そこからできた翻訳モデルや言語モデル[5]を基に翻訳がなされる。単語ひとつ取っても様々な意味があるため（例：動詞の「see」→「見る」「会う」）、入力文から仮説として生成される複数の翻訳候補の中から、翻訳モデルや言語モデルのスコアを考慮して最も確からしい翻訳文が出力される仕組みだ。

2010年代前半まで続く統計的機械翻訳の進化の過程では、文章を単語単位で解析する初期の手法から文節単位で解析する手法へと改良されるなど一定の進歩もあったが、人間のプロ翻訳者と比較するとまだまだその翻訳精度には大きな開きがあった。

2010年代後半になると、人間の神経回路から着想を得た数理モデルであるニューラルネットワークが注目され、機械学習がさらに進化するとともに、機械翻訳の分野でもニューラル機械翻訳の時代が到来した（**図1**）。中でも、回帰型ニューラルネットワーク（recurrent neural network: RNN）という仕組みにより、文章など

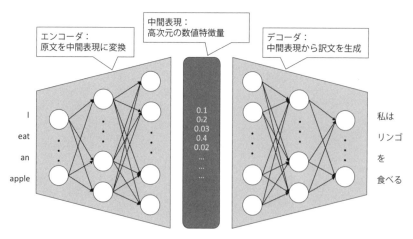

［**図1**］ニューラル機械翻訳の原理（2023年・みらい翻訳作成）

の連続的な情報を処理する能力が高まった。みらい翻訳の設立もこの頃である。

　ニューラル機械翻訳になって機械翻訳は飛躍的に進化したが、2017年にGoogle が「Attention Is All You Need」と題した論文（Vaswani et al., 2017）で発表した Attention（アテンション）モデルおよびそれを元にした Transformer（トランスフォーマー）というアーキテクチャーがニューラル機械翻訳に使用されるようになってから、翻訳精度はさらに高まった。みらい翻訳も早々に Transformer を採用した AI 翻訳サービスを開発。ビジネスでのやり取りはもちろん、高度な専門書も翻訳できるなど、人間のプロ翻訳者と同等のレベルに達することができた。

（3）ニューラル機械翻訳と大規模言語モデル・生成AIとの違い

　生成AIのひとつであるChatGPTの登場は驚きを持って迎えられた。かつて、これほど多くの人がAIを身近に感じることはなかったかもしれない。入力の仕方（プロンプト）により回答の精度が変化するし、虚偽の情報がまことしやかに出力されることもある。とはいえ、チャットという簡単な方法でAIにリクエストを投げさえすれば、非常に自然な言葉遣いでなんらかの回答を戻してくれるという経験が、AI 利用の一般化に貢献したことは間違いない。

　GPT-3.5、GPT-4などの大規模言語モデルも、ニューラル機械翻訳と同じく、前述の Transformer がベースとなっている。両者にはどのような違いがあるのか。最も大きな違いは、機械学習の手法と学習量だ。そしてその違いにより、AIにできることや処理スピード、構築・運用コストが異なっている。

　ニューラル機械翻訳は、専門的な用語でいうと、「教師あり学習（supervised learning）」という学習手法を用いている。「こういう日本語には、こういう英語」「こういう日本語には、こういう中国語」というような対訳データ（コーパス）を「先生」としてたくさん読み込ませることで学習させ、翻訳ができるようにしつけたものが、いわゆるニューラル機械翻訳だ。

　一方、大規模言語モデルは「教師なし学習（un-supervised learning）」、すな

わち膨大な量の教師なしデータでの学習を行ったものである。例えていうならば、「今日はいい天気ですね」というような、特に「正解」があるわけでもない通常の文章を、片っ端から赤ちゃんに見せていくようなものだ。1000億以上のパラメーターによって構成されるニューラルネットワークに対して、ニューラル機械翻訳の学習データ量とは比べ物にならないほどの膨大なデータ量を読み込ませ、出来上がった言葉同士のつながりが大規模言語モデルである。

その言葉同士のつながりによって、たとえば「私はリンゴを」と入力されたときに、文脈を基に計算し、次に続く最も高確率な言葉として「食べる」などを出力することができる。あまりにスムーズに回答するので、意味を理解しているように錯覚するが、そうではない。とはいえ、膨大なデータによって出来上がった大規模言語モデルは、単なる言葉同士のつながりではなく、あたかも上位概念でもつながっているかのように振る舞い、生成AIを通じて人が書いたような自然な文章を出力したり、プログラムを書いたり、対訳データで学習したわけでもないのに翻訳ができたりする。

様々なことができる大規模言語モデルであるが、その構築や運用にかかるコストは数億から数十億円の単位であると試算できる。「教師なし」とはいえ、それだけの量のデータを用意するコストは高くつく。さらにはデータを学習し処理する計算資源や、生成AIとして求められる答えを出力できるように「しつける」ことにもコストがかかる。その一方で、回答の出力にかかる時間はニューラル機械翻訳に劣る。また、ChatGPTに関していうと、入力する情報の選別やセキュリティに関して使用者の注意が必要である。

ニューラル機械翻訳は、翻訳に特化した作り方をしているので翻訳しかできない。しかし、非常にコンパクトで効率が良く、小さい計算資源でできる。膨大なデータで学習した大規模言語モデルと変わらない翻訳精度[6]を実現できているところからも、そのコスト効率が実証されているといえるだろう。翻訳に特化しているがゆえにカスタマイズも容易である。ライトに学習させやすいため、特定の業界の専門

用語に強い翻訳エンジンを作れたり、ユーザーがオリジナルの辞書を登録する機能を付与したりすることもできる。実際、みらい翻訳では、法務や財務、製薬などの専門分野に特化したエンジンを開発・提供しているし、クライアントごとの辞書機能も Mirai Translator に搭載している。

精度はさておき、大規模言語モデルや生成 AI を使いこなすのに適切なファインチューニングやプロンプトが必要なことも踏まえると、現時点においてはニューラル機械翻訳の方が、翻訳に特化した機能性や処理スピードの面など利するところがあるといってよいのではないだろうか。

Mirai Translator のコア技術であるニューラル機械翻訳とは何か、ざっくりとでもご理解いただけただろうか。次に、みらい翻訳の独自調査により浮き彫りになった、ビジネス界の状況を紹介する。

10-3. 外国語業務と生産性に関するビジネス界の不都合な真実

みらい翻訳が立命館大学との取り組みに積極的なのには明確な理由がある。それは、日本の企業における外国語業務従事者の極端な偏りと、その結果として生じる生産性の低下だ。

従業員 1000 人以上の企業の正社員を対象に、みらい翻訳が独自に行った調査結果によると、日本語以外の言語で業務を行うことがある人の割合は約 53% であった [7]。現在、日本国内で従業員 1000 人以上のいわゆる大企業に勤めている人は約 800 万人であるから [8]、推計 420 万人が外国語での業務を行っていることになる。

さらに、TOEIC テストの点数と業務で外国語を使う頻度の関係を見てみると [9]、英語力が高い人に外国語を扱う業務が集中している状況が見て取れる（**図2**）。そんなのは当たり前じゃないのか、生産性とどう関係するのか、と思う人もいるかもしれないが、事はそう簡単ではない。

		業務で外国語を使う頻度					
		ほぼ毎日	4〜5日/週	2〜3日/週	1日/週	2〜3日/月	左記以下
英語力	TOEIC 900点以上	44.4	15.6	17.8	6.7	2.2	13.3
	TOEIC 800点以上 900点未満	23.6	30.9	22.7	13.6	5.5	3.6
	TOEIC 600点以上 800点未満	16.9	17.6	27.0	14.9	12.8	10.8
	TOEIC 600点未満	9.4	3.6	9.8	9.1	9.4	58.7

(単位　%)

［図2］TOEIC L&R テストの点数と業務で外国語を使う頻度の関係
（2021 年・みらい翻訳調べ）

各英語力にて最も高い頻度（グレーのマス）を見ると、英語力の高い人に外国語を扱う業務が集中しているのが分かる。

　実際に高い頻度で外国語の業務を行っているビジネスパーソンに調査を行ってみると、さらなる実態が見えてくる。彼ら彼女らに集中している業務のほとんどが、海外の取引先から送られてきたメールや資料の和訳、日常的な英語の会議への同席と通訳、返信メールの英訳などといった、一般的に「翻訳」業務といわれるものである（**図3**）。翻訳は、それが困難な者から見れば極めてクリエイティブな業務

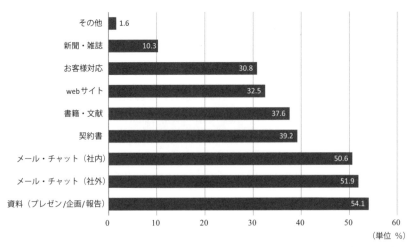

［**図3**］ビジネスパーソンの「翻訳」業務の実態（2021 年1 月・みらい翻訳調べ）

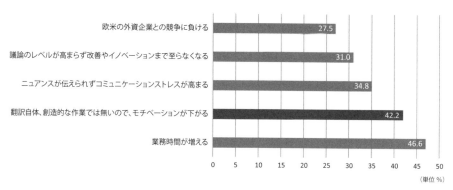

［**図4**］外国語業務の量が増えることで引き起こされる問題
（2021 年 10 月・マクロミル＋みらい翻訳調べ）

に感じられるが、実際に従事している人たちに聞くと、口をそろえて、いわゆる「ブルシットジョブ（極めてくだらない仕事）」[10] であるかのように答える（**図4**）。彼ら彼女らが置かれている立場は、クリエイティブな翻訳を行うプロ翻訳家とは異なるのだ。

　海外取引率が 50％程度の企業にもなると、外国語業務の量もすさまじく、語学力が高い優秀な人たちの時間のほとんどを、そのようなブルシットジョブで奪ってしまっていることになる。組織全体の付加価値生産性を引き上げることを考えるなら、彼ら彼女らの能力や時間は、誰かが書いたり言ったりした何かを翻訳することにではなく、解決が困難な課題に取り組むために使われるべきだろう。

　こういった状況に陥っている企業に AI 翻訳を導入すれば [11]、状況は大きく変わる。語学力が高くない従業員にも外国語業務を分散できるし、語学力が高い従業員は、ほかの人の外国語業務の面倒を見ることなく、自分自身の、よりクリエイティブな業務に時間と労力を使うことができる。さらには、ビジネスに有益な情報を日本語・外国語問わず収集して理解し、活用することができるようになるだろう。実際に、Mirai Translator を導入したある企業では 1 人当たりの翻訳業務を年間 90 時間削減し、組織全体で年間 4000 万円の労務費を削減できているという事例もある [12]。

尽きることない翻訳業務から従業員を解放し、生産性向上を実現している企業がある一方で、AI翻訳の利用を怠慢だと捉える経営者も存在する。AI翻訳に頼ることで、語学力が低下してしまわないかという心配の声もある。われわれの肌感覚としてはむしろ逆である。AI翻訳を利用することで、外国語への心理的ハードルを減らしながら外国語に触れることができる。言語の壁に阻まれることなく、本来やりたいこと・やるべきことが実現できる。それを肌感覚だけでなく、データを基に証明できれば、AI翻訳の活用はさらに進むだろう。AIの社会実装と、日本人が「言語の壁」をいかに超えることができるかという、より広いテーマにも示唆を与える研究になるかもしれない。そのような背景で、立命館大学のPEPチームとの共同研究がスタートした。

10-4. 立命館大学PEPチームとの共同研究で見えてきたAI翻訳の可能性
a. 共同研究の流れと手順

　立命館大学PEPチームとみらい翻訳との共同研究で明らかにしたいのは、AI翻訳の利用が学生たちの「英語力」にどのような影響を及ぼすのか、彼ら彼女らの英語力を下げるのか・上げるのかという点である。英語力をどのように定義するかは議論の分かれるところであるが、みらい翻訳の考えは、英語での発信力に重きを置くPEPチームと非常に近い。すなわち、自分自身の目的や興味に沿って、英語で必要な情報収集や情報発信ができる力を指すものと考える。その際、目的の遂行を重視し、ICTの利活用もいとわない姿勢が大切だろう。英語もICTもやりたいことを実現するためのツールに過ぎないのだから。

　PEPでは、たとえば以下のような課題が与えられる。自分が関心のあるテーマを選定し、そのテーマについてメディアでリサーチを行う。リサーチで得られた情報について英文を作成し、中間発表を行う。先のメディアリサーチで得られた情報に対する自分自身の意見を英文にまとめ、最終発表を行う。

　発表に向けて英文を作成する際、まずは自分の力で英文を作成し、続いてMirai

Translatorを活用して英文を作成する。Mirai Translatorから得られた英文はポストエディットを行うことを前提としている。

このように授業や課題でMirai Translatorを活用してもらいながら、学生にはアンケートに回答してもらう。得られたアンケートデータと、Mirai Translatorを利用した時間・翻訳量・言語方向（日→英／英→日）といった利用ログデータ、TOEICテストの点数データとを使用し[13]、みらい翻訳のデータサイエンスチームが相関関係を分析する、というのが調査研究の基本の流れだ。

研究自体は、「AI翻訳活用による学生の英語力への影響」という大きなテーマがありつつも、結果を見ながら柔軟に焦点や検証項目を変えて段階的に進めている。次項では、2022年度秋学期から2023年度春学期にかけてAI翻訳利用に関するデータを収集し、分析により得られた成果を紹介する。紹介する2つの調査は、どちらも全体で897名の学生を対象に実施されたものである。

b. 調査研究1：AI翻訳を活用して作成した英文に対する自己評価に関する調査

まず、AI翻訳の活用により「自身が作成した英文を自信を持って発表できるようになる」という仮説と、「AI翻訳に頼って英文解釈や英文作成をすることにより英語力が低下するのでは」という懸念について検証するところからスタートした。

アンケートでは以下について聞いた。

・自力で作成した英文への自己評価とAI翻訳を活用して作成した英文への自己評価（いずれも100点満点で採点）
・AI翻訳を活用して作成した英文を気に入っているか？　およびその理由
（気に入っている / やや気に入っている / どちらでもない /
あまり気に入っていない / 気に入っていない）
・AI翻訳を活用して作成した英文を自信を持って発信できるか？　およびその理由

（自信を持って発信できる / やや自信を持って発信できる / どちらでもない /
あまり自信を持って発信できない / 自信をもって発信できない）

　アンケート回答者856名のデータを分析したところ、大きくは次の3点の成果を
導き出すことができた。それぞれについて下に詳しく見ていく。

（1）英文に対する自己評価 —— AI翻訳を使わない場合と比べ、AI翻訳を使っ
　　た場合には、自作の英文に対する評価が100点満点中30点ほど高まる。
（2）英文に対する評価と気に入り度 —— AI翻訳を活用して作成した英文を気に
　　入っている学生は、その英文の評価を高くする傾向が強い。
（3）英文に対する評価と発表への自信 —— AI翻訳を活用して作成した英文への
　　評価が高まると、その英文を使って自信を持って発表ができる傾向が高まる。

（1）英文に対する自己評価

　自分の力だけで作った英文（AI翻訳なし）とMirai Translatorを利用して作成し
た英文（AI翻訳あり）、それぞれを100点満点で自己採点してもらった結果を分
析したところ、**表1**に示すように、平均値と中央値のどちらもAI翻訳を活用した
英文の方が30点ほど高いという結果になった。また、AI翻訳なしとAI翻訳あり
の場合、それぞれの自己採点の分布を**図5**に示す。全体的に、AI翻訳を活用し
た方の自己採点が高くなっていることがお分かりいただけると思う。

［**表1**］AI翻訳なしの場合とAI翻訳ありの場合の
自己採点の統計値

	AI翻訳なし	AI翻訳あり
平均値	46.8	78.3
中央値	50	80

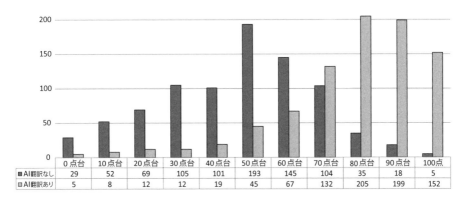

人数	0 点台	10点台	20点台	30点台	40点台	50点台	60点台	70点台	80点台	90点台	100点
■AI翻訳なし	29	52	69	105	101	193	145	104	35	18	5
□AI翻訳あり	5	8	12	12	19	45	67	132	205	199	152

［**図5**］AI翻訳なしの場合とAI翻訳ありの場合の自己採点の分布

（2）AI翻訳を活用して作成した英文に対する自己評価と気に入り度

　AI翻訳を活用して作成した英文に対する気に入り度について、5段階それぞれに属する学生の自己採点の統計値を**表2**に、自己採点の分布を**図6**に示す。これらから、全体的に、AIを活用して作成した英文を気に入っている学生はその英文に対する自己採点を高くする傾向が強いことが分かる。

［**表2**］AI翻訳を活用して作成した英文に対する気に入り度ごとの自己採点の統計値

	気に入っていない	あまり 気に入っていない	どちらでもない	やや 気に入っている	気に入っている
平均値	55.6	56.3	69.1	78.7	85.5
中央値	50	60	70	80	90

　気に入り度に関してその理由を尋ねた結果については、気に入り度が高かった学生とそうでない学生とに分けて分析した。

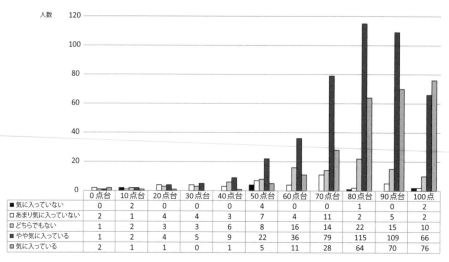

	0点台	10点台	20点台	30点台	40点台	50点台	60点台	70点台	80点台	90点台	100点
■ 気に入っていない	0	2	0	0	0	4	0	0	1	0	2
□ あまり気に入っていない	2	1	4	4	3	7	4	11	2	5	2
□ どちらでもない	1	2	3	3	6	8	16	14	22	15	10
■ やや気に入っている	1	2	4	5	9	22	36	79	115	109	66
□ 気に入っている	2	1	1	0	1	5	11	28	64	70	76

［**図6**］AI翻訳を活用して作成した英文に対する気に入り度ごとの自己採点の分布

　まず**表3**を見ると、AI翻訳を活用して作成した英文に対して「やや気に入っている」「気に入っている」と回答した学生においては、「伝えたい内容を適切に反映した英文になったから」「意図が伝わりやすい英文になったから」などポジティブな理由が多く、AI翻訳により自分の英文が大きく改善したと感じる傾向があることが分かる。

［**表3**］「やや気に入っている」「気に入っている」と回答した学生の理由
（点数差降順・有効回答数5人以上）

理由	人数	自己採点（平均）		点数差
		AI翻訳なし	AI翻訳あり	
伝えたい内容を適切に反映した英文になったから	234	44.7	82.7	37.9
意図が伝わりやすい英文になったから	204	45.9	83.5	37.7
翻訳された英文が自分の意図を反映していないから	7	40.0	75.0	35.0
正確な文法の英文になったから	156	46.7	80.3	33.6
翻訳された英文が文法的に正しいか分からないから	12	48.6	77.3	28.6
翻訳された英文を自分で手直しして、正確な文章を作れたから	46	52.2	78.9	26.7
翻訳された英文を自分で手直しして、自分の意図を反映した文章を作れたから	40	51.3	75.8	24.5
翻訳された英文が自分の意図を反映しているか分からないから	14	47.9	71.4	23.5

一方、**表4**に示された「どちらでもない」「あまり気に入っていない」「気に入っていない」と回答した学生の理由を見ると、「翻訳された英文が文法的に正しいか分からないから」「翻訳された英文が自分の意図を反映しているか分からないから」という回答が多いのが興味深い。これらのカテゴリーに属する学生は、AI翻訳を使わず自力で作成した英文に対する評価も低く、AI翻訳と自分の英語力とのギャップの大きさがネガティブ要因として働いている状況が見て取れる。

[**表4**]「どちらでもない」「あまり気に入っていない」「気に入っていない」と回答した学生の理由（点数差降順・有効回答数5人以上）

理由	人数	自己採点（平均）		点数差
		AI翻訳なし	AI翻訳あり	
翻訳された英文が文法的に正しいか分からないから	30	37.9	73.2	35.3
翻訳された英文を自分で手直しして、正確な文章を作れたから	8	35.2	65.0	29.8
意図が伝わりやすい英文になったから	10	50.6	79.5	28.9
翻訳された英文が自分の意図を反映しているか分からないから	26	42.9	71.7	28.9
すべて自分で作った英文だから気に入っている	8	63.8	82.5	18.8
正確な文法の英文になったから	10	51.5	68.0	16.5
翻訳された英文を自分で手直しして、自分の意図を反映した文章を作れたから	10	55.3	57.0	1.7
翻訳された英文が文法的に不正確だから	11	59.1	56.4	-2.7
翻訳された英文が自分の意図を反映していないから	44	56.8	52.7	-4.1

(3) AI翻訳を活用して作成した英文に対する自己評価と発表への自信

次に、AI翻訳を活用して作成した英文に対する学生の自己評価と、その英文を自信を持って発信できるかどうか尋ねた結果について、分析を行った。AI翻訳を活用して作成した英文を使って発表することに関し、学生は自信度を5段階で答えているが、自信度ごとに学生の自己採点の統計値をまとめると**表5**のようになる。また、自己採点の分布は**図7**のように示された。これらから、AI翻訳を活用して作成した英文への評価が高いほど、自信を持って発表ができることが分かった。

［表5］AI翻訳を活用して作成した英文に対する自信度ごとの自己採点の統計値

	自信を持って 発信できない	あまり自信を持って 発信できない	どちらでもない	やや自信をもって 発信できる	自信をもって 発信できる
平均値	63.9	57.5	71.5	79.1	86.9
中央値	50	60	70	80	90

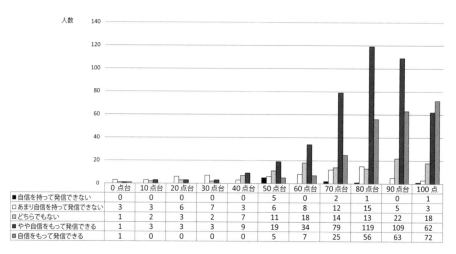

	0 点台	10 点台	20 点台	30 点台	40 点台	50 点台	60 点台	70 点台	80 点台	90 点台	100 点
■ 自信を持って発信できない	0	0	0	0	0	5	0	2	1	0	1
□ あまり自信を持って発信できない	3	3	6	7	3	6	8	12	15	5	3
▨ どちらでもない	1	2	3	2	7	11	18	14	13	22	18
■ やや自信をもって発信できる	1	3	3	3	9	19	34	79	119	109	62
▨ 自信をもって発信できる	1	0	0	0	0	5	7	25	56	63	72

［図7］AI翻訳を活用して作成した英文に対する自信度ごとの自己採点の分布

　ここまでの結果をまとめると、AI翻訳の利用は総じて作成した英文への評価を高め、英語での発信に対する自信を底上げする効果があるといえるのではないだろうか。

　日本人は特に、英語で発信することに対する苦手意識が強い人が多いというのは、周知の事実だ。中学、高校、大学と長期間にわたって英語を学習している割に英語が話せないという話もよく耳にする。日本人の英語力が諸外国と比べて著しく低いかというと決してそうではない。どちらかというと、発信することへの不慣れさや発信内容への不安がスピーキングのハードルになっている。そう考えると、AI翻訳の活用によって発表に対する自信を高められることの意味は、決して小さくないだろう。

　一方、「AI翻訳の利用が英語力の低下につながるのではないか」という懸念に

対して、今回のデータ分析では低下することを示すような値は出ていない。逆に、「英語力が向上する」という値も統計的に実証できるレベルでは出すことができなかった。今後、TOEICテストの点数の推移なども見つつ、継続して追いかけていく必要がある。

c. 研究調査2：AI翻訳を活用して英文を作成することで自己評価が上がる要因調査

　研究調査1から、自力で作成した英文に対する自己評価よりも、AI翻訳を活用して作成した英文への自己評価の方が約30点ほど高いことが分かった。研究調査2では、この違いの要因を見いだすために、アンケートで以下の内容を聞いた。

・自力で英文を作成した時とAI翻訳を活用して作成した時の違い
　（文法的な誤りに気づいた / 新たな表現方法に気づいた / どちらでもない /
　より自分の表現したい意図に近づいた / 時間をかけずに英文が作成できた /
　特になし）
・AI翻訳を使う理由
　（文法的な正確性の確認をする / 新たな表現方法を確認する /
　より自分の意図を反映した英文を作る / 時間をかけずに英文を作成する /
　特になし）

　また、研究調査1のアンケート調査で聞いた「AI翻訳を活用して作成した英文を気に入っているか」「AI翻訳を活用して作成した英文を自信を持って発表できるか」についても、同様に調査を行った。合計838名の学生の回答を収集することができ、TOEICテストの点数データ[14]と併せて分析を行った。以下がその主な成果である。

（1）自力で英文を作成した時とAI翻訳を活用して作成した時の違い

　TOEICテストの点数が中央値（500点）未満の学生（*n*=414）、中央値以上の学生（*n*=424）に分けて分析を行ったところ、表6のようになった。AI翻訳の利用により、中央値以上の学生では半数近く（48.6%）が「新たな表現方法に気づいた」と回答している。中央値未満の学生についても同様の回答が40%程度見られた。また、中央値未満の学生では「文法的な誤りに気づいた」という回答も多かった。「特になし」と答えた学生が非常に少ないことを踏まえると、いかなる英語力であっても、AI翻訳の利用により利用者の英語力に合わせた効果が期待できるといえるのではないだろうか。

［**表6**］自力で英文を作成した時とAI翻訳を活用して作成した時の違い

TOEICテストの点数	文法的な誤りに気づいた	新たな表現方法に気づいた	より自分の表現したい意図に近づいた	時間をかけずに英文が作成できた	特になし	合計（人）
中央値（500点）以上	60（14.2%）	**206**（**48.6%**）	80（18.9%）	71（16.8%）	7（1.7%）	424
中央値（500点）未満	**105**（**25.4%**）	167（40.3%）	86（20.8%）	51（12.3%）	5（1.2%）	414

（2）AI翻訳を活用して作成した英文の気に入り度と発信への自信

　研究調査1のこれらの項目についても、TOEICテストの点数と併せて分析を行った。その結果を**表7**と**表8**に示すが、英語力の高い学生よりも英語力が低い学生の方がAI翻訳を活用して作成した英文を気に入り、自信を持って発信できる割合が高いことが分かった。

［**表7**］AI翻訳を活用して最終的にできた英文を気に入るか

TOEICテストの点数	気に入っている	やや気に入っている	どちらでもない	あまり気に入っていない	気に入っていない	合計（人）
中央値（500点）以上	**105**（**24.8%**）	231（54.5%）	50（11.8%）	33（7.8%）	5（1.2%）	424
中央値（500点）未満	**147**（**35.5%**）	204（49.3%）	46（11.1%）	12（2.9%）	5（1.2%）	414

[表8] AI翻訳を活用して最終的にできた英文を自信を持って発信できるか

TOEICテストの点数	自信を持って発信できる	やや自信を持って発信できる	どちらでもない	あまり自信を持って発信できない	自信を持って発信できない	合計（人）
中央値（500点）以上	**85** **(20.1%)**	231 (54.5%)	61 (14.4%)	40 (9.4%)	7 (1.7%)	424
中央値（500点）未満	**133** **(31.4%)**	206 (48.6%)	52 (12.3%)	21 (45.0%)	2 (0.5%)	414

　本調査でも、英語力の低下や向上について明確な結果を得ることはできなかった。今回紹介した調査とは別に、個々の学生の2022年12月と2023年6月のTOEICテストの点数の変化と、Mirai Translatorの利用回数の関係性について分析を試みたが、サンプル数の少なさ（n=40）や検証期間の短さもあり、現時点での公表は控えたい。

　今回得られた成果についても、引き続き中・長期的に検証していく必要があるだろう。明確な研究の期間は決まっていないが、個々の学生の変化を数年にわたって追いかけていくことができれば、かなり有益な研究成果が出ると考えている。

d. 研究成果から得られたAI翻訳サービス進化の方向性

　前述のとおり、AI翻訳を活用して作成した英文への評価は総じて高かった。一方で、AI翻訳が作成した英文を非好意的に捉える2つの理由が浮き彫りになった。

・翻訳された英文が文法的に正しいか分からないから
・翻訳された英文が自分の意図を反映しているか分からないから

　つまり、AI翻訳から出力された英文に対して非好意的である要因は、AI翻訳の英語（TOEICテスト960点レベル）と自分自身の英語力とのギャップや自己判断への不安にあることが見えてくる。この発見は、われわれのサービス開発の面では大きな意味がある。AI翻訳の、特に教育利用に関わる部分においては、学習者本人のレベル合わせたUX（user experience; ユーザー体験）を提供できるこ

とが重要であることが分かる。たとえば作成した英文の正誤に関して、誰かに丸付けをしてもらって初めて評価できるのではなく、自分自身の知識で確認できるようになることで学習のスピードや品質を上げていくことができるという仮説が立てられる。

　Mirai Translatorには「逆翻訳」という機能がある。逆翻訳は、AI翻訳で日本語の文から英文を作成した後、その英文を再度、日本語に翻訳する機能である。これにより、仮に翻訳された英語を見て理解ができてなくても、逆翻訳された日本語を見て、英文が自分の表現したい内容になっているかどうかを判断することができる。自分の英語力とMirai Translatorが出力する英語とにギャップを感じる学生には、ぜひこの機能を積極的に活用してもらいたい。

　また、みらい翻訳が提供するテキスト翻訳ツールで、2023年7月に発表した「時短メール英作文β版＋」というサービスがある[15]。この「時短メール英作文β版＋」には、英単語やフレーズの意味や使い方を表示したり、異なる表現を候補として提示したりするなどの機能があり、利用者は使いながら簡単に、知らない単語や表現のバリエーションに触れることができる（図8）。同サービスは一部の機能でAzure OpenAIを活用しており、ニューラル機械翻訳をベースとしながら、大規模

［図8］「時短メール英作文β版＋」の表示画面

言語モデルが得意とするようなことも可能化されている。すなわち、箇条書きからのメール文生成や、指定の表現方法に（たとえば「丁寧な表現」に）英文を変換する機能を搭載している。

利用者の語学力に合わせて適切なサポートを行いながら、利用者が「これでいこう」「これで発信して大丈夫だ」と自信を持って意思決定できるような機能やUX/UI（user interface）の開発ができれば、より効果的に語学力の向上に寄与するAI翻訳サービスになっていく —— そんな可能性が見えてきた。

10-5. AI翻訳の社会実装で「言語の壁」を超える〈みらい〉に向けて
（1）AIの進化は教育をどう変えていくのか

2023年8月現在、AI、特に大規模言語モデルをはじめとした生成AIの活用については、期待と懸念が渦巻いている。教育現場においては、学生たちにChatGPTを使わせるべきか、教員はどう使うべきか、といったことが問われているのをよく耳にする。学生が課題に使うことを早々に禁止した学校もあれば、ガイドラインを制定すべく、ワーキンググループを立ち上げて検討を始めた学校もある。いずれにしても不可逆の変化は起こりつつあり、どんなに禁止したとしても、生成AIを使う学生は使い続けるだろう。Google翻訳の登場以来、学生が提出する英作文課題の質が上がったことと同じような話だ。

大きな視点で見れば、教育現場においてAIを使わないという選択肢はありえないだろう。そういう意味でも、AI翻訳やChatGPTをいち早く取り入れている立命館大学PEPチームの方針や姿勢には共感する。

AIの研究・開発に長く携わってきた立場からAIと教育について述べると、AIを活用すれば、学習者ごとの能力に合わせた教材の作成が、人が行うよりも圧倒的に簡単にできるだろう。問題を見て解答する形式のものだけでなく、AIを相手にスピーキングのロールプレイのようなものも可能だ。そのようなカスタマイズされた教材により、学習効果の向上や効率化が期待できる。教育者側からしても、教

材作成をAIに任せられれば、空いた時間を学生の指導などに割り振り、より有効に使うことができるようになる。

　一方で、生成AIでたやすく作れるような簡単なレポートの課題などは、あまり教育的な意味をなさなくなるだろう。AIがMBA（経営学修士）の試験に合格した、医師国家試験の問題で高得点を取得したなどのニュースも飛び交っているが[16]、教育者や教育プログラムを作成する立場の人は、一度、学生に出している課題を生成AIに入力してみるとよいかもしれない。そうすることで、どのような授業や課題が学生たちの思考力や探求力などを高められるのか、AIが学習過程でどのように役立つのか、それぞれの分野での最適解のヒントが得られるだろう。

（2）AIの社会実装：行動様式・生活様式を変える

　社会全体で見ると、大規模言語モデルにより、仕事の生産性は間違いなく上がる。たとえば書く生産性（文章作成、文章校正）、読む生産性（要約、情報整理）、発想支援（アイデア出し、ブレインストーミング）などが向上することになる。法務や財務、医療や製薬など、専門的な知識を必要とするタスクにも対応できるようにもなるだろう。

　ただ、今の大規模言語モデルは、チューニングやプロンプトエンジニアリングなしに誰もがそのメリットを最大限享受できるようにはなっていない。われわれのような事業者が、コア技術の研究・開発をしながら、利用者のUXを最大化するサービスやプロダクトを提供していく必要がある。同時に、AIを利用する側の人間も行動様式やプロセスを変える必要があるだろう。今は人がやるのが当たり前になっていることをAIに明け渡すのは、簡単なことではないかもしれない。そこで忘れてはいけないのが、AIが進化を遂げても、意思決定や判断をするのは今後も間違いなく人間であり続けるということだ。

　AI翻訳でいうならば、「AIの進化で人間の翻訳は不要となるのか」という問いの答えは「否」である。われわれのAI翻訳サービスにも様々な表現のバリエー

ションを提示する機能があるが、バリエーションがあるということは、そもそも翻訳は多様であって正解は1つではないということを意味している。何が適切な翻訳かという定義は簡単ではなく、「適切さ」は人間が判断するしかない。

　AIが得意なことはAIに任せ、AIから学べることは学び、人間がこれまで以上に創作性や知的生産性の高い活動を行う時代がやってくるだろう。AIを活用して学ぶ学生たちには、そのような時代をリードしていく力を身につけてほしい。

　前節でも述べたように、みらい翻訳ではAIの進化を追いかけつつ、必要に応じてニューラル機械翻訳と大規模言語モデルの融合を試みながら、サービス開発を続けている。そこで目指すのは、AIの活用による生産性向上と、その先にある「言語の壁」を超える世界の実現だ。その世界では、たとえば「読むこと」ひとつとっても大きく意味が変わってくる。外国語で書かれた情報も、それと意識することなく、母語と同じように気軽に得ることができる。今現在は、外国語で書かれた情報を読むことや海外の人とコミュニケーションを取ることなんて想像できないという人にも、等しく世界は開かれるだろう。

注 ─────────────────────────────────

[1] **p.219** 株式会社みらい翻訳は、AI翻訳サービス「Mirai Translator®」をはじめとする翻訳・通訳に関連するソリューションを提供し、生産性向上への寄与を行っている。そしてさらに、機械翻訳の社会実装により、「言語の壁」を意識することなく世界中の人とコミュニケーションする、そんな世界の実現を目指している。

[2] **p.219** Mirai Translatorをはじめとした、みらい翻訳が開発する各種AI翻訳サービスは、現在、国内の大手グローバル企業を中心に約80万人に使用されている。

[3] **p.219** 「学校法人立命館と株式会社NTTドコモとの連携協定」に基づく。下記URLの報道発表資料「立命館とドコモがICTを活用したキャンパスの創造および学術研究・教育・地域社会などの発展に関する連携協定を締結」を参照。https://www.ritsumei.ac.jp/file.jsp?id=466450&f=.pdf

[4] **p.221** みらい翻訳のウェブサイト内の「Mirai Translator® サービス要項 提供言語」を参照。https://miraitranslate.com/service/miraitranslator/

[5] **p.222** 言語モデルとは、簡単にいうと、言葉同士の関係性や結びつきの総体（コンピューターの中ではその強弱が数値に置き換えられている）により、次の言葉の出現確率を予測できるもの。

[6] **p.224** みらい翻訳調べによる。

[7] **p.225** みらい翻訳調べ「AI自動翻訳実態調査 2021年」による。

[8] **p.225** 総務省「労働力調査 2017年」による。

[9] **p225** 英語力はTOEICテストの点数だけで測れるわけではないが、ここでは分かりやすい指標として、「TOEICテストの点数＝英語力」とする。

[10] **p.227** デヴィッド・グレーバー［著］・酒井隆史・芳賀達彦・森田和樹［訳］（2020）『ブルシット・ジョブ——クソどうでもいい仕事の理論』岩波書店

[11] **p.227** ビジネスや研究の現場においては、情報の漏えいや二次利用のリスクのない、セキュリティの高いAI翻訳ツールの導入が前提である。

[12] **p.227** みらい翻訳のウェブサイト内の「ダイキン工業株式会社 AI自動翻訳の導入事例」を参照。https://miraitranslate.com/example/daikin/

[13] **p.235** 分析に使用するデータは、個人を特定できない形に加工している。また、学生には本研究に関する情報を開示し、活用の同意を得たデータのみを使用している。

[14] **p.235** 調査対象者のTOEICテストの点数の分布は以下のとおりである。最大値：905点、75%点：585点、平均値：501点、中央値：500点、25%点：406点、最小値：150点。

[15] **p.238** 「時短メール英作文β版＋」の詳細については下記URLを参照。https://plus.miraitranslate.com/

[16] **p.240** 下記URLの「Would Chat GPT Get a Wharton MBA? New White Paper By Christian」および「Performance of ChatGPT on USMLE: Potential for AI-assisted medical education using large language models」という記事を参照。https://mackinstitute.wharton.upenn.edu/2023/would-chat-gpt3-get-a-wharton-mba-new-white-paper-by-christian-terwiesch/ https://journals.plos.org/digitalhealth/article?id=10.1371/journal.pdig.0000198

参考文献

グレーバー, デヴィッド［著］・酒井隆史・芳賀達彦・森田和樹［訳］（2020）『ブルシット・ジョブ —— クソどうでもいい仕事の理論』岩波書店

Kung, T.H., et al. (2023). Performance of ChatGPT on USMLE: Potential for AI-assisted medical education using large language models. *Plos Digital Health*. https://journals.plos.org/digitalhealth/article?id=10.1371/journal.pdig.0000198

立命館・NTTドコモ（2020）「立命館とドコモがICTを活用したキャンパスの創造および学術研究・教育・地域社会などの発展に関する連携協定を締結」https://www.ritsumei.ac.jp/file.jsp?id=466450&f=.pdf

Terwiesch, C. (2023). Would Chat GPT Get a Wharton MBA?: A Prediction Based on Its Performance in the Operations Management Course. Terwieschhttps://mackinstitute.wharton.upenn.edu/2023/would-chat-gpt3-get-a-wharton-mba-new-white-paper-by-christian-terwiesch/

Vaswani, A., Shazeer, N., Parmar, N., Uszkoreit, J., Jones, L., Gomez, A.N., Kaiser, L. and Polosukhin, I. (2017). Attention Is All You Need. *Advances in Neural Information Processing Systems*, 30, 6000–6010.

あなたの
グローバル英語力を測定
新時代のオンラインテスト

CNN

®

GLENTS

CNN GLENTS
ホームページはこちら

https://www.asahipress.
com/special/glents

ENGLISH EXPRESS

定期購読者限定
英語学習スケジュール帳プレゼント！

音声ダウンロード付き 毎月6日発売 B5判 定価1263円（税込）

※2023年11月号より、定価1375円（税込）に価格改定いたします。

これが世界標準の英語!!

CNNの生音声で学べる唯一の月刊誌

◇ CNNのニュース、インタビューが聴ける
◇ 英語脳に切り替わる問題集付き
◇ カリスマ講師・関正生の文法解説や
◇ 人気通訳者・橋本美穂などの豪華連載も
◇ スマホやパソコンで音声らくらくダウンロード

定期購読をお申し込みの方には本誌1号無料ほか、特典多数！

初級者からの
ニュース・リスニング
CNN
Student News
2023 [春夏]

動画音声付き（オンライン提供）

音声アプリ＋動画で、
どんどん聞き取れる！

- レベル別に3種類の
  速度の音声を収録
- ニュース動画を字幕
  あり/なしで視聴できる

MP3・電子書籍版・
動画付き[オンライン提供]
A5判 定価1320円（税込）

1本30秒だから、聞きやすい！
CNN
ニュース・リスニング
2023 [春夏]

電子書籍版付き（ダウンロード方式で提供）

[30秒×3回聞き]方式で
世界標準の英語がだれでも聞き取れる！

- テイラー・スウィフトが
  長編映画の監督に
- まるでゾンビ!? クその
  死体を「動くロボット」化

MP3・電子書籍版付き
（ダウンロード方式）
A5判 定価1100円（税込）

CNN GLENTSとは

GLENTSとは、Global English Testing Systemという名の通り、世界標準の英語力を測るシステムです。リアルな英語を聞き取るリスニングセクション、海外の話題を読み取るリーディングセクション、異文化を理解するのに必要な知識を問う国際教養セクションから構成される、世界に通じる「ホンモノ」の英語力を測定するためのテストです。

CNN GLENTSの特長

■作られた英語ではなく生の英語ニュースが素材

リスニング問題、リーディング問題、いずれも世界最大のニュース専門放送局CNNの英語ニュースから出題。実際のニュース映像を使った「動画視聴問題」も導入しています。

■場所を選ばず受験できるオンライン方式

コンピューターやスマートフォン、タブレットなどの端末とインターネット接続があれば、好きな場所で受けられます。

■自動採点で結果をすぐに表示　国際指標CEFRにも対応

テスト終了後、自動採点ですぐに結果がわかります。国際的な評価基準であるCEFRとの対照レベルやTOEIC® Listening & Reading Testの予測スコアも表示されます。

■コミュニケーションに必要な社会・文化知識にも配慮

独自のセクションとして設けた「国際教養セクション」では、

世界で活躍する人材に求められる異文化理解力を測ります。

■試験時間は約70分、受験料は3,960円（税込）です。

※画像はイメージです。

お問い合わせ先

株式会社　朝日出版社　「CNN GLENTS」事務局
TEL: 0120-181-202　E-MAIL: glents_support@asahipress.com
（平日午前10時～午後6時）

Part III

機械翻訳から生成AIへ

ChatGPTがもたらす英語教育の未来予想図

11

ChatGPTを大学英語教育で使い倒す中で見えてきたいくつかの論点
—— 結びに代えて

山中　司 ［立命館大学生命科学部生物工学科教授］

11-1. はじめに

　生成AIの登場は、機械翻訳そのものにも影響を与え始めている。早い話が、ChatGPTのような生成AIでは機械翻訳＋αのことができてしまうからである。機械翻訳に限らず、これまで存在してきた多くの英語学習をサポートするソフトウェアやテクノロジーが、昨今、生成AIを搭載することで、その性能や適用範囲を大きく高めている[1]。そこで本章では、生成AIが描き出してくれる未来の当たり前について、先行的かつ展望的に論じてみることにしたい。

　第1章で述べたとおり、筆者ら研究グループは、国内で先駆的にChatGPTを大学英語教育に導入してきた。もともと筆者らにその知見や経験があったかといえばそんなことはなく、手探りの模索的実践であったには違いないが、それでも先入観なくこうしたことに取り組めたことで、多くのことを率直に驚きながら見いだすことに成功してきた。以降では抽象、具体それぞれのレベルで、ChatGPTが英語教育にもたらすインパクトや可能性について、事例報告も交えつつ考察することとしたい。少しでも最新の知見や、今後焦点となってくるディスカッションポイントについて、読者にいち早くお届けできれば幸いである。

11-2. メタ情報が扱えるようになってきた＝先生っぽくなってきた

　ChatGPTの何がこれまでと違い、どこにインパクトがあるのか。何となくご存じの方も含め、まずは具体例を示しながら議論し、そこから派生する可能性を考えてみよう。第6章で詳しく紹介したとおり、筆者ら研究グループは「Transable」を開発したが、そこでは同一画面上でDeepLの機械翻訳の結果と、ChatGPTによる英文の出力を一度に見ることができる。実際にこれらを授業で扱ってきた経験も踏まえ、何が違うのかについて考えてみよう。

　パッと見たところ、DeepLもChatGPTも出力結果としては入力した日本語文に対する英訳を出してくれるわけで、どちらもその精度は概して高い。それぞれの英訳の仕方に多少の差はあるものの、双方とも第1章で述べたとおり、大規模言語モデルからのAIによる出力結果であり、根本的な仕組みのところでは共通している。それでは何が違うのかといえば、ChatGPTの方が入力に関するメタ情報を扱えるところが優れており、ここに英語教育に限らない、ChatGPTの革命的な点がある。

　「髪の毛を全体的に3センチぐらい切ってくれませんか」という日本語を英語にしたいとする。DeepLであれば、その日本語を入力すれば自動的に英訳が産出される。ChatGPTであれば、「○○○を英語に訳して」とプロンプト（命令文）を打つことで英訳の出力結果を得ることができる。このレベルであれば、実はDeepLもChatGPTも大して変わりはない。即時性という観点から考えればDeepLの方がより短時間で出力結果を返してくることがほとんどなため、DeepLの方が使い勝手がよいといえるかもしれない。したがって、こういった使い方をしている限りであれば、別にChatGPTを積極的に英語教育に取り入れる必要はない。

　ではChatGPTの、機械翻訳にはない利点とは何かといえば、ある出力に対して、

・どうしてそういう出力（英訳）をしたのか

・ほかに似たような言い回しはないのか（今回使った単語を使わずに表現できな

いか）

・小学生でも分かるくらいに、表現のレベルをぐっと簡単にすることはできないか
・英検１級程度の難しい単語や表現を使って、よりハイレベルな表現ができないか
・似たような表現を使った練習問題を作ってくれたら答えるから、それを評価して
　くれないか

といったプロンプトを送ることで、ChatGPTはこうした願いを見事にかなえてくれる。よく見るとお気づきになると思うが、これらの出力は、「髪の毛を全体的に３センチぐらい切ってくれませんか」そのものに関してというよりも、それに関する一段上のレベルの内容、たとえば英訳「についての」説明であったり、英訳「に関する」出力結果を調整することであったりする。ある物事についてそれを規制したり特徴づけたりするより高次の情報のことをメタ情報というが、ChatGPTは、こうしたメタ情報についてのやり取りが対話形式で可能なのである。

　ChatGPTを使ったことのある人には何を今さらと思われるかもしれないが、この意味を考察することには実に意義深いものがある。生成AIが登場する前の、機械翻訳の出力だったり、それ以外のコンピューターによる出力だったりを思い起こしてみていただきたい。それらは確かに、人間と比べ物にならない速さや正確さで結果を出力してきたが、やっていることは「問い・指令」に対して「答え・出力」を出すのみで、その間に存在するプロセスはブラックボックスに等しかった。つまり、Q（question）に対していきなりA（answer）が出されて人とのコミュニケーションは終了し、それ以上に話題が盛り上がることは決してなかったのである。

　別の方法として、コンピューターとのコミュニケーションに近づくため、コンピューターの言語を人が学び、その制御に参画することも考えてみよう。昨今流行りのプログラミング教育とはまさにこうした趣旨でなされており、ロボットを動かすなどは典型的な応用事例である。ところが、ここにも問題がある。概してプログラミング言語は分かりにくく、いわゆる文系人間の多くはそれらを苦手とするのだ。そ

の理由として、人間の言語とは異なり、少しでもおかしなところがあったり曖昧で意味をなしていなかったりすると、そのプログラムは決して動かないということがあるだろう。また、そもそもプログラミング言語は数学や論理学の考えを背景としており、それらが苦手だと取っ付きにくいということもある。さらに、ロボットを動かすにしても、ロボットは人間の目や声帯のように高度なセンサーもモーターも持っていないため、人間の当たり前が通用せず、膨大な指示を与えなければならなくなったりする。

　詳細はさておき、生成AI登場前の機械が持っていたこうした特徴の帰結として、人びとを、特に文系の人びとをAIテクノロジーの開発から遠ざけ、それらを工学や計算の分野に押し込んでしまった。AIとの共生は人類のこれからの課題であり、ひとりひとりが影響を大きく受けることであるにもかかわらず、多くの人にとって何か遠い分野での出来事のように思わせてしまったのである。

　一方、先に挙げた人と機械の乖離は、くしくも人の特徴や特質を浮き彫りにしてくれているように思う。人はコミュニケーションが好きで他者とのやり取りが多いが、曖昧でいい加減なところも多々あり、常に論理や計算で動いているわけではない。その反面、人の身体に目を向けると、廉価なロボットでは到底そろえられない高度な入出力器官を備えている。すなわち生成AIの登場は、身体性の問題を除けば、人とAIの距離が近づきつつあることを示している。別の言い方をすれば、ChatGPTの登場は、AIの方が人の曖昧模糊としたコミュニケーションに歩み寄り、人との円滑なやり取りを実現しようとしているということなのだ。

　ChatGPTは英語教育に破壊的なインパクトを与える可能性があり、それゆえ本書も世に出たわけであるが、大学教育にはもうひとつ、おそらく生成AIが破壊するといわれている分野がある。プログラミング教育である。ある意味それも当然で、ChatGPTに適切なプロンプトで指令を出せば、瞬時に希望するプログラムを書いてくれる。実際に、ChatGPTが出力するプログラムのおかげで多くのプログラマーの労働時間が削減され、業務が大いに効率化されている。社会的には良いこと

であるが、それを教育する現場からするとたまったものではない。何の苦労もなく完璧なプログラムを提出されてしまっては、学習効果も何もないからである。しかし、これもモノの見方次第で変わってくる。ChatGPTが取っ付きにくいプログラムを書くことを助けてくれるのなら、これまでプログラミングの授業など忌避し続けてきた文系の多くの学生たちが、途端に興味を持ち出すかもしれない。計算や論理などが苦手だった学生も同様である。重要なことは、ChatGPTとメタレベルでコミュニケーションする際、われわれ人間は普段どおりの、日常の言葉を用いることができる点にある。AIや機械が本来得意とするような数学や論理の言葉で語りかける必要はなく、人間独自の曖昧で回りくどい言い回しを使っても、ChatGPTの方が可能な範囲でくみ取ってくれる。しかも対話形式でやり取りができるため、対話を繰り返すことで認識の違いが狭まり、人間とAIの「合意」形成にも近づくのである。

　学校という現場で、決められた問いに対していつも正確な解答を提示できる人間には、2種類がある。一方は超優秀で頭の良い優等生、他方は優等生を含む生徒たちを教えている教師である。両者は正しい答えを出力する点では同じでも、ずいぶんと違った存在である。優等生の方は、優秀な頭脳が一瞬で解答にたどり着き、場合によってはその答えに至る経緯を説明できないことがある。たとえ説明をしても、分からない者たちに分かるような説明にはならない場合が多く、実に「感じが悪い」。対して、教師の方は、学習者のレベルや前提知識に合わせて答えに至るプロセスをうまく説明することが可能である。それこそが教師に求められる知識とスキルであり、教える者にとっての醍醐味でもある。同じようなことは、たとえば科学的な物事の説明においても当てはまる。優秀な科学者であり教育者であるなら、同じ分野を専攻する学習者、分野は異なるが一般的な科学的知識を持つ学習者、科学的知識には欠けるが一般的な教養を持つ学習者、そうした知識を持たない子どもなど、相手それぞれに応じて説明の仕方をチューニングする。語っていることの本質は同じでも、使う語彙や前提知識、話の進め方や例示の仕

方など、やり方をかなり変えるだろう。そして、そういう説明の仕方ができるかどうかが、教育者に求められる資質なのだ。単に答えを教えるだけだったら、巻末の解答を見せた方が手っ取り早い。

　すでに察した方もいらっしゃるだろうが、この優等生の解答が生成AI登場前の機械であり、ベテラン教師の回答こそ、ChatGPTが実現しつつあるコミュニケーションだといえる。しかもこのコミュニケーションは実に教育的である。学習者の理解や進捗は皆一様ではなく、それゆえ個別最適化された学習は教育のひとつの理想系であるが、ChatGPTを使えば、学習者個々のアダプティブラーニングは本気で実現できる。教育とは、単に問いに対する知識を与えるものではない。もしそのような教育しかなされなければ、教育は単なる知識の詰め込みの場にすぎず、画一化された個体に情報を詰め込むことと何ら変わらない。知識をめぐる教師と学習者の密なコミュニケーションが、学習者の中に、単なる知識の習得以上の気づきや発見、自信や創発をもたらし、それが次なる豊かな経験世界の素材となって循環する——これこそが学びの本質である。そしてそのためには、ただ一直線に答えへ至るのではなく、メタ情報を調整しながら学習者の理解へ向けて多角的なアプローチをすることが不可欠となる。

　驚くことに、ChatGPTにはそれができる可能性がある。メタ情報を適宜チューニングしながら教育ができるのは、これまで教師だけに与えられた特権であった。だから、一斉授業という非効率に思われる教授形態でも、教師の創意工夫と並々ならぬ努力で、学習者の学びを確保することができていた。しかしこれからは、教師にしかできなかったことを生成AIが引き受けられるようになる。少なくとも、その可能性がある。AIが急速に教師らしくなってきた（きてしまった）のである。

11-3. AIテクノロジーが切り開く新たな英語力の伸ばし方

　それでは、AIテクノロジーはどのような意味で新しい英語教育といえるのか。すでに第1章で、AIがbad modelではなくgood modelを提示できるようになったこと

や、機械翻訳を用いた場合でも英語力が伸びている可能性を指摘した。それがどういったロジックで新たな学びを可能にするのか、ここで改めてしっかりと議論してみよう。

　機械翻訳や生成 AI がなかった時代、英語学習者が発信を行うには、基本的にゼロから表現を立ち上げざるをえなかった。無から有を生み出すしかなかったのである。もちろん、和文英訳の例文や表現集などを参照できる場合もあるだろうが、それらは他人が作成したものであるから、自分が本当に言いたいことがそのまま記載されていることはない（たまたま部分的に一致することはあるにしろ、極めて限定的だろう）。このようにどう表現するかをゼロベースから始めないといけない英語学習者の場合、その教育手法としては、いわゆる基礎積み上げ型が効果を発揮するとされている。基礎的なものから始め、徐々に難しくしていくことで、語彙が増え、表現が増え、使える文法項目が増えていき、だんだんと複雑なコミュニケーションをすることができるようになる。考えてみれば、これは一種のゲーミフィケーション（gamification）である。あたかもゲームでレベルアップしていくように、学習者は学べば学ぶほど持てる技が増え、強くなる。モチベーションは好循環を維持するはずで、学ぶ方としても面白いはずである。

　ところが、現実はそうはなっていない。基礎積み上げ式の英語教育は昔も今も日本で支配的であるが、「英語が使える日本人」[2]になれた日本人は一体どのくらいいるだろうか。今では小学校から英語教育が必須となり、長い年月をかけて英語を勉強しているにもかかわらず、この状況である。なぜ基礎積み上げ式の英語学習がうまくいかないのか、その考察は本章の主題ではないため最低限の言及にとどめるが、第 1 章で触れた中間言語論などと並行して論じることができる。つまり、どれだけ勉強しても、どこまでいっても、ネイティブには敵わないことが大きいのだ。一体どれだけレベルを上げれば十分なのか、学習者にはそれが見えないのである。その結果、際限がなくなり、いつまで経っても劣等感がぬぐえないということになるのだが、こうした構図そのものに深刻な問題のひとつがあるといえる。

かつて英語教授法にコンテンツベースの手法が広まったとき、その大きな誘因のひとつが、中級以上の学習者のモチベーション維持であったといわれる（山中ほか, 2019）。コンテンツベースとは、コミュニカティブアプローチのひとつであり、無味乾燥な教材を用いて訓練を施す代わりに、学習者が興味を持ちそうなリーディング素材などを用いる手法である。学習者の内容への関心が高まったり、内容から知的好奇心が満たされたりすることで、英語教育を活性化させることができる。今でも教材選びに英語の先生が苦心するのは、まさにこのコンテンツベースの発想が健在であるからだし、誰にとっても理解しやすい発想であると思う。

　そうしたコンテンツベースの教授法の是非はさておき、ここで着目したいのは、中級以上の英語学習者のモチベーションを維持しなければならないという点である。そのことは、中級に達して以降の英語学習者は学び始めた頃よりも一般的にモチベーションが低下する傾向にある、ということを教えてくれる。少し考えてみれば、これも大変納得しやすい。初学者は新しい言語の習得に高いモチベーションで臨む傾向があり、たとえ基礎積み上げ式の手法を取ろうとも、スタート時点のゼロに比べれば大幅にターゲット言語の知識量や使用能力が高まるわけで、そこには一種の知的興奮があろうというものである。それに比べて中級以降は、いわゆる伸び悩みの時期に差しかかり、扱う内容も高度になるため習得に時間もかかる。その上、学習のゴールは蜃気楼のように近づこうとしても遠ざかり、やってもやっても先が見えない有り様では、かつてあったモチベーションが自然と下がってくるのも致し方ない。

　話は若干それるが、仕事であっても趣味であっても、スタート時点は志が高く、モチベーションも高い場合が多い。新しいことに取り組むという新奇性も相まって、ひとつひとつが目新しく、変化があって楽しいからである。一方で、経験を積み様々なことに慣れてくるにつれ、肝心なモチベーションが維持できなくなってくる。より高いレベルに挑戦しようにも簡単にはいかず、飽きやマンネリもあってついやめたくなってしまう。こうしたことは、多かれ少なかれ誰にでも経験があるのではな

いだろうか。仕事などがその典型だと思われるが、高い動機づけに支えられ、や
る気もエネルギーも満ち満ちている若手の頃は、懸命に働いて成果を上げたいと
いう意欲を持つ。しかし、知識も経験もないため任される仕事は限られ、結果と
して大した評価も得られずじまいということが多い。一方、仕事がようやく板につ
いて役職もある程度上がってきた頃には、体力や気力が追いつかなくなっており、
考えや行動も保守的になっているということがありがちである。皮肉なモチベーシ
ョンのミスマッチが、ここに起きているといえるのではないだろうか。多くの企業だ
けでなく学校もそうかもしれないが、せっかくの若手のやる気をうまく生かせていな
いのは貴重な機会損失である。

　同じロジックが英語学習にもきれいに当てはまる。初学者はモチベーションが高
いが、使える知識があまりにも限られており、理解できる範囲や可能な表現の幅
は極めて狭い。中学1年で習った文法や単語だけを使ってコミュニケーションする
ことを考えてみたらよい。何も習っていない時よりははるかにましだとしても、言え
ることがあまりにも少ないことが分かるだろう。英語を使って新しい友だちを作った
り世界中を旅行したりしてみたいと目を輝かせても、教えてもらったことが少な過ぎ
るため、ほとんど使いものにならない。そしてその結果、使えない英語にがっかり
し、自信もモチベーションも失ってしまうのである。

　AIテクノロジーは、こうした状況を劇的に変える可能性がある。外国語の初学者
であっても、母語でなら、言いたいことをそのまま言葉にできるはずである。つま
り、日本語の母語話者なら言いたいことを日本語で表現できるはずだが、その日
本語表現を機械翻訳にかければ、原則、それがすべてターゲット言語に翻訳され
ることになる。音声での入出力機能などをうまく組み込めば、PC操作が苦手な人
であれ誰であれ、機械翻訳を利用できる時代が訪れているのである。さらに、単
に言いたいことを外国語に変換するだけでなく、「こういうときはどう言えばよいの
か」「こういう言い方はなぜダメなのか」などの疑問をChatGPTに尋ねれば、ひ
とつひとつ丁寧に、分かるまで教えてくれる。自分が本当に表現したい言い回し

を、学校で先生が教えてくれるまで待つ必要はもうない。初級だろうが中級だろうが上級だろうが、AIによって言いたいことが言えるようになるのである。似たような表現から苦心して応用する必要もない。AIは、そのものズバリを教えてくれるからである。

　外国語教育の目的とは何か、なぜ日本人は英語を学ぶのかという問いに対し、その言語を使う人びととコミュニケーションするためだ、という回答がある。コミュニケーションという概念を広義に捉えるとしたら、この答えに否定的な人は少ないはずである。ところが、コミュニケーションのための言語とはいえ、これまでの初学者は、そのコミュニケーションが思うようにいかずに、もどかしい思いをすることが多かった。言いたいことがあっても、知識や経験の不足ゆえに、どう表現したらよいか分からなかったからである。しかしこれからは違う。AIテクノロジーが、まるでネイティブ同士のようなコミュニケーションのステージへ、われわれをいきなり連れて行ってくれるのだ。テニスの初心者が手加減なしのプロ選手を相手にラリーの応酬をすることはできないが、AIを手にした初学者は誰とでも言葉の応酬を楽しむことができるだろう。確かに、即時のやり取りが求められる「話す」という面では現時点のChatGPTは問題を抱えており、なめらかな会話を成立させられるまでには至っていない。出力に時間を要するからだ。だが少なくとも、「読む」「書く」においては、これらのテクノロジーを使えば全くストレスなく対等なコミュニケーションが可能である。まさにこれは、言語教育の本懐もしくは醍醐味（山中, 2020）へとわれわれを導いてくれることを意味し、初学者にとっては夢のような世界へいきなり行けるのであるからモチベーションも下がるはずがない。

　ただし、これだけではもちろん不十分である。とりわけ、「英語教育としては」不十分である。なぜなら、仮に生成AIを用いて母語話者と対等にコミュニケーションができたとしても、それはAIテクノロジーがそうさせてくれているだけであり、学習者自身の、「自力」の英語力はそうしたレベルとはかけ離れているからである。伝わりさえすればよいと完全に割り切ってしまえるような実務的やり取りとは違

い、外国語教育としての観点からは、機械を使って用が足せたからよいというわけでないのは明らかだろう。筆者らもこの点は十分に理解しているつもりであり、AIの出力結果をそのまま自分の出力にして事が済むとは思っていない。

しかし、たとえば次のようにしたらどうだろうか。AIによる出力結果を単に読み上げて終わりにしたり、そのままコピーして使ったりするのではなく、それをしっかり自分の頭の中に入れ、いったん自分の中で消化した上で（あたかも）自分のものとして出力・発信するように条件づけるのである。これは筆者が従事する「プロジェクト発信型英語プログラム（project-based English program: PEP）」で実際に行っていることであり、学生の英語力向上に関してかなりの手応えを感じている。こうすることで学生はかなり英語を勉強するからである。

30秒や1分のピッチ（pitch; 短いプレゼンテーション）であれば、丸暗記も可能だろうから、AIが出力したものをやみくもに覚えればよい。しかしそれが3分、5分、8分……となると、すべて丸暗記するのはさすがに厳しく、覚えるには一定の内容理解が必要になってくる。しかもChatGPTの出力する英語は母語話者と同等のレベルであり、概して日本人学習者には難しい。そうした難しい英語を学習者が理解し、納得し、自分の頭に入れて発信できたのであれば、それはそれで実に素晴らしいことではないだろうか。学習者の本来の英語力よりもはるかにレベルの高い英語表現や語彙を、いったんは頭の中に入れて披露できたわけなのだから。頭に入れたものは数日経ったら消えてしまうかもしれないが、それでもこうした活動を何度となく重ねていけば、学習者はgood modelを何回も頭の中にたたき込むことになる。あたかも専属のスピーチライターに英語の原稿を毎回作ってもらい、それを毎回頭に入れて披露するような作業であるが、こうした英語学習法は実はこれまで存在しなかった。もちろん、やろうと思えばAIに頼らずとも同様のことはできる。優れたスピーチライターや家庭教師を長期間雇えばよいだけである。だが、お分かりになるとおり、そんなことができるのは経済的に恵まれた一部の学習者だけである。ほとんどの学習者は教育機関での一斉授業に甘んじるしかなく、

たとえ優れた先生に恵まれたとしても、自分だけのために常に時間を割いてもらえるわけがない。

　ChatGPTも機械翻訳も自由に使ってよい。ただし、自分が発信する際は、それらが出力した英語を完全に自分のものにしていること。原稿をそのまま読むなど、もっての外 —— このような方針で授業をすると、学生は実際どういった動きをするだろうか。筆者の実践から見えてきたことをご紹介したい。先にも述べたとおり、1分ならまだしも、何分にも及ぶプレゼンだと丸暗記するのは厳しくなる。学生たちも、丸暗記するのが手っ取り早い手段だとは思いつつ、どれだけの労力を要するか想像するとタイパ[3]（時間対効果）的によくないことが分かる。いくら英語が得意ではないといっても、未知の言語ではないのだから、全体のストーリーラインを理解し、そのストーリーに沿う形で要所ごとの重要な表現や語彙を覚えたら、それらをつないでいく英語をある程度柔軟に考えながらプレゼンテーションを行う方が、無機質な丸暗記よりも取り組みやすい。こういうやり方ができる学生は、ChatGPTや機械翻訳に当初の原稿を作らせたとしても、必ずそこに手を加えるようになる。難しい表現は修正して自分が使いやすいものにダウングレードし、自分で考えた方が覚えやすい箇所については、自力の英語に書き換えるのである。つまり、AIテクノロジーの出力をたたき台にし、それに編集を加えたり、チューニングを行ったりするようになるのである。ここにも新たな、そして有意義な英語学習の機会が発生しているが、こうした学習方法もまた、過去には存在しなかった。この効果がどの程度のものか、筆者らも課題として研究する必要性を感じている。ゼロから基礎を積み上げ、得られた知識の範囲内で発信していく学習方法と比べると、何か別の、新たな能力を伸ばしたり鍛えたりしている可能性が大いにあるのではないだろうか[4]。

　人はコミュニケーションをする生き物である。したがって、言いたいことがあるのに「その表現の仕方をまだ習っていないから」「表現のレベルが高過ぎるから」といって発信させずにいるのは、間違っているといえるだろう。発信を可能にするテ

クノロジーがあるのなら、それを使って自由にコミュニケーションさせたらよいはずだ。コミュニケーションの醍醐味を、すなわち人とやり取りする楽しさを先に味わってもらうことの、何が悪いというのだろうか。

　ちなみに、基礎積み上げ型教育のこうした弊害は英語学習だけにとどまらない。初めは基礎練習ばかりさせて、一番楽しいところをいつまでも「おあずけ」にする日本のスポーツ教育などにも同じことがいえる。もちろん、それにも種々様々な正当な理由があることは分かっている。しかし、無味乾燥で限定的な訓練ばかりさせられて、果たして学習者（競技者）のモチベーションはいつまで続くだろうか。百年の恋も冷めることがあるように、当初の情熱を失う人も少なからずいるように思われる。

　AIは、学習者の英語レベルに関係なく、あらゆるコミュニケーションを可能にさせてくれる。小学生であっても国際会議でスピーチができ、大学生でもグローバルビジネスの複雑な交渉ができるようになりえるのだ。英語を習い始めの人であっても、相手の言うことを理解し、自分の言いたいことを意図どおりに伝えることできるだろう。その根拠は、第1章で述べたように、われわれは母語を直観的に使うことができるが、AIテクノロジーの翻訳機能に母語感覚をそのまま生かすことができるからである。初めは、「自力」の英語力とAIの出力には天と地ほどの差があるように感じるかもしれない。しかし、出力された英文は、自分が本当に言いたかったことを自然な英語で表現したものである。そうした英語を時には丸暗記し、時には改変して利用し、時には自分で作った英文も交えることで、リアルなコミュニケーションを成立させることができる。そういう経験を積極的に積み重ねる中で、微々たる言語領域でのことかもしれないが、自力の英語力を少しずつAIのそれに近づけていくという学習の仕方があってもよいのではないだろうか。そして、そういう学習の仕方の方が、肝心な英語に対するモチベーションが維持され、コミュニケーションの量自体が増えるのではないだろうか。人の本懐であるコミュニケーションをたくさん行い、それを通して漸進的に英語力をつけるという学習の仕方は、

学習というよりも自然で本能的な[5]行為と近いようにも思える。だからこそ、われわれの知識の獲得にもポジティブな影響を与えるに違いない。

11-4. 英語テストはどうなるか?：
評価の情報的側面の復活と本来の役割への回帰

　英語の初級者であろうと上級者であろうと、AIテクノロジーの助けを大いに借りて、実現したいコミュニケーションを何度も経験する。その経験を繰り返すことを通して、徐々に「自力」の英語力が高まる。こうしたロジックで新しい英語教育が展開されたとする。すると、ここで現実的な疑問が出てくると思う。英語テストの存在である。

　英語テストとは、その名のとおり、英語力を確かめる英語アセスメントモデルのことである。世界的に著名なところではTOEFLやIELTS、身近なところでは学校の定期試験やミニクイズなどである。果たしてこれらのテストは今後どうなっていくのだろうか。あるいは、どうなっていくべきなのだろうか。

　前節の議論を踏まえるならば、学習者がコミュニケーションの醍醐味を存分に経験する際、そこにはAIテクノロジーの助けがある。当然、学習者それぞれの「自力」の英語力による展開がそこに見られるわけではない。重要なのはコミュニケーションを行うことだと考えた場合、すでに議論したように、英語力の有無でコミュニケーションを抑制したり先延ばししたりする「基礎積み上げ式」の教育には深刻な問題がある。とすると、自力の英語力を測定する英語テストはどういった意味で存在するのだろうか。この点について考えてみたい。

　ひとつの可能性として、もはや自力の英語力を測定する英語テストは要らないという考え方がありうるだろう。今後はAIによるサポートが日常的に受けられる環境が用意されるだろうから、学習者に必要なのはAIを使いこなすハウツー的な知識であり、自力の英語力はほとんど不要になるという考え方である。こうした考え方は部分的には「あり」だと筆者は思う。日本人の英語との関わり方、さらにいえ

ば日本における社会言語学的な英語需要を考えれば、実のところ、日本人の多く
は英語をそれほど必要としているわけではない。その理由としては、日本語という
言語が豊かでパワフルであり、日本が経済的にも一定の地位にあることが大きい。
しかし、これは先人たちの遺産であり、今後も日本や日本語が安泰かといえばそ
れは違う。これから日本の市場は人口減に伴って縮小していくだろうし、今現在で
も言語としての世界的通用性において日本語が英語に勝っていると考える人は皆
無だろう。したがって、日本がグローバル社会の中で国力や影響力を維持してい
くため、習得すべき外国語として英語が選ばれることには合理性がある。日本人
が英語を勉強する必要性は今後も一定程度は存続するだろう。

　ただし、今後はAI搭載のツールが驚異的な発達を見せる。第1章で述べたよ
うに、われわれが最も得意とする母語の感覚を生かしながら、外国語でのコミュ
ニケーションが誰でも容易にできるようになるのだ。しかし、たとえばビジネス交渉
においてapproveとacknowledgeの違い[6]に敏感に反応するような、相当高いレベ
ルの英語力を国民全員が持つ必要があるかといえば、そうではない。そこまでの
レベルの英語力を必要とするのは、英語の土俵で世界中の母語話者たちとシビア
な交渉や取引を行わなければならない、極めて限られた人だけだろう。そうなり
たいと思う人がどれだけいるかと、そういった人が実際どれだけ必要かは、全く別
の問いである。政策として予算を投じる場合は、その点になおさら留意すべきだろ
う。つまり、日本のすべての大学生に同じレベルの英語教育を施す必要は恐らく
これまでもなかったのだろうが、AI時代にはさらに不必要になるということを理解
しておかなければならない。みなが同程度の英語教育を受けることに少しも疑い
を持たないような見方や、英語は当然に「全員必修」と見なすような感覚は、こ
れから解体されていくことになる。その場合、英語テストは、受けさせる学生を限
定したりテストそのものをなくしたりする流れになるだろう。

　一方、機械翻訳や生成AIが便利だからといって、その使い方を教えるだけで
あれば、もはやそれは大学で行うような英語教育ではない。そうしたスキルの習

得については、専門学校やカルチャースクールの方がより良い教え方をしてくれるのではないだろうか。大学などに対しては学習者の「自力」の英語力を向上させることが社会的に期待されており、そこに重きを置かなければ英語教育の体をなさない。だが、われわれがAIという強力なツールを手にした今、それぞれの学生が必要としている以上の学習を強いてつらい思いをさせることのないよう留意することも大切だ。やや過激な論かもしれないが、筆者は、英語教育のイノベーションとは英語教育をやめることだと考えてきた。日本人の英語力を抜本的に高める唯一にして最大の方法は、公教育としての英語教育を施さないようにすること、英語をやりたくない人には英語をやらせないことではないかと真剣に考えている。自力の英語力が本当に必要だと感じている人は、義務的に学ばせるのをやめた途端に意識のスイッチが入り、学習欲求や焦りに駆られて自主的に勉強し始めるのではないだろうか。一方、英語に興味がなく勉強しなくなる人もいるだろうが、現に英語を必要としない日本人は大勢いるのだから、それで全く構わない。余計な格好をつけず、割り切ればよいのである。結果的に、学習者の平均的な英語力は格段に向上し、TOEFLの平均スコアが他の国と比べて驚くほど低い[7]などと無駄な辱めを受けることもなくなるだろう。

　公教育として英語を教えることをやめるという案が暴論に聞こえるのは仕方がない。それだけ現行の体制と提案がかけ離れているからである。しかし筆者には、AI時代が到来する中、大学教育において英語が必修から外れる日は確実に近づいているように思える[8]。第6章で、AIテクノロジーの力を借りて自分の意図を英語で的確に表現できるようになりたいと考える学生が、そうでない学生の手前、あたかも悪いことをしているかのようにこそこそ使うことの弊害を指摘した。そうしたことが生じるのも、必要性を感じていない学生にまで英語を必修として学ばせるような、大学側のカリキュラムに問題がある。英語力向上に関心の薄い学生の目には、より的確な表現にしようとAIの出力に手を加えるような努力は意味のないものにしか見えない。一方、そうした視線の存在は、AIを活用して学習しようとする学生

の意識に影を落とすことが往々にしてある。つまり、英語の必修化は、双方の学生にとって望ましくない状況を招いているのだ。大学は英語を必修から積極的に外すべき時期にきているといえるだろう。英語を学ぶことに意義を感じている学生、英語力向上にモチベーションを持つ学生だけを対象に、英語教育を施した方がよい。この議論を英語テストに結びつけると、結論は次のようになる。全員必修という形の大学英語教育を今のままダラダラ続けるのであれば、英語力を測るテストなどは早晩やめてしまった方がよい。英語力向上を必要としていない学生の英語力を測るのは誰にとっても意義が乏しく、多大なリソースを無駄にしてしまいかねず、政策としての合理性を欠くからである。

英語テストに対する考え方のもうひとつの可能性として、テストでのAIテクノロジー使用を許可するというのはどうだろうか。これからのコミュニケーションにおいては、24時間勤務の有能な秘書のように、AIがわれわれに付き添って手助けしてくれる。そうであるなら、英語テストにおいても、AIの手助け込みのパフォーマンスを評価しようという考え方である。

英語教育については比較的ラディカルであると自負する筆者だが、テストに機械翻訳や生成AIの持ち込みを許可するのはさすがに無理があると感じている。その一番分かりやすい理由は、英語テストでAIテクノロジーが使われてしまうと、評価に最も影響を与える要因がAIの性能になってしまうことだ。もちろん、機械を使う人の能力によって出力に違いは出るだろうが、要するに本末転倒なのである。

理由はほかにもある。TOEFLやTOEICを開発している米国のETS（Educational Testing Service）、IELTS系の開発を担う英国のケンブリッジ大学英語検定機構（Cambridge Assessment English）とブリティッシュ・カウンシル（British Council）などは、いずれも英語テスト作成の本拠地であるという自負と誇りを持って開発に取り組み、評価基準を策定しているはずである。実際、IELTSのスコアはいろいろな国で就業や永住権申請の基準として使われているし、TOEFLのスコアを留学生の受け入れ基準として活用している海外大学も多い。これらは一種の入国審査

の役割も担っていると考えてよいだろう。つまり、こういう英語テストの目的は、受験者が生身の人間としてその国や教育機関に適応できるだけの英語力を備えているか、客観的に（ある意味で正当に）評価したり、お墨付きを与えたりすることにある。すでに社会的に機能する評価モデルとして活用されているこれらが、近い将来、急にAIテクノロジーの持ち込みを許可するようになるとは考えにくい。テストの目的上、AIの性能に左右されるような評価をすることには何の意味もないのだから。

　一方、こうしたテストには英語母語話者を頂点とするような構造があり、英語母語話者にとってはテストがその優位性を守る砦であり、権威性を象徴する本丸になっているともいえる。であるならば、彼らがそうやすやすとAIテクノロジーの使用を認めることはないだろう。本書は、第1章において、機械翻訳や生成AIの台頭が英語学習における母語話者の立場を相当危うくするという見方を示した。だが、英語母語話者の側は最後の最後までその優位性にしがみつき、あくまで自分たちが英語学習者の能力を「認定する（certify）」というスタンスを維持しようとするはずである。これは、なにも米英をはじめとする英語圏の人たちが偉そうだとか性格が悪いとか言いたいわけではない。言語の運用能力を評価する機関がその言語を母語とする国で運営されるのは至極当然であり、たとえば日本語能力試験の本部を今後は中国に置くというようなことは日本人も認めがたいだろう。言語に関しては、その母語話者が有利な立場であることも、その言語の教育において頂点に君臨することもおかしなことではなく、むしろそれが自然なのだ。だからこそ、権威ある英語テストにAIテクノロジーという「異物」を持ち込むことは許されず、それらのテストは今後も学習者の自力の英語力の評価にこだわり続けるだろう。

　そうなると、本節冒頭で述べた問いにもう一度戻ってくる。AI時代における英語テストとは何なのか。そして、それをわれわれはどう扱うべきなのか、という問いである。回答を議論するに先立ち、まずは筆者の立場を明らかにしておきたい。

英語テストは今後も引き続き自力の英語力を測定するものとして残ってよいし、むしろそれはあった方がよい、というのが筆者の考えである。これは一見、これまでの主張と矛盾するように思えるかもしれない。AIと協同したコミュニケーションの総体が大事だと主張してきたのに、ここでは自力の英語力を評価した方がよいという立場を明言しているのだから。しかし、これには理由がある。上記の立場には条件が付いているのだ。われわれがテストに対して無意識に持ちがちな価値を転換する、という条件である。

ここで、評価論に関する議論を少ししておきたい。評価論には、テストを診断的（diagnostic）、形成的（formative）、総括的（summative）の3つに分ける方法をはじめ、種々様々な分類法や類型化が存在しているが、以下では到達度テストと診断的テストという2つに分ける考え方に基づいて検討を行うことにする。

まず到達度テスト（achievement test）であるが、これは学校の定期テストを想像するのが一番分かりやすいだろう。学期などの特定期間内に学習した内容について、ちゃんと理解できているかどうか確認するためのテストである。つまり、到達度テストには一定の出題範囲が存在し、そこをしっかり勉強すれば点数が取れる仕組みになっている。教員の立場からは、教えたことがどのくらい学生・生徒の身についているかチェックする上で大変重宝する評価手法である。また、学習者に理解しておいてもらいたいことを問うわけであるから、到達度テストの点数が高い方が当然「良い」評価を受け、「褒められる」ことになる。

一方、診断的テスト（diagnostic test）という、あまり耳慣れない評価の仕方も存在する。新しい学習内容に進む前などに実施し、学習者が関連事項をどこまで理解しているか、どんなところが苦手なのか、どういった間違いを犯しやすいのか、などについて知るためのテストのことを指す。教える側は、診断的テストの結果から、教授方法が学習者の特性や傾向に最も即したものになるように配慮することができる。学習者の側としても、テスト結果を事前準備や心構えなどに生かすことができる。ただ、日本では英語教育に診断的テストを活用することはあまり一

般的化しておらず、テストといえば到達度テストと実力テストの2種類と捉えられることが多いようだ。実力テストは専門的には熟達度テスト（proficiency test）と呼ばれるが、出題範囲が決まっていないという点で、出題範囲が定まっている到達度テストと対比しやすいのだろう。しかし、診断的テストこそが評価論において大変重要なものであると筆者は考えている。

実は、英語教育という枠を取り払って考えてみると、診断的テストのような評価法は意外と一般的であることが分かる。その典型が健康診断である。健康診断は何のためにあるのかといえば、文字どおり、受診者が健康かどうか診断するためである。より具体的にいうと、その最も重要な目的のひとつは、本人も気づかないような病の芽や進行をいち早く察知し、その後の適切な治療につなげることだ。そのため、様々な検査で数値やデータを採取し、そこから異常の有無を見極める。その結果、再検査の指示があったり、緊急を要する場合には病院から直接電話がかかってきたりすることもある。その時は決してうれしくないが、おかげで早期発見・早期治療ができるのであれば、それはそれで喜ぶべき知らせだともいえるだろう。

このように体の機能や状態を様々な数値やデータで測る健康診断も、ひとつのテストである。たとえば、血圧や中性脂肪が正常値内に収まることを目標とし、食事や運動に気をつけてきたのであれば、それは一種の到達度テストである。期待どおり到達できたのなら、もちろん喜ばしい。しかし、そういう形での健康診断の活用はむしろまれで、健康に気をつけているのに血液検査の数値が悪かったとか、自覚はないのに心房細動を指摘されたとか、胃が重い感じがしていたが特に問題なしだったとか、まさに診断的評価として健康診断を利用している場合がほとんどだろう。

こうした診断的評価のポイントは、大きく2つあると筆者は考えている。ひとつは、自分自身も把握できないような体の機能や状態を、検査結果に基づいて専門的見地から教えてもらえるという、情報的側面からのメリット。もうひとつは、診断

的評価の結果は一喜一憂するためのものではない、ということである。英語教育に話題を戻しながら見ていこう。健康診断が教えてくれる専門的知見は、英語テストにおいては、作問に相当する。テスト問題の開発者は、英語についての知識や運用能力を学習者がどのくらい身につけているのか、学習者が無自覚なところから専門的に引き出すことに長けている。なるべく短い時間に多くの情報量を得て、学習者の言語能力を評価するのである。その結果、学習者自身の実感とは異なる評価がスコアとして出てくることも多々ある。思ったよりできていたとか、できていなかったとかいうのは、学習者の自覚と実際の言語能力に乖離がある証拠である。テスト開発者は、その道の専門家として、なるべく客観的で妥当な評価を伝えるような作問をする。この場合の診断的テストの最大の役割は、的確で専門的見地からの情報を提供することであり、学習者を喜ばせるためでも、逆にがっかりさせるためでもないことが分かるだろう。

　診断的テストの価値を高めるためには、それが提供できる情報的価値を最大化させればよい。再び健康診断のことを考えてみよう。ある人が、今回検査したすべての項目で異常が見つからなかったとする。その人は結果に喜び、安堵するかもしれない。しかし、検査項目が少なかったり精密でなかったりしたから悪いところが見落とされたのではないかなどと、逆に不安に思う人もいるかもしれないのだ。つまり、すべての項目で異常なしという報告は、情報的価値が極めて低いのである。逆に、どの項目の数値が異常だとか、どの部位の状態に要注意だとかの報告は、情報的価値が高い。そうした情報の提供機能が働けば働くほど診断的評価の意義は高まり、受診者は「受けてよかった」という思いを抱きやすいだろう。

　本節で議論してきた英語テストについてはどうだろうか。TOEFL や TOEIC のスコアに学習者は一喜一憂しがちであり、ある点数を超えていれば「英語ができる」、下回れば「英語ができない」とレッテルを貼られることも往々にしてある。入試や成績評価の一部に使われていることも事実であり、英語テストをめぐるこうした状況全体に大きな問題があるように思う。特に間違っていると筆者が指摘したいのは、

評価の診断的側面が軽視され、単なる点数至上主義に陥っていることである。そして、AIテクノロジーによって英語教育が大きく揺さぶられ変革を遂げようとしている今こそ、英語テストが診断的テストの方へとシフトする好機ではないのだろうか。筆者にいわせれば、それは評価の本来的なあり方への回帰であり、評価モデルの健全な使い方の実現なのだ。

　つまり、良いとか悪いとか、できるとかできないとか、うれしいとか悲しいとかの価値観抜きで、今の自力の英語力がどの程度のものなのか、AIの出力する英語とどの程度の乖離があるのかについて知っておくことは、情報として価値がある。自力の英語力がAIのそれに大きく劣る場合、AIの出力は自分の能力で扱える範囲を大きく逸脱することになる。そのため、AIの出力を調整して適切にダウングレードした方がよいだろう。ダウングレードというと聞こえが悪いが、自力の英語力よりも少し高いくらいのレベルの英語が出力されるようにAIを調整するという意味だ。そうすれば、その出力は自分の能力で扱える範囲のものとなるので、自分の意図に応じて加工・編集できるようになり、より良い活用につながる。これは、まさにVygotsky（1978）が提唱した最近接発達領域（zone of proximal development: ZPD）という考え方の実践である[9]。この場合、レベルを自力の英語力より少し上くらいに調整した方が、教育的にも実用的にも学習者にとって有益なものとなる。ChatGPT相手であれば出力される英語のレベルを調整することなど容易であり、教員が学生個々人に最適化した学びをテーラーメードしなくとも、ZPDを論拠とした学びのあり方が技術的に実装されつつあるのだ。紛れもなく、ひとつの教育の理想が実現されようとしているのであり、筆者は心底興奮している。

　われわれは、何点だからすごいとか何点だから良くないとかいった価値観を評価に持ち込むことを、そろそろやめた方がよい。しょせんは語学のテストである。人は成長し、言語の力はいくらでも伸びる。たまたま今のテスト結果が悪かったからといって、英語ができないとか、英語が苦手だと思うのは全くもっておかしい。少し冷静になってみれば誰でも分かることではないだろうか[10]。みんながみんな

TOEFLやTOEICで満点を取る必要は絶対にないし、そんな日本社会が実現する方がぞっとする。それぞれの必要性に応じて自力の英語力の高低が目標設定されればよいのだ。点数それ自体に絶対的な価値などない。評価に必要な機能とは、そうした価値判断ではなく、情報の提供である。今の自力の英語力はどの程度なのか、自分では客観的に把握し切れない面があるが、それを技能別に教えてくれるのがテストである。その結果は自分の今後の学習方略を決めることのみに活用すればよい。余計な感情は要らないのである。

AIテクノロジーを使って英語力を伸ばすためにも、現時点での自力の英語力を正確に知っておいた方がよいだろう。そうすることで、「自力＋α」に、つまり少し背伸びした程度の英語力に、AIの出力をチューニングすることが可能となるからだ。そうすれば、学習効果が最大化されることになる。ここに述べてきたような意味で、英語テストが今後もしっかりと存在し、AIの助けを借りない生身の英語力が測定されることに筆者は賛成である。その前提として、英語テストにおける診断的評価の意義が見直されてほしい。そして、AIテクノロジーがもたらす激震によって、これまでテストに付随してきた一喜一憂の価値観がきれいに払拭されることを期待したい。

11-5. ChatGPTを取り入れた大学英語教育実践例とそこからの示唆

最後に、筆者がこれまでChatGPTを使って実践した英語教育の例を示し、そこからの示唆をまとめてみたい。すでに一部は報道取材などを受けて公開されているが、これらがどういった英語教育的な合意を示すのかについては、まだ十分実証できていない。本章では、あくまで示唆にとどまるものの、新たな実践から見えてきた景色を少しでも紹介できればと考えている。

11-5-1. Transableを使った①自力、②機械翻訳、③ChatGPTで比較する英作文授業

　最初に紹介する実践例は、第6章で紹介したTransable（トランサブル）を活用した授業である。教員である筆者が英文にしにくい日本語文を複数準備し、それぞれの文の担当学生を決めた上で、まずは自力で英語にしてもらった。その結果を記録した後、Transableの機能を活用し、同じ日本語文を機械翻訳のDeepLと対話型生成AIのChatGPTにかけて英訳を出力してもらい、それらの結果を記録した。その後、クラスメート同士で、①自力、②DeepL、③ChatGPTのそれぞれの英文を当てるアンケートを作り、互いに答えてもらった。最後に、クラス全員の前で今回の実践で気づいたことをそれぞれが報告するという授業であった。

［図1］Transableを使った英作文授業の様子 (立命館大学のウェブページ[11]より)

　この実践は多くのメディアでも報道されている。実際に学生はどういった英文を書いたのか、DeepLやChatGPTが出力した英訳はそれとどう違っていたのか、そしてそれらにはどのような特徴が見られたのかなどについては、報道を参照されたい[12]。ここでは、筆者の実感も含め、得られた考察を中心に述べることにする。

　まず、筆者の実感として、学生を極めて「頼もしい」と思ったことは強調しておきたい。筆者にとって、大学英語授業にChatGPTを導入するのはこの時が初めてであった。学生に事前告知を行うようなことは、あえてしていない。余計な先入観や予備知識を与えたくなかったからである。ところが、ほぼすべての学生が、

自力の英語、DeepL、ChatGPTという3種それぞれのメリットや使い分けについて、かなり把握できているように見えた。これからのビジネス界はおそらくノーチョイスでAIと共存していかなければならなくなるのだろうが、そうした中で職に就くことになる学生は気の毒にすら思え、みんな生き残っていけるのだろうかと教員としては不安になることもあった。しかし、学生は実に柔軟性に富み、理解や対応が早く、そのような心配は全く無用と感じたのである。

　第1章で述べたとおり、AIテクノロジーによる出力精度は概して高い。それは学生も身に染みて分かったようである。文法ミスなどは絶対しないし、学生が思いもつかないハイレベルな語彙や表現も使ってくるのだから、高精度であることを否定する者は誰いなかった。では、すべてにおいてAIの方に軍配を上げるかといったら、必ずしもそうではなかったところにポイントがある。

　確かにDeepLやChatGPTはうまい英語を出してくる。しかし、実のところ、それらは大体においてレベルが高過ぎなのだ。もっといえば、小難しくて長く、くどい。学生からすると、わざわざそこまでの表現をする必要があるのかという話になる。要は、表現として分かりにくく、多くの学生にとって自分とは縁遠い、馴染みないものに思えたのである。その点、自力の英語は分かりやすい上に親しみやすく、受け手の側も理解や把握がしやすい。皮肉なことだが、受け手の英語レベルとマッチした自力の英語は、通用性が案外高いようである。一方、学生が書いた英文の中には機械翻訳とほぼ同じになっているものも見られ、自力の英語も侮れないといえる。

　ChatGPTは確かにすごい。しかし、だからといって自力の英語がすべて駆逐されるわけではなく、その良さは残る。ChatGPTの出力が、唯一の正しい表現として今後のわれわれを縛り、表現を画一化させるわけではないのだ。それでは味気なく面白味に欠けることは、どうやら誰もが普通に分かっているようである。つまり、独自の表現や自分にしかできない表現が追求され、そこにコミュニケーションの醍醐味が見いだされるということは、今後も変わらないといってよい。AIテクノ

ロジーがそれに一層の磨きをかけることはあっても、コミュニケーションのパターンそのものは不変なのだ。

　学生がたどり着いた結論は、AIテクノロジーの活用を前提とし、それらを「使い分ける」ことである。ChatGPTは一般的な回答しか出さない、つまり出力する表現にオリジナリティがあるわけではないのだが、教員である筆者はそのことを事前に学生に伝えることはしなかった。ChatGPTの出力が唯一絶対の正解ではないことを、学生は言われなくても察知してくれたのである。先に述べたとおり、筆者はそこに大きな頼もしさを感じた。すべての英語表現がChatGPTの出力になるのが望ましい未来像ではない。必要に応じてテクノロジーの恩恵を享受し、その出力を自分なりの英語に修正して用いることもあれば、最初から最後まで自力で済ませることがあってもよい。最終的に発信される英語の質が高まれば、それでよいのである。前節で議論したとおり、英語の学習効果を最大限に高める方法として、生成AIの助けを借りながらZPD（最近接発達領域）に基づいたトレーニングを行うことが考えられる。学習者が少し背伸びして届く程度、つまり「現在の英語力＋α」のレベルにAIの出力を調整し、その周辺レベルの英語によるコミュニケーション活動を積極的に行うことが効果的である。その意味でも、「現在の英語力＋α」程度に調整したChatGPTの出力と、自力での英語作成を交互に織り交ぜながら表現練習することは理にかなっている。本項で紹介した実践例は、そうしたことを改めて認識させてくれたのである。

11-5-2. ChatGPTのたたき台に基づいたグループワークの実践

　次に紹介する実践は、筆者らのプロジェクト発信型英語プログラム（PEP）の内容に沿ったものである。2回生前期のプログラムでは、グループディスカッションとして、グループごとに興味や関心に基づいたパネルディスカッションを企画し披露するという活動がある。発信型教育であるがゆえに、教員の側からテーマやトピックに関する制約や条件は一切課さず、グループでゼロから立ち上げる必要がある。

そこで今回は、ChatGPTのたたき台を基にグループディスカッションを展開し、その結果を報告するという授業を行った。

パネルディスカッションを行うにあたり、グループで話し合うポイントとして、教員である筆者より、①テーマ設定、②役割設定、③進行設定の3点を決めるよう伝え、さらにChatGPTの出力に必ず自分たちのアレンジを加えるよう指示をした。また、筆者がひと通りのデモンストレーションを行い、ChatGPTの基本的な使い方についても説明を行った。

①のテーマ設定ひとつ取っても、それぞれ興味が異なるメンバーが集まっているのだから、みんなの希望を満たすテーマを見つけることは決して容易ではない。たとえば3人のグループだったとして、1人は音楽に興味があり、もう1人はビジネス、最後の1人はスポーツに興味があるとする。これらの興味を等しく満たす案はなかなか出ないだろう。そうした場合、声の大きな者の意見が通るか、3人のうちの2人ぐらいの興味を満たせるようテーマを工夫してもう1人にはそれに従ってもらうか、あるいは誰に取っても遠いテーマを設定することで公平性を保つかになってしまう。実は、研究者の視点から見てもこうしたテーマ設定は一考を要する難題である。研究者にとってのテーマ設定は問題の設定と言い換えられるが、問題の設定はそれ自体がひとつのスキルなのだ。問題の根底にある共通した要素を見つけ出すなど、それなりの洞察が必要になる。

ChatGPTにそうした洞察をさせることは、よほどうまいプロンプトが編み出せない限り難しいだろう。だが、3つの異なったテーマのパネルディスカッション・タイトルを考えるくらいのことは、朝飯前である。一度でうまくいかなくても、ChatGPTは対話を通して内容を深めることができる。数回ほどのやり取りを行えば、たたき台を作り上げることが可能である。しかも、こうしたタイトル案を3つ作ってほしい[13]、それぞれにサブタイトルも付けてほしいと指示をすれば、それも一瞬である。もちろん、案を英語で出力することもできる。

こうして各グループがたたき台を得ると、そこからグループそれぞれの活発なデ

ィスカッションが始まる。繰り返し述べているようにChatGPTの出力精度は高いが、それは内容面においても同じで、出力された案がハイレベルのこともある。プロジェクト発信型英語プログラムの場合、難しいテーマであってもそれを自分たち自身が行うことになるので、テーマ設定には慎重にならざるをえないのだ。「社会経験のない自分たちには少し難し過ぎないか」「一部を変えれば取り組みやすいテーマにすることができるのではないか」「やっぱり自分たちで考え直した方が分かりやすくないか」など、実に盛り上がりのあるディスカッションが各グループで展開されていた。テーマ設定をゼロから自力で行った場合ときちんと比較したわけではないが、いつも以上に生き生きとした議論ができていたように筆者は感じている。手応えは学生たち自身にもあったようで、質の高いパネルディスカッションの案を短時間で決めることができていた。

　グループワークでの生成AIの適切な使用は、文科省も勧めている。うまくAIを活用することで議論は盛り上がり、頭をひねってもアイデアがなかなか出ないという時間を節約することができるからだ。ここではあくまで示唆にとどめるが、何かの提案を行う場合、人がゼロからすべてを考えるのではなく、まずAIにたたき台となる案を提示してもらうやり方が便利だろう。そして、その案を編集・調整・チューニングするスキルこそ、今後は重宝されるようになるのかもしれない。いずれにせよ、ChatGPTを使えば、短時間で高度な議論結果を出せる可能性がある。そうした合理化で学生はよりせわしなくなるだろうが、それもAI時代の教育のあり方なのかもしれない。

11-5-3. ChatGPTを使った英語学習の学生による提案

　最後に紹介する例は、ChatGPTを使った新たな英語学習のあり方を学生自身に考えてもらい、結果を互いにシェアする取り組みである。ChatGPTの活用法については日々新しい報告がなされており、雑誌や書籍の情報はすでに周回遅れの内容に見えることもある。それだけ動きのある分野であり、情報が陳腐化するの

も早い。したがって、ここで述べることが新鮮さをどれだけ保てるかは分からないが、それでも一定程度は劣化を回避できる内容だと自信を持って書けることがある。それは、AIによる個別最適化学習、すなわちアダプティブラーニング（adaptive learning）の実現がどんどん近づいているということである。

　ChatGPTの面白い点のひとつに、私のChatGPTとあなたのChatGPTは違う、ということがある。同じプロンプトを入れたからといって、必ずしも同じように動いたり反応したりするわけではない。ChatGPTは、使えば使うほど、その使い方に沿った形で応答を変化させるのである。これは、見方によっては、使い手に応じてChatGPTがカスタマイズされているといえる。こうした生成AIの特性を利用すれば、個別最適化された学びが実現し、学習効果を最大限にすることが可能となるのだ。

　前にも少し触れたが、どんなカリスマ教員でも、一斉授業という形を取る限り、完全なアダプティブラーニングを実現することはできない。ひとりひとりの学習者に個性があり、進度も理解度も異なるからである。もちろん、教師の力量によって学習者の理解度を変えることはできる。だからこそベテラン教師のカンやコツが生きるのであるが、大勢の学生・生徒を相手にする場合はそれにも限界があるだろう。多くの学習者の傾向を把握し、ボリュームゾーンに向けた授業をすることで「最大多数の最大幸福」を実現することは可能かもしれないが、ボリュームゾーンから外れた学習者は置き去りにされることになる。

　しかし、AIなら誰も置き去りにしない教育ができる。1人に1台、別々にAIを使うことができる環境が整えられれば、学習者の理解や進捗、個性や興味に応じてAIが教える内容を調整してくれるのだ。しかも、伴走者としていつも学習者に寄り添い、どんどん変化する学習者の状況に応じてリアルタイムでの調整を続けてくれる。つまり、常に最適な学びを実現することができるのである。AIのこうした特性の生かした方は以前から検討されていたが、実現するにはとにかく手間がかかると見られていた。膨大な例文や練習問題、解説や説明を素材として用意しなけれ

ばならないからである。「理論的にはできるが現実的には難しい」ことを象徴するような学習プログラムであったといえよう。

　ところが、ChatGPTの登場がそうした見方を180度変えた。いまだ不完全なところは多いものの、ChatGPTが持つ知識は英語学習者にとってかなり使えるものである。たとえば、CEFR[14]のB1とC1の違いや、日本の英検、TOEFLが求めるライティングの水準などは、すでにある程度「知っている」ようだ。鵜呑みにはできないが、それなりに信頼できるレベルと思われる。信頼できないようなら、知識のデータセットを追加で学習させてやったらよいだけの話だともいえる。また、「三単現のs」や「分詞構文」「目的語と補語の関係」など、伝統的な英語学習ではお馴染みの項目の文法知識も一定程度は備えてくれている。これらについて一問一答形式で教えてほしいとChatGPTに頼めば、即座に応じてくれるはずだ。分からなかったところをさらに分かりやすく解説してもらった上で、再度違った角度から問題を出すように頼めば、それもすぐにやってくれる。原稿執筆時点では、日本史の特定の範囲を指定した上で、比較的単純な知識を問うクイズに答えながら学習を進めるプロンプトが出回っているが、今後はこうしたChatGPTによる学習ウィザードがあらゆる科目のあらゆる面で花盛りとなるだろう。近未来の授業風景は、チャイムが鳴るや否や学習者が一斉にChatGPTに向かい、それと対話しながら個別に学習を進め、学習結果としてそのログを提出するというのが一般的になるかもしれない。ログを解析して学習者の理解度を判断するのもChatGPTが行い、教員は学習者のモチベーション管理と、教員による特別対面授業をたまに実施するだけということになるではないだろうか。もちろん、あえて極論に振っているところもあるが、学習効率と定着度合いを優先すれば、AIによる個別最適化学習にひたすら授業時間を費やすことは合目的的であり、合理的ですらあるのだ。

　前置きが長くなったが、本項で紹介する実践では、こうした情報を学生と共有した上で、学生自身でChatGPTのプロンプトを作ってみることにしたのである。目標は、自分でもやってみたくなるような英語学習をさせてくれるChatGPTの使い

方を、各自が編み出すことである。なるべく「自分事」になるよう設定することで、AIとの教育的な共存をリアルなものとして学生自身に模索してもらいたいという意図があった。したがって、「三単現のs」を無理なく学べるようなプロンプトは事例に値しない。いくら英語に苦手意識がある学生でも、その程度の知識は確実に持ち合わせているからである。自分たちの持つ真の英語学習ニーズに応えてくれるプログラムをChatGPTに提供させるだけでなく、それを他人と披露し合うようにさせることで、そこに競争原理が働くようにした。いわば、一種のゲーミフィケーションの実践として授業を構築したのである。

　ほかの実践とは異なり、この取り組みに関しては、筆者は全く自信がなかった。ChatGPTを使った大学英語授業の経験は筆者にはすべてが初めて尽くしであったが、ChatGPTの登場が2022年の11月末であることを考えれば、それは世界中の英語授業でも同じはずである。すべてが手探りであったが、それでもある程度は授業に道筋をつけることができ、一定の手応えも予想できるようになっていた。だが、この実践はまさに学生任せの授業であるため、結果は未知数でしかなかったのである。筆者の説明が悪くて意図が理解できなかった場合や、そもそも要求しているタスクが難しすぎた場合、学生は何もできず、ただ時間だけが過ぎる。いわゆる「グダった」授業になるわけである。学生頼み、神頼みの実践であった。

　ところが、ふたを開けてみると、学生はこれまたユニークで創造的な取り組みをしてくれたのである。各自でChatGPTのプロンプトを考え、その実行結果を授業後半で互いに披露してもらったが、たとえば次のような案を考え出してくれた。

・英文法を学ぶ際には例文で勉強する必要があるが、その例文では必ず自分の好きな韓流スターが主語になるようにChatGPTに出力してもらう。

・英語を勉強しなければならないというとやる気が起きないので、教養として学べるようにストーリー仕立てにしてChatGPTに解説してもらう。

・この先は英語で論文を読んでいくことになるのを見据え、自分が高校の時に得

意だった生物の内容で英単語が学べるよう ChatGPT に設定してもらう。

・英作文に関しては、大学の過去問の傾向から予想問題を ChatGPT に出力させる方法がすでにインターネット上に出ており、それを塾講師のアルバイトで使用する。

・自分は洋楽が好きなので、英文法や英単語を実際の洋楽の歌詞から学べるように ChatGPT に検索してもらう。

　これはほんの一例であるが、数十分の作業時間でこうした案を各自が考え出し、全員の前で見事にデモンストレーションをしてくれたのである。ほぼすべての学生が独自にアイデアを思いつき、自分が学びたい英語学習の方法を編み出した。改めて彼らが頼もしく思えたし、彼らなら AI としっかりと共存していけると確信できた。こうした実践を通して筆者が強く感じたのは、学習者はひとりひとり興味や関心が異なるということであり、それぞれのニーズや期待に細かく応えることは教育として有意義である可能性が高いということであった。アダプティブラーニングの手法は、少なくとも学習者のモチベーションに関しては間違いなくプラスである。AI によって実現できるのであれば、やはりそうしてみた方がよいだろう。

　もちろん、こうした実践がばら色というわけではなく、そこには限界も問題点もある。本節で紹介した3つの実践は、どれもノベルティ（novelty; 新奇性）が機能した可能性が考えられる。新しいことに取り組むときには、やはり学生も乗り気になる。取り組みが今後も継続され、通常のカリキュラムに組み込まれるようになったらどうだろうか。学生の集中力が維持されるかどうかは、やってみないことには分からない。また、AI を英語授業に取り入れた方が取り入れない場合よりも学習者の自力の英語力が伸びるのか、学習効果がどのくらいあるのかも、今は明言できない。厳密な比較環境での検証は、今後の必須の課題だろう。ただし、どうやら幸先は良さそうである。少なくとも筆者の限られた実践はそれを物語っている。

注

[1] **p.244** たとえば、VR英会話で実績のあるスマート・チューターを提供するプラスワン・ジャパン社は、2023年6月にChatGPT搭載のAI先生モードの提供を開始した。これにより事前に用意された教材以外のフリートークが可能となり、フィードバックが与えられることで、学習モチベーションや自然な会話能力の向上に大きく資する可能性がある。

「VR×AI英会話トレーニング「Smart Tutor（スマート・チューター）」にChatGPTを実装。VR空間の仮想人物を相手にフリートーク練習が可能に！」『PRTIMES』2023年6月28日 https://prtimes.jp/main/html/rd/p/000000006.000050432.html

[2] **p.250** これは文部科学省が2002年に政策として打ち出した「「英語が使える日本人」の育成のための戦略構想」のことが想定にある。

[3] **p.255** コストパフォーマンス（費用対効果）にかこつけた造語で、タイムパフォーマンス（時間対効果）の略語。昨今の流行語で、2022年の新語大賞に選ばれている。

[4] **p.255** 授業を実際に運営する教員の立場からも、この方法は効果的である。というのも、学生が発する英語はいったんはChatGPTや機械翻訳の膜を通っているものであり、ゼロから作り上げたものに比べて（皮肉ではあるが）英語としてはるかに分かりやすく、間違いが少ない。また、授業に留学生などがいる場合、日本人特有の英語の使い方などは一般に理解しにくいが、こうした「ぎこちない」表現も相当程度解消し、ハイレベルなやり取りが可能になる場合が多い。

[5] **p.257** ここの「本能的な」とは、「生存を有利にする」といった意味で用いている。学習という行為を大きな生命システム論として捉える見方に、Glasersfeld（1995）の「ラディカル構成主義」がある。本章の思想的な背景の依拠のひとつである。

[6] **p.258** これは「上海コミュニケ」（ニクソン米大統領の訪中に関する米中共同声明）で実際に起こった事例を意識している。米国はいわゆる「一つの中国」をめぐる台湾の扱いに対し、「The United State acknowledges that all Chinese on either side of the Taiwan Strait maintain there is but one China and that Taiwan is a part of China.（米国は、台湾海峡の両側のすべての中国人が、中国はただ一つであり、台湾は中国の一部分であると主張していることを認識している）」（Joint Communique Between the People's Republic of China and the United States, 1972 / わが外交の状況1972, 資料）と述べているが、ここで使われているacknowledgeの用例には注意する必要がある。この場合、米国側の真意として、中国の主張を米国としては認識する（acknowledge）が、それに対して了承や同意（approve）したわけではないことをしたたかに示している（官家・山中ほか, 2021, pp.92-93）。

[7] **p.259** 継続的かつ頻繁に取り上げられる話題であり、文部科学省の下記資料などでも指摘がある。

文部科学省（2021）「総合的な英語力の育成・評価が求められる背景について」『大学入試のあり方に関する検討会議（第21回）』2021年2月17日 https://www.mext.go.jp/content/20210216-mxt_daigakuc02-000012828_11.pdf

[8] **p.259** たとえば、金丸（2023）の発言などからも、筆者と同様の主張を見ることができる。

金丸（2023）「ChatGPTが語学（英語）教育に与えるインパクト」『第63回「大学等におけるオンライン教育とデジタル変革に関するサイバーシンポジウム』 https://www.youtube.com/watch?v=hzsMs0h8OM8

[9] **p.265** 同様の指摘は金丸（2023）にも見られ、こうした学びのあり方を「AAAL: AI-assisted autonomous learning」と称し、ZPDに基づくAIとの共同教育を提案している。

金丸（2023）「語学教育におけるChatGPT/自動翻訳機等のあり方について」『2023年度春学期立命館大学言語教育センターFD企画』2023年7月24日

[10] **p.265** このあたりの議論は、S.I.ハヤカワ（1985）の一般意味論などを参照されたい。われわれは、つい、「事実」と「推論」（さらには「断定」）を混同する傾向にある。たとえば、仮に「Aが○月△日にZというスーパーで惣菜を万引きした」ということが事実であったとしても、「Aは泥棒だ」とBが言明することで、「Aは常習的に窃盗する」、あるいは「Aはまた泥棒をするだろう」といった語り手Bの判断や主観が紛れ込み、無用な抽象化が行われることを警告している。同じことが「Cは英語ができない」という言明の中にも垣間見える。事実としては、単にその時のテストの点数が低かっただけなのかもしれない。しかし、「英語ができない」と言及することで、「Cが未来永劫英語ができるようにならない」「Cには言葉を学ぶセンスがない」などといった無用な価値が入り込み、われわれの思考を停止させてしまう。

[11] **p.267** 「生命科学部の英語授業に「ChatGPT」と機械翻訳を組み合わせた学習ツールを試験導入」『立命館大学 NEWS

& TOPICS』2023年4月27日 https://www.ritsumei.ac.jp/news/detail/?id=3156

[12] p.267 たとえば次のような報道で、具体的な英文や英語表現も紹介されている。

（取材記事）【革命】ChatGPTが「日本の英語教育」を変える」『NewsPicks』2023年7月20日 https://newspicks.com/news/8681433/body/

（取材記事）「立命館大2学部、チャットGPTで英作文の授業の狙いは？学生とAIの力の差が鍵に〈AERA〉」『Yahooニュース』2023年7月17日 https://news.yahoo.co.jp/articles/b372444e4995d9ac5db7c8619f5c14cf6fa80be815

（取材記事）「ChatGPTと人間の差、英訳で学ぶ　院生の「楽したい」きっかけ」『朝日新聞デジタル』2023年5月8日 https://www.asahi.com/articles/ASR585CJ9R4XPLBJ001.html

[13] p.270 たとえば、ChatGPTは次のようなたたき台を提示してくれる。以下、筆者が具体的に得られた出力結果である。

①エンターテインメント産業の未来：音楽、ビジネス、スポーツのクロスオーバー

②スポーツの魔法：音楽とビジネスがスポーツイベントに与える影響

③グローバルマーケットにおける音楽、ビジネス、スポーツの競争戦略

[14] p.273 Common European Framework of Reference for Languages の略で、外国語能力についてのヨーロッパ言語共通参照枠組みである。A1、A2、B1、B2、C1、C2の合計6段階があり、A1が最も低く、C2が最も高い。能力はCan-do statementsの形で表され、そのレベルでできることについての記述がなされる。現在では日本の英語教育で広く用いられる評価尺度のひとつである。

参考文献

Glasersfeld, E. von（1995）. *Radical Constructivism: A Way of Knowing and Learning*. Falmer Press.（グレーザーズフェルド, エルンスト・フォン［著］・西垣通［監修］・橋本渉［訳］（2010）『ラディカル構成主義』NTT出版）

ハヤカワ, S. I.［著］・大久保忠利［訳］（1985）『思考と行動における言語（第二版）』岩波書店（Hayakawa, S.I. (1978). *Language in Thought and Action*（4th ed.）. Harcourt Brace Javanocich）

宮家邦彦・山中司・伊藤弘太郎（2021）『外交的英対話学習法：国際社会で活躍するための必須英対話・用語用例集』南雲堂

Vygotsky, L. S.（1978）. *Mind in Society: The Development of Higher Psychological Processes*. Harvard University Press.

山中司（2020）「英語教育関係者はAIによる淘汰に「座して死を待つ」ことしかしないのか？：未来を先取りした自己変革が求められる「彼ら」に対する警鐘の哲学」『神戸大学国際コミュニケーションセンター論集』16, 49-57 https://doi.org/10.24546/81011983

山中司・木村修平・山下美朋・近藤雪絵（2021）『プロジェクト発信型英語プログラム：自分軸を鍛える「教えない」教育』北大路書房

編者略歴

山中 司 YAMANAKA, Tsukasa

立命館大学生命科学部生物工学科教授。慶應義塾大学大学院政策・メディア研究科博士課程修了。博士（政策・メディア）。専門は応用言語学、言語哲学、言語コミュニケーション論。日本の大学初の試みとして立命館大学が必修英語授業にAI・機械翻訳を正式導入するにあたり主導的役割を担う。主な共著に『プラグマティズム言語学序説：意味の構築とその発生』（ひつじ書房）、『プロジェクト発信型英語プログラム：自分軸を鍛える「教えない」教育』（北大路書房）など。

AI・機械翻訳と英語学習

教育実践から見えてきた未来

2024年3月5日　初版第1刷発行

編者	山中 司
発行者	小川洋一郎
発行所	株式会社 朝日出版社
	〒101-0065 東京都千代田区西神田3-3-5
	TEL:03-3263-3321　FAX:03-5226-9599
	https://www.asahipress.com
	https://webzine.asahipress.com
	https://twitter.com/asahipress_com
	https://www.facebook.com/asahipress

印刷・製本	シナノ印刷株式会社
DTP	株式会社メディアアート

装丁	岡本 健+
デザイン	岡本 健、仙次織絵(okamoto tsuyoshi+)
表紙イラスト	提供：イメージマート